副总主编朱亚兵先生简介

1974年5月生，毕业于复旦大学经济学院获经济学博士学位、西安建筑科技大学获工学学士和硕士学位。现任上海立信会计学院监察处处长、副教授，兼任上海立信会计学院投资建设研究中心副主任、上海基建优化研究会理事及房地产委员会副秘书长。主要研究方向为拍卖理论及其运用，在基建投资、土地与房地产政策、国有企业改革、教学管理与教学研究、党建与思政等相关研究领域发表论文近20篇，主持各级各类研究课题近10项，主编教材《房地产开发企业经营与管理》，出版专著《产权竞争与国企改制》，参与编写《房地产开发与经营》、《房地产现代建设工程与造价》、《审计风险管理研究》等教材和专著多部。现正参与总主编“沪江商学丛书”、“立信投资与建设丛书”和“新世纪经济管理博士丛书”等。

副总主编李军先生简介

1976年9月生，浙江杭州人，高级工程师，国家一级注册建造师，九三学社上海松江一支社副主委，政协上海松江区委委员，现任上海中锦建设集团股份有限公司董事、总裁，上海市工程建设质量管理协会会长，上海市基本建设优化研究会副会长，上海市建筑施工行业协会理事，长三角（浙江）民营经济研究会理事，多所大学兼职教授，荣获全国工程建设质量管理先进工作者，上海市建设行业质量管理优秀职业经理人，上海市建筑施工行业质量管理优秀领导者，浙江省进沪施工先进个人，发表论文多篇，主编《投资经济实务》。其管理的中锦建设集团年完成施工产值近50亿，为上海市建筑施工企业综合实力30强企业，全国工程建设质量管理优秀企业，全国和上海市用户满意施工企业，曾获得国家“鲁班奖”优质工程、上海市“白玉兰”优质工程、上海市文明工程、上海市节能示范工程、上海市观摩工程。

副总主编陈远腾先生简介

1960年8月生，广东人，高级信用管理师。先后就读于中央广播电视大学、美国纽约大学。在政府机关工作8年。1987年投身商界，历任深圳服装集团党委委员、办公室主任兼地产部经理，深圳艺丰实业集团股份有限公司董事副总裁，香港潮江城控股有限公司董事总经理，现任上海凯基置业有限公司董事长，有二十多年房地产投资和物业管理经验。现为上海基建优化研究会理事，《基建管理优化》理事会副秘书长，上海企业家协会理事，中国物业管理协会理事，中国中小型企业协会理事，上海市物业管理招投标评标专家，上海立信会计学院投资建设研究中心兼职教授。曾参与出版的专著：《物业管理学》、《物业管理学案例集》（高等教育出版社）；《物业管理市场营销学》、《物业管理企业经典案例》（清华大学出版社），并在《中国物业管理》等刊物发表多篇论文。2005年获中国优秀民营企业家和共和国经济建设功勋人物称号，2006年获中华慈善之星称号。现正参与总主编“沪江商学丛书”、“立信投资与建设丛书”和“新世纪经济管理博士丛书”。

副总主编俞冲先生简介

1971年10月生，毕业于中国空军工程管理学院，工商管理硕士。现任上海冲佳电力工程安装有限公司董事长、总裁。兼任《基建管理优化》理事会副秘书长，英国专业管理协会会员。他长期从事电力工程投资与建设研究，并有丰富的实践经验和管理能力，参加过第四届、第五届中国管理学家论坛暨中国管理创新大会，发表论文多篇，主编《全国投资与建设研究成果集》等著作，正在参与编辑《证券投资学导论》、《中国证券投资基金业绩控制》、《企业投融资》、《建设工程项目管理》、《房地产经营管理》等著作。已获得英国高级经理证书。公司在他的领导和管理下，通过了ISO9000：2000版质量管理体系论证，获得多项优秀工程嘉奖，为电力事业作出了卓有成效的贡献，多次受到有关部门的嘉奖，并荣获“有突出贡献优秀青年企业家”的称号。现正参与总主编“沪江商学丛书”和“立信投资与建设丛书”。

新世纪经济管理博士丛书

供应链中断风险控制与应急管理

张以彬　龙　静　著

上海财经大学出版社

图书在版编目(CIP)数据

供应链中断风险控制与应急管理/张以彬,龙静著. —上海:上海财经大学出版社,2015.6
(新世纪经济管理博士丛书/黄汉江总主编)
ISBN 978—7—5642—2270—3/F.2270

Ⅰ.①供… Ⅱ.①张…②龙… Ⅲ.①供应链管理—风险管理 Ⅳ.①F252

中国版本图书馆 CIP 数据核字(2015)第 229563 号

责任编辑: 陈 佶
封面设计: 周卫民

GONGYINGLIAN ZHONGDUAN FENGXIAN KONGZHI YU YINGJI GUANLI
供应链中断风险控制与应急管理

张以彬 龙 静 著

上海财经大学出版社出版发行
(上海市武东路 321 号乙 邮编 200434)
网 址:http://www.sufep.com
电子邮箱:webmaster @ sufep.com
全国新华书店经销
常熟市兴达印刷有限公司印刷装订
2015 年 6 月第 1 版 2015 年 6 月第 1 次印刷

850×1168 1/32 8 印张(插页:1) 200 千字
印数:0 001－2 500 定价:32.00 元

本书主要受到资助的基金项目——上海市教委科研创新基金项目(IIYZ242):供应链中断风险的稳健控制研究。

此外,本书还受到下列基金项目的资助:

(1) 教育部人文社会科学研究项目(11YJA630202):供应链中质量风险控制与质量改进激励研究;

(2) 国家自然科学基金重点项目(70732003):应急运作管理和鲁棒计划;

(3) 上海市工商管理一流学科建设创新项目:上海立信会计学院工商管理一流学科团队建设项目(14-4112-04-425)。

新世纪经济管理博士丛书
编辑委员会

（均以姓氏笔画为序）

杨　劲　重庆大学建筑学院管理学教授
杨兰茹　国家建设部审计局局长、高级经济师
杨季美　西南交通大学管理学教授
李　军　上海中锦建设集团股份有限公司总裁、高工、客座教授
李云峰　国家电网经济技术研究院战略所长、博士、研究员
李启明　东南大学土木工程学院副院长、教授
李慧中　复旦大学经济学教授
邱元拔　集美大学副校长、教授
何　征　重庆大学建筑学院管理学教授
何万钟　重庆大学建筑学院管理学教授
邱华炳　厦门大学经济学院教授、博导
沈荣芳　同济大学管理学院原院长、教授
应望江　上海财经大学教授、博士
邵以智　中国人民大学教授
陈康民　上海理工大学原校长、教授、博导
陆　鸣　上海市浦东新区副区长、高级经济师、客座教授
陆海平　原上海市建设委员会副主任、教授级高工
张　达　中央广播电视大学第一副校长、教授
张屹山　吉林大学商学院院长、教授、博导
张华镛　安徽大学经济学院副院长、教授
陈伟峰　上海瀛通(集团)有限公司董事长、客座教授
陈远腾　上海凯基置业有限公司董事长、客座教授
陈霜华　上海金融学院国际贸易系常务副主任、教授、博士
武克敏　上海对外贸易学院党委书记、教授
林　勇　中国人民大学教授、博士
林少培　上海交通大学建筑学院教授
林应清　上海市房地局副局长、高级工程师、客座教授
罗永泰　天津财经学院首席教授、博士

金润圭　华东师范大学商学院原院长、教授、博导
郎荣燊　中国人民大学教授
赵国杰　天津大学管理学院教授、博导
赵海宽　中国人民银行总行金融研究所原所长、研究员
赵铁生　天津大学管理学院副院长、教授
郝文贤　内蒙古财经学院教授
胡　昊　上海交通大学建工学院教授、博士后
侯　昶　南京工业大学教授
俞　冲　上海冲佳电力工程安装有限公司董事长、客座教授
姚梅炎　中央财经大学教授
聂名华　中南财经政法大学教授、博导
顾士俊　浙江大学教授
顾孟迪　上海交通大学管理学院教授、博导
钱从龙　东北财经大学教授
钱昆润　东南大学教授
徐　衡　天津财经学院教授
徐文通　中国金融学院原院长、教授
徐君如　贵州财经学院教授
唐海燕　上海立信会计学院院长、教授、博导
郭康玺　沪港国际咨询集团有限公司董事长、兼职教授
黄汉江　《基建管理优化》总编辑、上海立信会计学院工商管理学院院长、原上海理工大学投资与建设学院院长、教授、荣誉博士、博导、政协委员
黄良文　厦门大学教授
盛松成　中国人民银行上海分行原副行长、博导、教授
屠梅曾　上海交通大学管理学院系主任、教授、博导
葛玉辉　上海理工大学管理学院教授、博士
董肇君　天津城市建设学院管理系主任、教授

景宗贺　原中国建设银行投资研究所所长、研究员
傅建华　上海浦东发展银行原行长、高级经济师
雷良海　上海理工大学管理学院总支书记、教授、博导
雷仲篪　中南财经政法大学教授
廖　承　湖南大学教授
臧新民　上海浦东新区人民政府副区长、高级工程师
樊行健　西南财经大学副校长、教授、博导
潘正汇　山东经济学院教授
潘其昌　上海华晖建设集团董事长、总裁、高工、客座教授
戴复东　同济大学高新建筑技术研究所所长、教授、院士

总　序

人类进入21世纪，就进入了科学技术突飞猛进的新时代、进入了知识经济迅速兴起的新时代。为应对新世纪知识经济的挑战，人类必须坚持科学创新、技术创新、管理创新、理论创新和知识创新。因而，我们诚邀经济学博士和管理学博士们撰写"新世纪经济管理博士丛书"，以传播创新的经济管理前沿知识。"新世纪经济管理博士丛书"由上海市基本建设优化研究会、上海基本建设优化研究所、《基建管理优化》编辑部和上海立信会计学院工商管理学院、投资建设研究中心等单位联合组织编纂。

上海市基本建设优化研究会成立于1985年，原名中国基本建设优化研究会上海分会，由上海市市委宣传部批准，属上海市社会科学界联合会成员，系学术性社会团体。本会的宗旨是遵守宪法、法律、法规和国家政策，遵守社会道德风尚，应用国内外先进的优化理论、方法，积极开展基建优化研究，为我国尤其是上海的现代化建设贡献力量。该研究会会员遍布上海投资与建设领域，其理事会由浦东新区人民政府、上海市建设委员会、上海市计划委员会、上海市教育委员会、上海市财政局、上海市民政局、上海市市政工程管理局、原上海市房地局、宝钢集团、上海市建工集团、上海市房地集团、上海市城建集团、上海市建材集团、中国建设银行上海市分行、上海各大建筑设计院、国家有关部委建筑设计单位和建筑局(公司)、复旦大学、交通大学、同济大学、上海理工大学、上海财经大学、华东理工大学、上海大学、华东师范大学、上海社会科学院、上海立信会计学院等领导、专家、学者、教授组成。

上海基本建设优化研究所于1992年由上海市市政工程管理

局批准成立，主要从事基建领域四技服务和基建设计优化、基建施工优化、基建投资优化、基建管理优化等方面的科学研究，同时也参与策划、编纂本专业方面的著作、教材、工具书等。

《基建管理优化》创刊于 1989 年，立足上海、联合华东、面向全国，拥有全国一流的基建管理研究阵营：国家有关部委领导任顾问；220 多名副教授、高级工程师等以上职称的专家、学者组成的编辑委员会；110 多名教授、研究员等全国著名专家、学者和厅局级以上干部组成的常务编委会。真是精英荟萃！《基建管理优化》得到了国家建设部、国家财政部、国家发改委、原国家新闻出版总署、原国家铁道部、国家统计局、中国建设银行、中国建筑总公司等有关部门领导或专家、学者的大力支持；得到了中央党校、清华大学、中国人民大学、复旦大学、交通大学、同济大学、上海理工大学、上海财经大学、上海大学、华东理工大学、华东师范大学、上海立信会计学院、浙江大学、南京大学、东南大学、南京工业大学、厦门大学、天津大学、重庆大学、哈尔滨建筑大学、深圳大学、东北财经大学、中南财经政法大学、中央财经大学、对外经济贸易大学、西南财经大学、江西财经大学、湖南大学、山西财经大学、西安交通大学、天津财经学院、贵州财经学院、新疆财经学院、浙江财经学院、山东经济学院、天津商学院等 40 多所大专院校领导或学者、教授的大力支持；得到了中国社会科学院、国家发改委投资研究所、中国建设银行投资研究所、冶金部建筑研究总院以及《求是》杂志等 30 多个研究机构领导或学者、专家的大力支持。该刊主要研究投资经济管理、基建经济管理、建筑经济管理、房地产经济管理、市政工程经济管理等学科。

上海立信会计学院是上海市人民政府举办的全日制普通高等院校，其前身为立信会计专科学校，由“中国现代会计之父”、教育家潘序伦先生始创于 1928 年，并在教育实践过程中，开辟了会计学校、会计师事务所、会计图书用品社三位一体的办学模式。1952

年，全国院系调整时，学校同其他财经院校合并。1980年复校，隶属于上海市人民政府。2003年设置上海立信会计学院。

学校有松江和徐汇两个校区，占地面积828亩，总建筑面积近30余万平方米，校园风景秀美、设施一流，是求学求知的理想之地。拥有管理学、经济学、理学、法学、文学五个学科门类，设有会计与财务学院、工商管理学院、金融学院、财税学院、经贸学院、数学与信息学院、外语学院、文法学院、高等职业技术学院、继续教育学院、思政教研部和体育教学部12个教学院部，现有会计学、财务管理、工商管理、国际经济与贸易、金融学、英语等22个本科专业，教职工800余人，其中教授42人、副教授140余人。全日制在校学生1万人。

工商管理学院下设工商管理研究所、市场营销研究所和房地产开发管理研究所，开设的主要专业为市场营销、工商管理和房地产开发与管理。学院具有较强的师资队伍，副教授以上职称者占60%，教授占16%，具有博士学位的专业教师的80%。许多教师具有丰富的理论和实践经验，并积极从事教学和科研工作。近5年来，学院教师在各类期刊发表论文近200篇，出版各种专著与教材80多部，并取得了许多重大的成果，多项获得全国以及地区性和行业类奖励。工商管理学院将继承优良传统，使之发扬光大，并在实践中不断创新、不断赋予其新的内容。

投资与建设研究中心实行产、学、研联合办学的新体制，使产业、教学、科研密切结合，使理论与实践密切结合，切实提高教学质量和科研水平，培养出符合我国现代化建设需要的专业人才，迎接知识经济新时代的到来。该中心与有关投资单位、建设单位、设计单位、建筑安装企业、建筑装饰企业、市政建设企业、房地产公司等多种投资与建设公司以及有关科研单位紧密联合，建立师生科研基地、学生实习基地和就业基地。

“新世纪经济管理博士丛书”编辑委员会委员主要来自相关财

经大学和有关综合性大学的经济管理学界的知名学者和教授以及国家有关部委的知名专家、学者。其作者均是经济学或管理学博士或博士后。

我们真诚地预祝“新世纪经济管理博士丛书”的编纂工作圆满成功！同时衷心感谢丛书顾问、领导、编委和作者们的大力支持和热情关心！

新世纪经济管理博士丛书

总　　主　　编：黄汉江

2015 年 6 月

前　言

供应链网络结构越来越复杂化，加剧了系统运营的不确定性和易脆性。当面临自然灾害、恐怖袭击和大型活动的冲击时，产生供应链中断风险的概率就会加大。因此，厂商寻找合适的应急策略来应对风险就显得日益重要。现实中，频繁举行的大型活动，如世界博览会、奥运会等可以预见的事件，会引发供应链中断风险，是厂商经常要面对的问题和挑战。

通过广泛的文献综述，我们发现尽管已经存在一些供应链中断风险管理的研究，但多数集中在供应商备份冗余度模型、安全库存控制模型的建立以及基于资源的实证分析，针对大型活动这类事件所引起的各类供应链中断风险进行专门系统性研究的论文并不多见。大型活动通常具有如下两个特点：(1)供应商和厂商具备同样的生产运营中断风险；(2)因为活动举行前后一段时间内的物流量突然剧增，造成物流路径关闭和拥塞，如车辆管制是常见的流量控制措施。根据这两个特点，建立稳健的库存控制模型、执行采购和物流应急策略的研究较多基于定性分析和实证研究，缺乏较深入的定量和具体的可操作性分析。本书从供应商物料可获得性的中断以及供应商到生产商的物流运输中断两方面进行研究，探索利用库存控制模型来描述和评估相对应的应急策略。其中，针对前一种中断，我们主要研究一种由稳健库存控制与虚拟双源采购组成的混合应急策略来应对供应商中断风险；针对后一种中断，我们分两种情形来研究相应的应急策略，即物流路径关闭和拥塞风险的库存控制的应急策略问题，以及物流路径重构风险的库存控制的应急策略问题，以便为理论界和实业界提供供应链中断风险管理决策参考和管理见识。本书的研究工作具体是要解决下述四个方面的问题并得到相关结论：

(1) 一个有关供应链中断的应急管理框架，为我们提供在供应链中断时的应急策略和实施过程。这个理论框架既为我们后续的供应商中断风险的混合应急策略以及物流路径中断的稳健库存控制和应急策略奠定了基础，也为我们管理诸如北京奥运会之类的大型城市活动所引发的供应中断提供了实践决策参考和管理见识。

(2) 针对大型活动所产生的供应商中断风险，建立一个由稳健库存控制与虚拟双源采购组成的混合应急策略系统动力学模型。在市场需求存在因供货中断而发生变化时，能够获得有关中断参数、市场需求流失率、核心技术转移延迟时间等因素影响系统中的制造商和应急生产供应商的库存控制策略以及制造商的利润。在对系统进行单次中断和多次动态中断下的动力学仿真分析后发现：①当中断周期长度不同时，市场流失率因交付中断周期长度不同而变化，并影响制造商应对供应中断风险的应急策略选择。②通过调整安全库存水平、缩短核心技术转移延迟等策略，可以减少长期利润损失。③当中断的时间长度比较短时，启动应急生产供应商的生产将降低生产商的长期利润；当中断的时间长度比较长时，采用虚拟双源采购策略的制造商利润较无应急生产供应商采购策略的利润要高。④稳健库存控制和虚拟双源采购混合应急策略是动态中断风险下的最优应急策略。在发生频率低而持续时间较长的动态中断下，制造商在中断可能发生前将安全库存水平提高比每个周期都提高安全库存水平的应急策略更优；反之，在发生频率高而持续时间短的动态中断下，制造商提高每个中断周期的安全库存水平比提前设置安全库存水平的应急策略更优。⑤核心技术转移的延迟对中断后恢复周期内的制造商利润影响较大；中断周期长度比中断次数对制造商长期利润风险减少值的影响更加敏感。

(3) 大型活动物流运输与常规物流运输相比，物流运输需求量会突然增大，且时间分布高度集中。针对大型活动举办期间物流路径关闭和拥塞风险，本文建立了一个稳健的应急库存控制模型，将随机需求、随机中断和随机运输到货量集成在一起。通过正态分布损失函数的特性，对期望库存成本函数在多个周期上进行了分解，获得了最优"订货到"库存水平的近似解。通过对模型的仿真分析，我们发现：①与正常通行状态相比，处在物流路径关闭和拥塞风险下的厂商必须付出更多的库存成本以维持更高的"订货到"库存水平。②随着预期中断概率的增大，"订货到"库存水平也在增加。当预期恢复概率很小时，应大幅提高"订货到"库存水平来应对风险；反之，随着预期恢复概率的增大，应降低"订货到"库存水平。③"订货到"库存水平的提高可以解决拥塞数量带来的风险损失，但对控制拥塞数量波动的风险损失效果不明显。④在能获得更多政府补贴的情况下，提高"订货到"库存水平可以降低库存成本，同时能提高服务水平。

(4) 在大型活动举办期间有临时车辆管制时，原来的物流路径发生中断，需要增加应急转运点来进行合格车辆转换以重构物流路径。通过建立能规避中断风险的物流路径重构的库存控制模型，将车辆速度阻尼系数车辆管制带来的速度阻尼放缓系数以及转运点车辆载重比等因素集成起来考虑，并在分散化决策和集中化决策两种情形下讨论相应的稳健库存控制策略，以最大化厂商(采购商)的期望利润。通过对模型的系统仿真分析，得出：①在各种决策情形下，厂商的3个决策变量，即订货批量、再订货点和速度阻尼放缓系数，与供应商的1个决策变量，即转运点的车辆，在比中可以获得最优解；②集中化决策下的供应链利润比分散化决策下的供应链利润更高，但需要通过一定的最优价格折扣协调机制来协调双方的行为；③集中化决策能更好地减轻提前期内需求波动的影响;④集中化决策使厂商倾向于更高的阻尼放缓系数,使货物能更快到达,从而减轻提前期内需求波动的影响;⑤价格折扣的协调机制可以使厂商和供应商在集中化决策优化的订货批量下和放缓系数不变时,提高集中化决策的供应链整体利润。

本书的主要创新:

(1) 针对大型活动引发的供应链中断风险控制问题,通过文献综述以及定性分析与归纳,提出了一种应对供应链中断风险的应急管理框架,为相关理论研究提供一种思路,并用德尔福公司的应急管理实践证明了框架的实际有效性。

(2) 针对大型活动引发的供应商中断风险控制问题,提出了一种由稳健库存控制与虚拟双源采购组成的混合应急管理模型。在单次中断和动态中断的情形下,应用系统动力学仿真方法对这个复杂模型进行分析,发现了5个有关应急库存控制的基本结论,表明各个供应链成员之间的不同库存和订货策略会影响厂商的长期利润,更新了控制中断风险下的现有库存理论。

(3) 针对大型活动会引发供应链中物流路径拥塞和关闭风险的控制问题,建立了一个含有需求不确定、运输数量不确定和政府补贴的决策变量的库存控制模型。通过系统仿真分析来最小化系统的期望库存成本,得到一种最优的"订货到"库存水平的近似解和相关结论,填补了物流路径关闭和拥塞风险下有政府补贴的库存控制理论的空白。

(4) 针对有临时车辆管制的物流路径重构的风险控制问题,提出一种含有车辆管制下的速度阻尼放缓系数、转运车辆载重比等因素的库存控制模型,并分集中化决策和分散化决策两种情形进行讨论。发现利用最优价格折扣机制来协调集中化决策下的采购商和供应商的双重边际化行为,可以使供应链利润达到最大化。研究填补了考虑车辆管制所引起的速度阻尼放缓系数和转运车辆载重比的库存控制理论的空白。

目　录

第一章 绪 论

1.1 研究背景

随着信息与通信技术的发展以及经济全球化，供应链网络结构越来越复杂化，这加剧了供应链系统运营的不确定性和易脆性。当面临自然灾害、恐怖袭击、战争、流行病、计算机病毒和城市举办大型活动的冲击时，供应链产生中断风险的概率就会加大。为了寻找最好的资源、节省成本，很多厂商实行全球化采购、非核心业务外包、单源供应和精益供应等业务模式，使得供应链越来越长，地理分布更加分散。如果一个链接的不确定性或突发事故，通过这种复杂的供应商网络迂回地到达分散的全球市场，供应链中的其他链接就会受到影响，导致供应链上的信息流、物料流或资金流发生延迟或中断。这些来自正常的原材料采购、生产和配送等活动的中断所产生的风险对厂商的利润影响是巨大的。

例如，在2000年3月17日，闪电击中了美国新墨西哥州中部的一条电力线路，导致周围电网的巨大震荡，并引发荷兰皇家飞利浦电子公司在当地的一家电子半导体制造工厂的大火。这场火灾损坏了数百万件无线电频率芯片。无线电频率芯片是制造移动电话的一个关键部件，飞利浦的这家工厂同时为移动电话制造商诺基亚和爱立信供应这种零部件。在火灾发生后数天内，诺基亚公司部署了一个由30名雇员组成的团队来收集信息，迅速改变其移动电话的芯片结构设计，密切追踪生产改进，并联系后备采购资源将其芯片订单转移到其他工厂。诺基亚有两个后备的供应商，一个在日本，另一个在美国，只要五天的提前期就能响应重新设计零部件的变化。与此同时，爱立信则采用单个供应资源的策略，一直致力于削减后备供应商、简化其供应链以及依赖在相同产品上使用同样的芯片来削减成本。因此，爱立信没有适当的"B 计划"，一时不能找到新的芯片供应商。结果，爱立信在大火后因没有其他芯片来源，不仅要停产几个月，还得延迟投放主要的创新产品。最终，诺基亚从严重的中断中恢复过来，并从爱立信手中夺取了相当大的市场份额；相反，爱立信因此损失的销售额多达 4 亿美元(Lee，2004)[1]，并导致后来爱立信从手机市场上退出。

再如，2011 年 3 月发生的日本大地震和海啸，严重地中断了其国内的汽车零部件的生产与供应，进而导致全球汽车制造的中断(Ramsey 和 Moffett，2011)。[2]实行精益生产的日本丰田汽车公司因为地震导致其制动系统供应商中断供应而不得不停止了部分汽车的生产，其当年实际产量比计划产量少 2 万辆，收入损失约为 2 亿美元。日本其他汽车制造厂商，如本田、马自达、大发、三菱和日产均遭遇同样的重大损失。

我国特别是近年来城市举办大型活动越来越频繁，给当地及周边地区的供应链带来的影响越来越严重。大型活动包括国际会议、国际赛事、游行等。在大型活动举办期间，面对拥挤的交通和大量向东部迁移的人群，城市的物流运输受到严重挑战。例如，2008 年举办的北京奥运会和 2010 年举办的上海世博会，给北京和上海两个城市的物流运输带来巨大的压力，造成很多厂商的运营受到严重影响，甚至关闭。在 2008 年奥运会期间，为了达到环保、安全等各项奥委会指标，北京市政府实行相应的交通管制和环境规制，规定：北京市方圆 200 公里以内的重污染厂商必须关停 90 天以上；外地牌照的货运车辆不得进入北京的指定区域；黄标车辆不得在北京六环以内行驶。这些政府管制从客观上影响了某些行业制造商的生产，因为大型活动实施的临时车辆管制，会导致物流运输需求量突然增大，且时间分布高度集中，很多制造商和供应商原有的物流路径发生拥塞甚至关闭，导致原材料和零部件的供应中断。对于这些大型活动引起的供应中断，一般可以分为两种情形：一种情形是在举办大型活动时，政府对道路交通不实行车辆管制，但因拥堵会造成物流路径的拥塞或中断；另一种情形是政府实行交通道路管制，导致厂商的物流路径完全中断，需要改换路径或完全停止正常运营。

无论是2011年3月发生的日本大地震和海啸等不可预见的事件，还是2008年举办的北京奥运会和2010年举办的上海世博会等可预见的事件，都给事件发生的周围区域造成供应中断，对有关厂商会产生重大负面影响。这些事件表明，厂商寻找合适的应急策略来应对这些潜在风险暴露显得日益重要。在市场需求可变的情形下，城市大型活动等引起的供应中断风险是厂商经常要面对的问题，由于市场需求对于交付绩效的敏感度加剧，给管理供应链带来了新的挑战。

1.2 研究意义

一方面，由这些自然灾害和城市大型活动举办带来的潜在风险暴露日益增加，会给厂商的利润带来威胁；另一方面，由于全球化带来的激烈竞争，要求厂商不断实现技术创新的同时要减少成本、提高产品质量。供应链管理模式提供了一种先进的降低成本、提高运营效率的方法，受到业界的广泛关注。特别是基于准时制(JIT)的精益生产和敏捷制造被很多企业追捧。然而，在经济全球化的背景下，这种供应链网络越来越复杂，在受到供应链中断风险事件的冲击时，变得异常脆弱。这种供应链管理中的囚徒困境需要从理论上进行新的研究和探索，并为实践中的供应链管理提供决策参考和管理见识。

在理论上，一些新的技术和互联网络的发展，一定程度上为供应链中断风险的管理提供了一些可行的途径。越来越多的制造厂商要解决因为突发事件引起的供应链中断的问题，同时在应急策略的实施过程中，开始注重平衡供应链的稳健性和竞争力。在信息开放的环境下，厂商在降低不确定性的同时，应试图建立某种信息处理能力来抵御不确定性。一个厂商核心的增值流程设计是最需要保持稳定的部分(如核心技术)。在不确定的环境中，核心技术需要设立“边界环绕单元”，就像建立在稳定核心和不确定环境之间的缓冲地带。现代的制造厂商正在重视这种核心—边界观点，就像制订“持续运营计划”来解决突发的自然灾害或者运营中断问题。供应链的突发事件是对核心技术的不可预计的破坏，暂时性地中断了增值设计对客户的实现流程。一方面，将核心技术的复制、转移、实施的流程虚拟化、3D 化，进行云集中存放管理，可以使发生突发事件时的应急供应和生产的节奏明显加快；另一方面，供应链基础理论得到了迅速发展，可以利用供应链网络设计、库存控制、物流运输、采购和定价等绩效驱动因素来提高供应链管理效率，并获得一些有效的理论和方法。然而，针对供应链中断风险，相关研究有待从理论上进一步探索。例如，如何用动态的库存控制这种缓冲手段来应对供应中断风险，提供一种稳健的应急策略？如何利用双源采购的供应链网络结构来应对供应中断风险，获得一种最优机制和绩效？当物流路径和运输发生拥塞和关闭时，如何利用库存控制和相应的路径更改等应急策略来最大化厂商和供应链的利润？这些问题值得从理论上进行更加深入的研究和探索。

在实践中，由于中国经济的快速发展导致其在国际环境中的地位日益上升，参与和主持国际事务与活动的机会越来越多。随着2013年中国制造业总收入达到90万亿元人民币，在我国主办或由我国承办的大型活动和会议的规模、影响力和数量都在不断上升，如2008年奥运会、2010年世博会以及F1赛车比赛等。一方面，大型活动会带来多种供应链中断的风险，如供应商生产中断、厂商生产中断、物流路径中断、物流路径拥塞等；另一方面，由于处于高速发展阶段，很多厂商和政府部门防范和应对此类突发事件的基础还比较薄弱，通过宏观调控来降低大型突发公共事件的供应链中断风险影响的能力有待进一步提高。厂商因为对风险的意识不足，往往是在受到突发事件损失之后的很长一段时间才作出应急反应，加重了厂商的损失程度。在此情况下，结合大型活动引起的供应链中断风险特点，抓住供应链的核心库存控制进行研究，指导厂商在突发公共事件的应急过程中实施正确的决策，对于提高我国厂商应急运作能力、减少突发事件的影响、保证社会稳定、抓住全球化带给中国的经济机遇、提升中国在国际上的影响力，都会有极大的现实意义。

1.3 研究目标

主要针对城市举办大型活动或会议带来的供应链中断风险暴露，研究厂商(生产商)的稳健应急策略。这类供应链中断风险主要涉及供应商物料可获得性的中断以及从供应商到生产商的物料运输的中断。因此，供应链中断风险主要分为供应商中断、物流运输路径拥塞与关闭、物流运输路径重构三类风险。其中，供应商中断风险主要涉及双源采购问题，而大型活动引发的物流路径拥塞与关闭的供应风险则分两种情形：一种情形是在举办大型活动中，政府对道路交通不实行车辆管制，但因拥堵会造成物流运输路径的拥塞或中断；另一种情形是政府实行道路交通管制，导致厂商的物流运输路径完全中断，需要改换路径或完全停止正常运营。

本书将针对这三类供应链中断风险的关键问题进行研究，找出适当的库存控制和应急策略来应对这些风险，并进行相应的仿真分析，为理论界和实业界提供质量管理决策参考和管理见识。具体包括：(1)针对供应商中断风险和中断时间的不同形式，提出一种由稳健库存控制与虚拟双源采购组成的混合应急策略，并利用系统动力学仿真方法来分析各个决策变量之间的复杂关系和相互影响，以便提供实践中厂商决策的管理见识参考。(2)针对政府不实施车辆管制下的物流运输路径拥塞和关闭的供应中断风险，考虑运输的数量不确定和运输中断，以及需求不确定性，研究厂商的最优“订货到”库存水平的应急策略问题，以最大化厂商的利润，并研究这种库存水平变化、政府补贴、报童分位数和中断参数对厂商的库存成本的影响。(3)针对在大型活动举办期间政府实施车辆管制引起的物流路径重构风险，分别用分散化决策和集中化决策来研究选择合理的订货批量和速度阻尼放缓系数，使厂商获得最优的库存控制应急策略，并考虑政府补贴对这种应急策略的影响以及最优供应链协调机制。本书将针对这些供应链中断时的库存控制和应急策略的关键问题进行研究，为理论界和实业界提供管理决策参考和管理见识。

1.4　研究内容与组织架构

本书将从供应商中断、物流运输路径拥塞与关闭、物流运输路径重构三方面来研究厂商的最优库存控制应急策略。在供应商中断风险下，我们主要研究一种由稳健库存控制与虚拟双源采购组成的混合应急策略，并利用系统动力学仿真方法来分析中断参数、市场需求流失率、核心技术转移延迟时间等因素对厂商利润的影响及各个决策变量之间的相互影响。在政府不实施车辆管制下，考虑运输的数量不确定和运输中断，以及需求不确定性，研究物流运输路径拥塞和关闭引起的供应中断时的厂商最优“订货到”库存水平的应急策略，以最大化厂商的利润，并研究这种库存水平变化、政府补贴、报童分位数和中断参数对厂商的长期利润的影响。在政府实施车辆管制下引起的物流中断，应实施物流路径重构的应急策略，从分散化决策和集中化决策两种情形来研究选择合理的订货批量、速度阻尼放缓系数、转换车辆载重比，使厂商和供应商获得最优的库存控制和应急策略，并考虑政府补贴对这种应急策略的影响以及最优供应链协调机制。最后，总结本书研究的各项内容的管理学含义，并对未来的可延伸的研究方向提出建议。

本书共分七章，组织架构如图 1－1 所示：

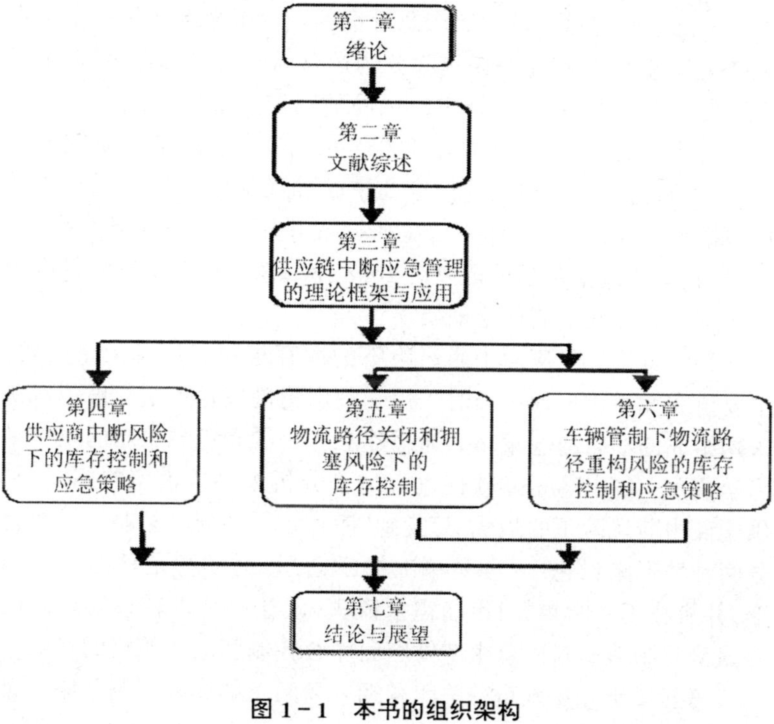

图 1－1　本书的组织架构

第一章为绪论，主要描述文章研究的背景、意义、目标、内容和组织架构。

第二章为文献综述。主要通过文献综述，总结相关学科领域的以往研究成果和研究现状。主要分为供应链风险研究、供应链中断风险研究、一般库存控制研究、供应商中断的库存控制研究和中断转运的库存控制研究五大块。供应链中断风险主要涉及与大型活动策划、组织、举行有关的供应商中断和物流中断风险，一般库存控制模型涵盖“订货到”和(Q, r)两种库存模型，接着针对供应商中断和物流中断的风险，分别阐述了面对两种风险时的应急库存控制策略的文献研究现状。

第三章研究供应链中断应急管理的理论框架与应用。基于供应链宏观过程系统，把中断风险分为运营风险、供应风险和需求风险三大类来识别，对供应链中断风险的易脆性、恢复力、安全性等进行风险评估，并给出应急管理的优先权。在总结前面研究的基础上，我们提出了一种应对供应商中断和物流中断的虚拟双源采购和稳健库存控制策略，为后续研究提供了一个理论研究框架。最后，我们通过德尔福公司应对2008年北京奥运会引发的供应中断实例来验证我们的理论框架。

第四章研究供应商中断风险下的库存控制和应急策略问题。主要研究发生供应商中断时采用一种由稳健库存控制与虚拟双源采购组成的混合应急策略。通过建立一个混合应急策略的系统动力学模型，并用 Vensin 软件进行仿真分析来寻求模型的解，得到供应商中断风险下的最优“订货到”库存水平的应急策略。该章将分两种情形来讨论，一种是单次中断情形，另一种是动态中断情形，并将分析中断参数、市场需求流失率、核心技术转移延迟时间等因素对制造商和应急生产供应商库存控制和应急策略的影响。

第五章研究物流路径关闭和拥塞风险下的库存控制问题。针对大型活动的举办引发的物流运输路径关闭和拥塞的情形来进行研究，将提出一种稳健的库存控制模型来应对物流运输路径关闭和拥塞引起的供应中断风险。分两种情况讨论了最优“订货到”库存水平的应急策略：一种是只考虑物流路径关闭风险的库存控制模型；另一种是同时考虑物流路径关闭和拥塞风险的库存控制模型，并通过 Matlab 对模型进行仿真分析，研究了特定的参数调整会怎样影响模型的库存成本状况，如政府补贴、报童分位数和中断参数的影响。

第六章研究车辆管制下物流路径重构风险的库存控制和应急策略问题。在大型活动举办期间，会因政府进行车辆管制导致供应链的物流路径需要更改。厂商通常采取优化的“订货到”库存水平和速度阻尼放缓系数来应对这种风险，供应商同时选取合适的转运车辆来最大化整体和供应链各成员的利润。为此，我们分两种情形讨论了物流路径重构风险下的库存控制策略：一种是分散化决策，另一种是集中化决策，并比较这两种策略的利润情况，以及提出协调供应链的最优机制使采购商的利润最大化，避免供应链发生双重边际化现象。

第七章为结论与展望。给出全文的总结并揭示管理含义，同时对相关研究进行展望。

第二章　文献综述

2.1　供应链风险研究

不确定性是技术创新和变化的商业环境的一种基本特征。客户的不确定性、供应商的不确定性、技术的不确定性和竞争的不确定性给供应链管理造成巨大风险。[2]随着供应链的复杂性日益增加，不同类型的供应链风险暴露也在不断增加。借用风险的一般定义[3][4][5]，本书把供应链风险定义为由于风险事件的不确定性因素所导致的供应链偏离预定管理目标的可能性。供应链风险管理的模型随供应链在全球扩展而不断增加。有几篇文献讨论了供应链风险管理问题。Kleindorfer 和 Saad(2005)[6]提供了一个供应链面临中断时的风险分析，并提出了风险减轻的概念框架。他们把影响供应链设计和管理的风险分为两类：(1)协调供应和需求问题所产生的风险；(2)正常活动(如原材料采购、生产、配送等)中断所产生的风险。对于第一类风险，Chopra 和 Sodhi (2004)[7]讨论了宽泛的供应链风险相关管理问题。他们把潜在的供应链风险分为延迟、中断、预测不准确、系统崩溃、知识产权破坏、采购失败、应收款项、库存问题和产能问题等风险。Tang(2006)[8]则给出了应对不同类型的供应链风险的相关文献综述。对于第二类风险，Sheffi(2001)[9]把它分成六类基本的供应链中断模型：供应、运输、设施、沟通和需求的中断，以及货运的破坏。其中，供应中断又可以分为两类：供应商输出产品能力的中断（供应商可获得性的中断）和产品从供应商到客户的运输的中断。Tang(2006)[8]认为，中断风险与供应链常规风险是不同的两大类。供应链常规风险可以分为六大类，包括供应风险、过程风险、需求风险、知识产权风险、行为风险和政治社会风险；而中断风险则是由严重事件引起的正常业务过程的中断，可分为重大供应链中断和轻度供应链中断。其中，重大供应链中断指的是由突发事件引起供应链中的某一链接中断，并引起供应链中的参数变化，对原始计划产生重大影响。这些中断参数可能是启动成本的变化、库存持有成本的变化、生产率的变化、生产成本的变化、需求率的变化等。

在上述研究的基础上，张以彬和陈俊芳(2008)[10]针对需求和供应不确定性的问题，把影响供应链管理的环境不确定性分为客户需求不确定性和供应不确定性，并提出供应链风险的主要来源由供应风险、需求风险和协调风险组成，而每种风险又有中断和延迟两个维度，即供应中断、供应延迟、需求中断、需求延迟、协调中断和协调延迟六种细分风险。

2.2 供应链中断风险研究

对于供应链管理而言，中断引起的潜在经济影响是不可忽视的，这也提高了人们对供应链中断带来的重大风险的警惕程度，从而更加重视中断风险管理的有效性。格鲁吉亚理工大学和加拿大西安大略大学（现韦仕敦大学）对供应链管理是否无懈可击的课题进行了研究。研究员综合分析 1989～2000 年全球 800 宗物流运作失误事件，得出结论：物流从业人员为追求“准时制”(JIT)和精益生产，会刻意减少库存量，这令流程操作柔性降低，当发生突发性事件时便会束手无策。研究结论显示，供应链运作受到破坏会出现灾难性结果，在某些例子中会令所有的运营利润付诸东流、转盈为亏。研究显示，这部分损失最多会达到收入的107%，最少也占整体营销额的7%和总成本的11%。

一般来说，中断风险因属于突发事件而发生概率小，但是影响后果严重。对供应链系统来说，风险与风险事件、风险因素、风险结果(易脆性)、环境等几个关键因素有关，其描述性模型可以构建为：

$$SCR_t = \{S_t, L_t(\text{危害}); X_t(\text{易脆性，风险暴露})\} \tag{2.1}$$

其中，SCR_t 为供应链系统在 t 时刻的风险；S_t 是 t 时刻的“风险情景(事件)”集或“情景向量”；L_t 表示相应情景(事件)发生可能性的集合或“可能性向量”；X_t 表示相应情景(事件)发生后所造成后果的集合或“损失向量”，由供应链易脆性(Vulnerability)和风险暴露(Exposure)组成，Exposure 是指受到风险因素影响的资产或负债价值。

因此，中断的潜在经济影响是供应链管理的关键问题。随着由供应失败产生的重要风险意识的增加，对有效的中断管理战略也越来越强调。[5]而 Snyder 等(2010)[11]则对使用定量模型来检验供应链中断的研究进行了综述。

对于供应链中断风险的研究，现有的文献多从概念和实证的角度出发[12]，或者利用供应商备份来研究双源采购战略[5]。Tomlin(2006)[13]研究了用产能柔性来替代库存以应对供应链风险，比较了有产能柔性和无产能柔性的两个供应商在供应中断情况下的中断管理战略。Craighead 等(2007)[14]则关注了一种供应链中断为什么比另一种供应链中断更严重的问题。他们认为，供应链中断是不可避免的，作为一种结果，所有的供应链天生都具有风险。通过一种多方法、多源的实证研究设计，他们发现了有关供应链中断的三种供应链设计特性(网络密度、复杂性和节点关键性)以及两种恢复和预警的供应链减轻能力。

Tang(2006)[15]针对发生重大供应链中断后，供应链如何保持正常工作提出了一些“稳健”战略。这些战略能使供应链在不论重大中断是否发生时,都能有效管理固有的功能,也能使供应链在面临重大中断时变得更有恢复力。尽管贯彻这些战略要付出成本代价,但在重大中断发生前后能提供客户实现获得或保留的额外卖点。然而,这些稳健战略只是一般的定性分析加案例分析,缺乏定量分析和理论基础。

在为供应链中断规划合适的减轻战略时,Chopra 等(2007)[16]关注了解周期性风险(延迟风险)和中断风险的重要性。他们发现,绑定两种不确定性会导致经理人员不能充分利用可靠的资源,而过分利用较便宜但较不可靠的供应商。如果多数供应风险增长来自周期性不确定性的增加,增加较便宜但较不可靠的资源的数量是一种有效的风险减轻战略;相反,如果多数供应风险增长来自中断概率的增大,则厂商应该更多从可靠的资源订货,较少从便宜但较不可靠的资源订货。

Xiao 和 Yu(2006)[17]通过一种演化博弈模型来研究根据同质商品的数量设定的双寡头情形中,需求中断和原材料供应中断对零售商战略的影响以及战略选择问题。

Xanthopoulos 等(2012)[18]提出了一个一般的单期(报童类型)库存模型来描述双源采购的供应链网络中的库存策略和中断风险之间的权衡问题,具体分为没有约束和有服务水平约束两种情形,两种供应渠道都易遭受中断风险。他们的模型考虑了风险中性和风险厌恶两类决策者,并得到闭式的解析解,可以应用于不同类型的中断,如原材料供应、生产过程、配送系统、安全破坏和自然灾害等。

对于供应链中断问题,还有些文献从信心[19]、对公司的股价与资产风险的影响[20]、供应链协调[21][22][23]等角度来研究。此外,Atasoy[24]等学者从应急管理的角度研究了供应链中断问题。

2.2.1 有关供应商中断风险研究

供应商中断可以分成两类:一类是供应商产出中断,另一类是从供应商到客户端的运输中断。对于前一类供应商中断,相关的库存控制模型会研究供应商的供应可获得性,并假设在订单提前期或者在任意给定的时间内最多只有一个订单未完成。这类文献包括 Parlar 等(1995)[25]、Weiss 和 Rosenthal(1992)[26]、Parlar 和 Perry(1995)[27]、Snyder 和 Tomlin(2008)[28],主要采取(r, Q)库存模型;Arreola-Risa 和 DeCroix(1998)[29]、Özekici 和 Parlar(1999)[30],主要采取(s, S)库存模型。在这类文献中,供应商不能满足或者能满足订单,而不能满足订单的原因包含设备故障、厂房损坏、原材料采购短缺,或者客户供应比例限制。比如,2000 年索尼因为零部件供应商原材料短缺而不能在度假季节供应足够的游戏机。

Atasoy 等(2012)[24]考虑在非平稳随机供应服务水平上的制造商(或零售商)的生产库存问题。尽管供应服务水平是确定的,但供应商可以预见到其未来的短缺,以及随后对其客户的供应中断。这些都基于其库存信息、生产计划、合同条款等来判断。有关未来的供应服务水平的信息称为提前供应信息(ASI),由供应商提供。客户的需求是随机的,且是非平稳的。系统的成本由固定订货成本、库存持有成本和短缺再订货成本组成。他们发现状态依存的(s, S)策略具有最优性。对于无固定订货成本的情形,他们发现了最优"订货到"库存水平的不同特性;对于有固定订货成本的情形,他们发现了一种启发性算法能找到最优订货策略。

Sawik(2014)[31]考虑一个由客户驱动的三阶段供应链,不同类型的产品由单个制造商装配以满足客户订单,并使用由许多供应商制造和提供的相同的关键零部件来装配。他们通过一种随机的混合整数规划方法来整合出现供应链中断风险时的供应商选择和客户订单计划安排。决策者需要决定是采用单个供应商还是两个不同的供应商,在规划期内如何安排订单计划,以减轻中断风险的影响、最小化总成本或最大化客户服务水平。模型设置了风险中性和风险厌恶两种测度。

Fujimoto 和 Park(2014)[32]提出供应链的易脆性会引发供应商中断,并从四个维度识别供应商中断风险程度:供应商的集中度、供应商风险的可见性、核心技术的可转移性以及核心技术的可替代性。Snyder 和 Shen(2006)[33]从供应产出和需求的不确定性来考虑供应商中断风险。Snyder 和 Tomlin(2008)[28]连续考察供应商中断风险的程度,建立了动态的中断预警系统,考虑了多个正常供货状况,形成了一套“威胁等级”,每个威胁等级都包含了不同的中断概率。在这些威胁等级之间的转换,以及在正常供货和供货中断之间的转换,应服从马尔科夫链过程。

一些近期的研究都在关注供应商中断风险下的供应商决策和设计,其中一类是在单一供应商的情况下,将供应商的可获得性设计为马尔科夫链过程,有着随机中断可能性,并对应着随机需求和提前期。Moinzadeh 和 Lee(1987)[34]设计的是供应商的生产随机中断和随机中断长度,对应了恒定的生产和需求速率。此类文章还有 Berk 和 Arreola - Risa(1994)[35]以及 Gupta(1996)[36]。Snyder 和 Tomlin(2008)描述了有动态的供应商中断预警系统的适应性库存订货策略比静态策略带来了更大的成本上的节省。Snyder 和 Shen(2006)考虑了多级供应链设计来应对需求和供应的不确定性。在 Ross 等(2008)[37]《有时间影响参数的供应中断》一文中,考虑了一个公司面对变动的需求,会从单一的供应商处获得供应。供应商的货物可获得性会受到暴风雨、罢工或者其他客户订单优先级的影响而中断。在他们的模型中考虑了一个动态的环境:中断可能性、需求强度都是与时间相关的参数。文章把这个问题描述成非均匀连续时间的马尔科夫链,并且通过算例得出在不同订购策略下的总成本，证明了有些订购策略会受时间影响，有些则不会。关键要解决的问题是，在不同周期采用不同的采购策略是否会比使用稳定的采购策略在成本上有所改进。

另一类是研究供应商可靠性及双源采购应急策略，Parlar 和 Perry(1995)、Gürler 和 Parlar(1997)[38]都设计了两个成本相等的供应商遭受生产中断的情形，内部的中断和修复时间都服从指数分布。Tomlin(2006)应用双源采购策略来减轻风险：一个供应商稳定、不容易中断且具有生产能力柔性，但采购价格高；另一个供应商不稳定、容易中断且不具备生产能力柔性，但采购价格低。Sawik(2014)结合客户订单需求计划和供应商选择来决定单源或者双源采购的应急策略：一类供应商是本地供应商，中断风险独立且随机，供应稳定，但采购价格高；另一类供应商是海外供应商，中断风险是来自地区性的，比如飓风等自然灾害，供应中断风险高，但采购价格低。Tomlin(2009)[39]讨论了对于供应商可靠性的预测将影响是否进行双源采购的应急策略。

还有一类是研究多供应商中断的文章，在单一产品的情况下，Tomlin(2009)、Schmitt 和 Snyder(2012)[40]设计了多个后备供应商，其建立的库存模型中含单个供应商的中断、随机提前期和其他与阶段状态相关的不确定参数。Dada 等(2007)[41]在单周期内构建了多个不可靠供应商和一个零售商的报童模型，当某些供应商发生供应中断时，其他供应商的库存可以用来应急减轻风险。Babich 等(2007)[42]进一步将多个供应商设计成相互间有竞争特性，且具有不同的价格和可靠性。

Tang 和 Tomlin(2008)[43]设计了短生命周期产品的单周期库存模型，发掘了其他诸如供应商多样化、应急采购、需求管理等政策以减轻供应商中断风险。Tomlin(2006)提出一系列应急策略可以用来减轻或者应对风险。Fujimoto 和 Park(2014)考虑了日本地震时，大部分电子元器件供应商发生了生产中断，建议厂商采取虚拟生产线合同，在中断发生时将核心信息转移至外包供应商处，这样可以节省后备生产线的一次性固定投资和在应急时初设调试时间。在很大一部分研究文献中，都将优化库存订货策略作为供应商中断风险的有效应急策略，将长期平均库存成本作为评价应急策略好坏的主要考量指标。比如，Snyder 和 Tomlin(2008)、Tomlin(2006)、Schmitt 和 Snyder(2012)、Dada 等(2007)、Babich 等(2007)以及 Sawik(2014)。表 2－1 列出了美国和一些知名厂商在供应商中断下的风险减轻和应急策略。

表 2－1　供应商中断下的风险减轻和应急策略

应急策略	风险事件描述
供应商选择	在原油供应中断期间，美国战略原油储备保护了美国。
	2000 年，诺基亚的多供应商采购策略缓解了飞利浦半导体公司的供应中断危机。
	Chiquita 公司的多地点采购策略缓解了 1998 年 Mitch 飓风造成的供应中断危机。
路径更改	诺基亚临时增加向其他未受影响供应商的采购数量。
	Chiquita 公司临时增加向未受影响产地的采购数量。
	NewBalance 改从东海岸发货并改走空运来应对 2002 年西海岸的码头罢工造成的供应中断危机。
	“9·11”事件发生后，造成美国空运中断，Chrysler 将运输方式改为地面运输，将零件从美国供应商处运到墨西哥的 RodgeRam 装配工厂。
需求管理	Dell 调整销售策略吸引客户购买低内存个人电脑，以应对 1999 年中国台湾地震危机造成的内存条供应中断危机。

2.2.2 有关物流中断风险研究

Sawik(2014)将物流中断描述为因为自然灾害，如 2011 年泰国洪水、日本地震等，导致卡车停运、海运港口关闭、货运机场停飞等，致使整个地区的某种零部件的供应商都无法供应的情形。Lewis 等(2013)[44]指出，在国际运输方式中，海运占据了 80% 的货物贸易流量,2005 年的 Katrina 飓风使新奥尔良港停运两周,以后的数月都有船只滞留在港口;另外,2002 年的码头工人罢工,造成美国西海岸港口停运 10 天,积压了很多货物,在数月内都无法疏散完毕。Rice 和 Caniato(2003)[45]描述另一种物流中断是人为的公共事件,比如"9·11"恐怖袭击、罢工等,导致所有到美国空港的交通全部暂停,其中包括国际货物空运,卡车运输到美国—加拿大边境的时间从原来的几分钟延迟到 12 个小时。《关于印发 2008 年北京奥运会残奥会期间北京市交通保障方案的通知》中提出实行临时车辆管制,要求过境外地货运机动车绕行 112 国道,在内蒙古自治区和河北省内对货车进行分流。原本从山西运煤通过北京到河北的物流线路中断,必须选用新的物流线路,即必须绕离北京,因此增加了 10%~20%的运输燃油费和过桥过路费用。另外,奥运会期间外地货车禁行的车辆管制策略,使原有物流路径的运输方式中断,使小型的金杯车大幅增加用来市区内的运货。胡云超等(2013)[46]指出,车辆管制尤其会对中心区的配送货运车辆实施货运交通管制,包括管制地点和管制时间窗口两种方式相结合,管制地点包括限行路段和限行区域;文献中设置了基础情景,增加了城市货运车辆管制措施压力;设置城市中心带时间窗口和限制区域的车辆管制情景、梯度城市车辆管制情景、夜间配送情景和车流高峰管制情景。这样的物流中断,可以通过优化配送车辆的时间和数量来降低物流中断的风险。

研究物流中断在从供应商到零售商运输过程中发生的文献较多,一类是从提前期的角度来分析物流中断的影响。物流中断可能会引起送货的延迟,延迟时间会引起正常提前期的变动。Kaplan(1970)[47]最早开始研究供应商具有随机提前期和多个未完成采购订单的供应链模型。Ehrhardt(1984)[48]、Tomlin(2006)、Song 和 Zipkin(1996)[49]、Chen 和 Yu(2005)[50]都分析了随机提前期和随机需求的供应链模型。但 Tomlin(2006)、Song 和 Zipkin

(1996)、Chen 和 Yu(2005)[51]、Lewis 等(2013)都将提前期作为外生变量,并将提前期的分布设计为离散的马尔科夫链。这样物流中断可以看作提前期某一时刻的状态从正常到关闭,物流中断的时间长度就是状态从上一个关闭到下一个关闭的连续时间。在对提前期的概率分布或者概率转移分布进行分析的基础上,采取优化的库存应急策略来减轻物流中断的风险。

根据物流中断发生在物流路径上的不同路段,应采取不同的应急策略。当从某个地点到到货点的过程中发生中断时,且中断引起随机提前期变化时,有文献研究了紧急订货或者加速订单的应急策略。Tomlin(2006)指出物流中断时,可以将物流路径从陆运或者海运改成空运,从而使紧急订单或者加速订单的实现成为可能。Bylka(2005)[52]以马尔科夫决策过程为基础,建立了紧急订货的定量模型,允许决策者在需求中断时任意启动紧急订货以满足需求。Duran 等(2004)[53]把整个提前期分为正常供货的时间区间和紧急订货时的可变化的时间区间,在紧急订货的时间区间内可以因成本的不同而拥有不同的紧急订单提前期。Gaukler 等(2008)[54]也研究了多阶段不确定提前期的供应链系统和在供应商的能力存在约束情况下使用紧急订货策略。孙磊等(2010)[55]研究了在需求不确定和补货提前期随机的情况下,怎样得到优化的紧急订货策略,采用的是(r, Q)库存模型。Bookbinder 和 Cakanyildirim(1999)[56]在(r, Q)库存模型下,提出可以通过投资来使正在送货途中但未送达的订单加速,以满足客户的需求。

另外,当物流发生中断时,可以设立应急点进行货物的转运。桑小娟和蒋淑华(2012)[57]提出"禁止外籍货车进入市区"的交通管制措施,增加了物流网络中断的可能性。因为仓储区域管理的不成熟,造成在施行车辆管制时,没有合适的运输工具可以符合管制要求以运送货物,而造成配送时间的延迟。在这样的车辆管制情况下，我们需要将禁止入内的重型货车在城市郊区的仓储区转换成小吨位车辆，甚至是摩托车，再将货物送达市区内客户的手中。根据车辆管制的区域，可能需要多个转换点以应对物流中断的风险。

在对转运的研究中，一类是横向转运，Axsäster 等(2013)[58]提出了建立快速响应仓库，这个仓库可以在供应商供应不及时的情况下，将货物送达客户处。Paterson 等(2011)[59]描述了横向转运可以减少库存成本并提高客户服务水平。转运的库存可以是完全用来满足外来的需求，或是基于各种约束以部分满足需求。横向转运只能发生在地理位置上靠近的仓库之间，如 Caggiano 等(2009)[60]、Kutanoglu 和 Lohiya(2008)[61]、Kutanoglu 和 Mahajan(2009)[62]、Reijnen 等(2009)[63]都有描述；Axsäster 等(2013)[58]、Liu 和 Lee(2007)[64]、Olsson(2010)[65]考虑转运仓库点的选择只能按照唯一顺序进行；Xu 等(2003)[66]、Van Wijk 等(2009)[67]考虑仓库内不是所有的库存都能用来满足转运要求。

转运的另一类是将到达应急点的整批货物按照 n 次转运至指定处，这其实是一个单级供应链发展成为二级甚至多级供应链的过程，使供应链上的节点增加，并且按照一定的倍数进行分批配送。Axsäster(1995)[68]设计了一个二级(R, nQ)库存系统，根据泊松分布的要求，拥有一个仓库和多个零售商，采用订货嵌套策略，来设计合理再订货点和各级的订货批量。Chen 和 Zheng(1994)[69]根据随机需求的多级库存(R, nQ)系统，考虑在供应链各级库存信息已知的情况下，使用级库存策略来设计合理的各级订货点并进行订货批量估计。Axsäster 和 Rosling(1993)[70]比较了订货嵌套策略和级库存策略在多级供应链库存模型中的优劣。

当物流中断发生在从供货点到路径上的某个地点的运输过程中时，可以采取的方法是向另一个供货点发出订货指令。Sawik(2014)提出，如果两个供应商的地理位置不同，当一个供应商因为区域性突发事件发生中断风险时，应协调客户优先从另一位置的供应商处增加采购数量来减轻中断风险。Chen 和 Vairaktarakis (2005)、Chen 和 Pundoor(2006)[71]都考虑通过协调供应链的供应和需求，综合库存、运输和短缺成本，整合供应商生产计划和运输配送运营，使用遗传算法来解决 NP 的问题。混合动态结合遗传算法是目前广泛使用的，协调生产、库存和运输运营的方法之一。当物流中断同时发生在两个供货点附近区域时，Xanthopoulos 等(2012)[18]考虑用单周期的报童库存模型来权衡优化的库存策略和中断风险成本，并且考虑了风险厌恶者和风险偏好者在面临物流中断时在订货决策上的不同选择。

2.3 库存控制研究

库存控制模型可以追溯到 20 世纪早期对经济订货批量(EOQ)模型的研究[72][73]。然而，对随机控制模型的研究直到 20 世纪 40 年代在美国才有研究结果[74]。这些研究证明了在需求为平稳随机过程、订货提前期恒定下的定期检查库存系统的基本库存策略和(s, S)策略的最优性。根据(s, S)策略，当库存水平下降到 s 以下时，就应下订单把系统库存提高到水平 S。许多著名的随机库存模型可以从文献[75][76]中找到。然而，这些研究时常不能代表极端事件，因为这些分析模型没有涉及这些事件。因此，研究供应系统的中断时，需要讨论供应商可获得性的中断和产品从供应商运输到客户的中断问题。Ross 等(2008)发现了在零库存订货条件下的优化订货量；Heimann 和 Waage(2007)[77]发现了在非零库存订货条件下的优化再订货点和订货水平。由于多级供应链的生产和配送系统管理的中心化，研究开始关注上级供应链包含下级供应链库存信息的库存优化模型。

Nagurney 等(2002)[78]设计了一个三层供应链超级网络模

型,包含了制造商、分销商和零售商的三层决策,同时考虑了供应风险和需求风险,并按照多属性决策进行优化,实现了利润最大化、风险最小化,推导出了模型的均衡条件,获得了收敛结论。

2.3.1 供应商中断的库存控制模型

供应商服务水平模型一般假定供应商要么能够供应产品,要么不能。还有些模型限制性地假定在任何给定的时间段内,充其量只有一个订单可能是未完成的。在经典的 EOQ 模型中,供应或需求中断会发生在一个已知的未来时间点上,并持续一个随机的时间长度,从而得到最优订货数量。[79]类似地,在文献[80]中,提出了一种 EOQ 模型,其供应不确定,从而得到最优订货数量。在这个模型中,供应商的服务的期限为指数分布,供应商不能服务的期限是恒定的或是指数分布的。

Ross 等(2008)在研究连续采购订购策略时估计了中断频率、中断时长和需求率。因为是估计,所以会不准确,不准确的估计会影响到整个成本。假设提前期为零,订购策略包括零库存订购策略(即精益生产模式)和非零库存订购策略,并对随时间周期变化的订购策略和不随时间周期变化的订购策略间的差异进行了分析。另外,对参数变化可调节的订购策略和参数变化不可调节的订购策略间的差异也进行了分析。通过构建零库存订购策略和非零库存订购策略的马尔科夫链模型,他们讨论了整个模型系统的几种模式:稳态的、循环态的 + 库存水平分布、循环态的 + 平衡行为。由此得出各种策略在供应中断假设下的优势和劣势。他们研究的创新之处在于考虑了当前的制造型厂商推崇的精益生产和零库存的订购策略,并用算例的方法比较了在不同成本、需求和中断参数下的订购策略。另外,因为属于小概率事件的中断,通常没有稳态概率分布,所以可能很难预测,他们研究了受时间影响的策略在供应参数条件出错时的鲁棒性,以及恢复接受分布的敏感度。

他们发现，非稳定策略可以在成本优化和对错误有敏感度的鲁棒性之间获得较好的平衡。

在供应商中断风险的文献综述中，我们发现有一类供应商中断风险研究存在随机提前期的问题。Kaplan(1970)发现了一个对于研究随机提前期供应系统的突破口，他假设了随机提前期 (s, S) 库存模型，并且规定每次订单的到达不允许时间上的交叉；假设在线性订购成本和固定非负的启动成本下，存在优化订购策略。然而，模型的参数并没有与提前期分布相关，并且优化的订购策略并没有阐述充分条件。在 Ehrhardt(1984)的文章中导出了优化基本库存策略的充分条件，并且指出 (s, S) 策略适合有限和无限的计划水平。

Song 和 Zipkin(1996)的研究扩展了随机提前期模型，并假设供应系统是马尔科夫链。这一假设的创新之处在于马尔科夫链是外生随机变量，独立于需求和未完成订单状态，当发生中断时提前期的状态为 0，当正常供货时提前期的状态为 1。在这种假设下，"订货到"库存水平策略是优化的库存策略，优化策略和标准模型中的结构是相同的，但是它的参数设置与供应条件有关。

Kaplan(1970)、Song 和 Zipkin(1996)都假设了订单的提前期和未完成订单之间是独立的，因此他们得出同样的结论：与未完成订单相关的优化策略只能通过对订购库存水平的观察来获得。他们假设订购库存水平的信息足够用来制定有效的订购决策。

部分供应商中断风险管理研究类似于供应不确定性问题。在供应中断模型中，供应商供应状态不确定，或正常供应或中断。当供应商正常供应时，它可以满足所有下达的采购订单并且按时完成；但是当供应中断时，就不能完成任何订单。供应过程可以描述成失效次数分布和修复次数分布。在中断管理的文献里，任何供应商的生产状态都是已知的。主要的供应中断管理论文集中于单个供应商问题[81][82]。如果没有多个供应商可以选择，库存策略将是中断管理唯一可以考虑的决策。Chen(2005)认为,需要保证中断厂商愿意持有更高的库存水平。但是如果中断风险是不稳定的,看上去库存策略也应该非稳定。库存经理可能不愿意连续考察并改变他们的订购策略,比如因为季节因素影响,他们可能会在中断的时候持有太多库存或者在中断周期中发生断货。

部分供应商中断风险管理研究类似于供应商产出不确定性问题,那是指在下达订单后不确定能否完成的部分订单。很多关于产出不确定的文章主要集中在单个供应商模型,Ciarallo 等(1994)[83]、Khang 和 Fujiwara(2000)[84]以及 Bollapragada 等(2004)[85]针对单个供应商,描述了每个阶段生产能力上限会随机变动。Yano 和 Lee(1995)[86]、Gerchak 和 Parlar(1990)[87]、Agrawal 和 Nahmias(1997)[88]、Gurnani 等(2000)[89]、Dada 等(2007)、Chen 和 Parlar (2005)[90]、Anupindi 和 Akella(1993)[91]、Parlar 和 Wang (1993)[92]、Swaminathan 和 Shanthikuma(1999)[93]在大批产出不确定问题上研究了供应商多样化,并且后 3 篇文章还考虑了多阶段的问题。这些文章主要集中在库存和采购降低决策上。在单阶段问题上,供应路径重构决策没有被涉及,因为在单阶段不确定问题已经被解决后,不存在制定其他采购行动的问题。而在多阶段问题中,供应商的状态在每个阶段都是相同的,也没有理由再去重构供应路径。

Chao 和 Zipkin(2008)[94]认为,当超出供应商供应能力时,可以通过支付固定的成本 K 来获得能力柔性(即超额能力),这笔固定费用诸如为客户寻找更多的运输卡车、说服其他客户等待、安排加工能力柔性。

在研究双源供应商应对供应商中断风险的文献中,一般将库存成本(包含持有、欠单、固定订购成本)作为厂商应急策略考量指标,并研究供应商的可获得性、供应商的可靠性、生产能力的柔性、中断概率分布的估计等变量对库存策略优化的影响。Parlar 和

Perry(1996)[95]、Gürler 和 Parlar(1997)的论文考虑了双源供应商选择的问题。这两篇文章考虑了公司面对的是稳定的需求，选择了 2 个采购成本相同、有无限生产能力的供应商进行采购：有固定的订购成本（它只发生一次，虽然订单将分给 2 个供应商）；2 个供应商的失效和修复次数都呈指数分布。

Tomlin(2006)研究了在购买单一产品的假设下，一个公司向 2 个供应商进行采购，一个是供应不稳定的，另一个供应稳定但是价格高。2 个供应商能力都是有限的，但是供应稳定的供应商在生产数量上还具有一定的柔性。文章证明了在稳定的供应商没有生产数量上的柔性，而不稳定的供应商有无限生产能力的情况下，一个风险中性的公司会选择单一的中断风险管理的减轻决策：增加库存，或者单一向稳定的供应商进行采购，或者被动接受中断。并且，供应商的正常供应的时间比例和中断特性（比如，中断频繁但是时间短，或者中断次数少但是时间很长）都是优化决策的关键因素。对于给定的正常供应时间比例，随着中断次数减少、时间延长，减轻决策将更趋向于增加库存。更进一步，他证明了如果不稳定供应商的供应能力有限或者公司是风险厌恶者，减轻决策组合是优化决策，即部分向稳定供应商采购以及部分增加库存。

供应商的供应能力都有限，但是可靠的供应商具有生产柔性可以调整工艺流程以获得更大的生产能力。如果可靠的供应商没有柔性，不可靠的供应商有无限的供应能力，可以证明风险偏好中性的公司会选择单一的中断管理决策（比如，增加库存，向单一供应商采购，或者被动接受中断）。由此发现供应商的可靠性、中断特性是优化决策的关键因素。

供应商的可靠性可以用正常供应时间比例作为衡量标准，假定已给定可靠性，中断次数少但时间长，公司将倾向于多供应商采购策略，而不是库存持有策略。如果公司是风险厌恶的或不可靠的供应商生产能力有限,我们将证明中断减轻策略组合是优化的(既持有部分库存,又采取多供应商采购策略)。因为不可靠的供应商能力有限,不能马上从生产中断中恢复,这将放大中断影响。本书将会证明,供应能力如果延迟恢复将会严重影响公司对中断管理决策的选择。如果可靠的供应商有生产柔性,公司将有不同的优化中断管理决策。这个生产柔性我们定义为:可以得到超过限制范围的生产数量和所需要的时间。生产柔性使应急决策有了可能性,并且可以大幅降低公司的中断风险管理成本。同时说明了如果给定供应商的可靠性,多供应商选择将会是比较优化的决策。

Korvelis 和 Milner(2002)[96]一篇关于随机生产能力的文章中假定了多供应商采购。某些文献证明了在供应商有不同的采购提前期且存在需求不确定的情况下,即使不存在供应不确定性,多供应商采购也是有利的[97][98][99][100][101]。

2.3.2 物流中断的库存控制模型

有关供应商或客户的产品物流运输中断的文献比较少。在物流运输中断研究文献中,一般以订单的状态描述运输提前期内的中断或者正常。在给定单位时间需求和随机提前期下考虑多个未完成订单的状态,最早的研究证明,有一定期限、定期检查库存系统的(s, S)库存策略具有最优性。这种系统有多个未完成订单、随机提前期和总的希望折扣成本评估指标。[102]

订单交叉被禁止,表示订单必须以下单的次序来接收。在这个假设下,库存位置(现有库存和所有未完成订单数量的总和)是一个充分统计量,而不是现有库存数量、积压订单数量和所有未完成订单数量。随机的运输中断会引起库存位置的变化,这证明了"订货到"库存水平。Rao 和 Goldsby(2009)在 Ezell 等(2000)[103]的基础上将范围扩展到无限期。

2.4 现有文献述评

纵观国内外文献，针对供应链中断风险的研究，多集中在供应商备份冗余度模型、安全库存控制模型的建立和基于资源的实证分析。多数库存控制文献研究决策者只能控制订货数量和订货时机的系统，而且，采用备份供应商和建立库存缓冲机制的研究较多是基于定性分析和战略层的意义。对供应链中断中的需求中断情况有一些定量研究，但对供应中断的定量研究较少，缺乏具体的可操作性策略。然而，对于供应链中断的风险控制，采用稳健性网络设计和优化，把稳健优化同库存控制相结合，或采用稳健的采购策略等研究，无疑是一种潜在的发展方向。

因此，我们关注特殊类型的供应中断，把供应中断分为供应商可获得性的中断，以及从供应商到客户的产品运输的中断。我们之所以把产品从供应商运输到客户的中断同供应商可获得性的中断区别开来，是因为供应商没错。我们关注库存策略和中断风险之间的权衡。

第三章　供应链中断应急管理的理论框架与应用

3.1 引　言

随着信息与通信技术的发展和经济全球化，供应链网络结构越来越复杂化，这加剧了供应链系统运营的不确定性和易脆性。为了寻找最好的资源、减少成本、获得良好的资产回报率，很多厂商施行全球化采购，把诸如制造、运输和仓储等非核心业务外包，并参与各种供应链活动（如使用 JIT 库存系统、供应商管理库存和减少供应基础等）来增加收入（如增加产品品种、频繁引入新产品）、减少投资，使其业务过程和供应链更加有效。尽管这些策略在相对低风险和变化较少的环境下有巨大潜力，能使运营更加敏捷、精益和有效，但也使供应链越来越长，地理分布更加分散。当面临自然灾害、恐怖袭击、战争、流行病、计算机病毒和城市举办大型活动的冲击时，一个链接的不确定性或突发事件冲击会通过这种复杂的供应商网络迂回地传播到分散的全球市场，供应链中的其他链接就会受到影响，导致供应链上的信息流、物料流或资金流发生中断。例如，2000 年爱立信因其供应商在新墨西哥州的半导体工厂发生大火损失 4 亿欧元[104]；福特汽车在 2001 年“9·11”事件后因所有航空运输延缓而导致其五个工厂被关闭 7 天[105]；2011 年 3 月发生的日本大地震和海啸，严重地中断了其国内汽车零部件的生产与供应,进而导致全球汽车生产的中断[106];2008年的北京奥运会和2010年的上海世博会给北京和上海两个城市的交通带来巨大的压力,造成很多厂商的运营受到严重影响,甚至关闭。Lee(2004)认为,伴随成本效率而来的是重大中断发生后的巨大隐性成本,厂商必须把成本效率同敏捷性、可适应性和利益一致性的观念进行平衡。基于很多观察,多数供应链往往在重大中断期间出现崩溃,随后不能恢复。很多厂商难以接受某些为减轻不太可能发生的供应链中断风险而付出高昂成本的应急策略,即使能保护其供应链。这些来自正常的原材料采购、生产和配送等活动的中断风险对厂商的利润影响是巨大的,表明厂商寻找合适的应急策略来应对这些潜在风险暴露日益重要。

Zsidisin 等(2003)认为,供应链风险是"一种为捕捉入场供应机会而导致采购厂商出现财务损失的事故或故障的可能性"。有关识别供应链风险来源的代表性文献主要有 Chopra 和 Sodhi (2004)、Kleindorfer 和 Saad(2005)以及 Sheffi 等(2005)。其中,Chopra 和 Sodhi 把潜在的供应链风险分为延迟、中断、预测不准确、系统崩溃、知识产权破坏、采购失败、应收款项、库存问题和产能问题等风险。其中,采购失败风险会导致不能按时满足需求、提高采购成本和泄露知识产权。因此,开发有助于降低风险的战略非常重要。Kleindorfer 和 Saad 从风险的结果出发,把影响供应链设计和协调的风险分为两大类:一类是来自供应和需求协调的风险,另一类是来自正常活动中断的风险。其中,供应和需求协调的风险是协调多个供应链参与者的需求和供应所发生的批量和收入的风险;而中断风险包括有目的的代理行为和意外事件的触发而引起的中断。Sheffi等把供应链中断模式分为六种:供应中断、运输中断、设施中断、通信中断、需求中断和运输中断。中断潜在的经济影响是供应链管理的关键问题,同时也形成了对供应失败的重大风险意识,从而强调了有效的中断管理战略的必要性。

供应链风险管理就是要同供应链中的伙伴协作，应用风险管理工具来应对有关物流活动或资源引起的风险和不确定性（Norrman，2002）。[107]通过文献综述，Tang（2006b）把供应链风险管理定义为“在供应链伙伴之间通过合作与协作进行的供应链风险管理，以确保盈利性和持续连贯性”。他认为，供应链风险管理的问题主要围绕两个维度：供应链风险（运营风险或中断风险）、减轻方法（主要包括供应管理、需求管理、产品管理或信息管理）。在这种研究框架的引导下，Hendricks 和 Singhal（2005）[108]列出了各种重大中断的不利影响，促使我们检验识别有效的应急策略对重大中断的恢复功能。Tang（2006a）提出，为了促进厂商保护其供应链，需要采用稳健策略。因为稳健策略不仅能帮助厂商在正常环境下减少成本或改进客户服务水平，而且能使一个厂商在重大中断期间或之后维持运营。同时，风险管理理论和实践提供了一种可选择的方法来减轻特定的中断风险，最普通的风险减轻策略之一是柔性/多源采购。因此，张以彬和陈俊芳（2008）针对需求和供应不确定性的问题，把影响供应链管理的环境不确定性分为客户需求不确定性和供应不确定性，提出了一个识别和控制供应链风险的框架，并提出采用一些相应的柔性控制策略可以减轻供应链风险。包兴等（2009）[109]针对运作能力受损后的恢复问题，提出了一种应急管理分析框架，主要从恢复计划、执行流程的实时监控以及相关效果评估进行分析，并利用业务连续性计划（BCP）进行修正。朱丹（2011）[110]基于经济因素，提出了一种供应链应急物流系统逻辑模型，利用一系列柔性机制控制物流风险。

可以看出，针对重大中断和大型活动引发的可预见性中断，现有的研究缺乏一个考虑各种中断风险识别、风险评估和应急管理战略，并把供应管理、需求管理和运营管理进行集成的应急管理框架。为此,本书将研究这样的理论框架,以便为后续研究供应商中断风险控制、物流路径中断风险控制等理论和应急管理实践提供一种理论研究框架和决策参考。3.2 节和 3.3 节将提出供应链中断风险控制的应急管理框架;3.4 节将运用德尔福公司在 2008 年北京奥运会期间的应急管理案例来说明我们的框架模型在实践应用中的有效性,并在后面的第四章、第五章和第六章分别对模型的理论意义进行更深入的研究。

3.2 理论框架模型

风险管理是一个决策过程,包括认识和评估风险、贯彻降低事件发生概率或引起结果的行动。一般地,风险管理采取的行动有规避、减轻、转移、共担或接受风险。规避就是消灭可能促发风险的事件;减轻就是概率降低,例如可以持有额外的库存、识别备份资源、任命风险管理经理或应急小组、采用并行系统等。通过内部或与供应商合作来改进风险运营过程可以降低事件发生的概率,如设计供应商选择过程。风险也可以转移到保险公司,或通过转移库存责任、改变供应商的交付时间(如准时制交付)而转移给供应链伙伴、客户(按单制造),还可通过外包活动来转移风险;而且,合同可以用来转移商业风险。最后,风险可以通过合同机制和改进协作来共担(Tsay 等,1999; Cachon, 2004)[111][112]。

根据 Chopra 和 Meindl(2012)对供应链宏观过程的描述,我们把供应链系统看成由供应商与其二级供应商、备份或虚拟供应商与其二级供应商、制造商(焦点厂商)以及客户组成。系统的供应链管理除了涉及焦点厂商的内部供应链管理(ISCM)外,还包括供应商关系管理(SRM)和客户关系管理(CRM)等管理子系统,如图 3-1 所示。

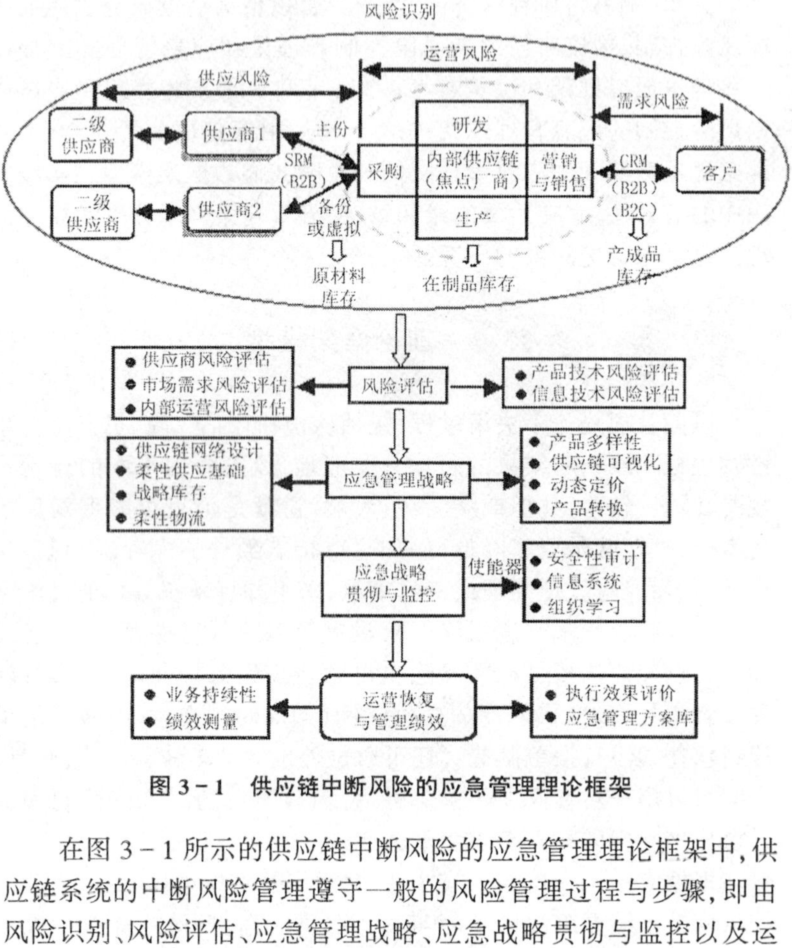

图 3-1　供应链中断风险的应急管理理论框架

在图 3-1 所示的供应链中断风险的应急管理理论框架中,供应链系统的中断风险管理遵守一般的风险管理过程与步骤,即由风险识别、风险评估、应急管理战略、应急战略贯彻与监控以及运营恢复与管理绩效五个步骤组成。

3.2.1 中断风险识别

识别风险来源及其驱动因素是成功管理供应链风险的关键。在本质上,供应链问题可以分为两大类:供应管理和需求管理。其中，供应管理问题包括供应商选择、供应商关系、供应规划、运输和物流等；而需求管理问题包括新产品引入、产品线管理、需求规划、产品定价和促销规划等。因此，对典型的供应链宏观过程系统来说，系统的风险评估也是从对焦点厂商的运营风险、对客户的需求风险和对供应商的供应风险来进行识别。

3.2.1.1 运营风险

在模型中，焦点厂商的运营风险来自厂商的协调风险能力，由协调中断风险和协调延迟风险组成。其中，协调中断风险的来源和供应中断相似。另外，知识产权的处置不当会导致供应关系的中断，继而造成协调的中断。

协调延迟风险是协调多个供应链参与者的需求和供应时所发生的批量和收入的风险，主要来自产能风险、库存风险、产品服务水平风险、采购风险、技术风险、产品质量风险和系统风险。其中，采购风险指汇率波动或供应商的价格提高所引起的成本的意外增加。其他几种风险和供应延迟风险的风险来源相似，只不过这些风险来自中间人以及与供应商和零售商的链接。

3.2.1.2 需求风险

需求风险是有关出货物流和产品需求的风险，由出货物流的中断、季节性、时尚的波动性、新产品采纳或短产品生命周期引起[113]，由需求中断风险和需求延迟风险组成。其中，自然灾害、运营事故以及政治不稳定会引起需求中断风险；而需求延迟风险是由系统固有的需求不确定性所引起的，主要来自需求的预测风险。预测误差会导致因库存过度而降价或缺货。此外，应收款项的风险指能以应收款项来收账的可能性，它能破坏公司的绩效。

3.2.1.3 供应风险

供应风险是单个供应商失败或供应市场发生有关进货供应事故的概率。供应链中的信息系统网络越大、路径越长，出现供应中断的威胁就越大。另外，由于资源的高度利用或缺乏柔性，当一个供应商不能响应需求的变化时，常会发生物料流动的延迟，从而出现供应延迟的风险。供应延迟风险由系统固有的、不确定的供应所引起，主要来自产能风险、库存风险、产品服务水平风险、技术风险、产品质量风险和系统风险。供应风险主要包括供应商中断风险、物流运输中断风险、仓储风险。其中，供应商中断风险和物流运输中断风险对供应链影响最为严重。

由于产能只能在一段时期内增加或减少，因此拥有过剩的产能通常成为一种战略选择。然而，过剩的产能会损害财务绩效，产生产能风险。库存风险来自客户对采购厂商的产品批量和品种的需求波动，如缺货、过剩库存的报废等。产品服务水平风险来自发货、运输、配送方式与提前期不能满足交付需要的风险。与质量相关的风险包括供应商发生资产设备故障、在转运中发生的损害以及在质量原理和技术上缺乏培训。技术风险包含当前技术的改进和放弃开发努力的风险。

对于供应商中断风险，一般从产品设计实现的角度来评估。在信息开放的环境下，厂商在降低不确定性的同时，应试图建立某种信息处理能力来抵御不确定性。一个厂商核心的、有增值意义的设计信息是最需要保持稳定的部分，即核心技术，在不确定的环境中，核心技术需要设立“边界环绕单元”，就像建立在稳定核心和不确定环境之间的缓冲地带。现代的制造厂商正在重视这种核心—边界观点，就像制订“持续运营计划”来解决运营中断的问题。

Lambert 和 Cooper(2000)[114]认为，供应链可以定义为一个保护核心技术不受环境影响，使厂商和客户之间的信息流、物流、现金流高效流动，确保有增值意义的设计信息的实现，最终配送给客户的运营系统。供应链中断事件使核心技术无法做到实现制造，并暂时性地中断了有增值意义的设计信息对客户最终实现的流程。供应链中断的两个实质性影响：(1)原来稳定运行的核心技术成为影响制造流程可转移性的最重要的因素；(2)用来保护核心技术的“边界环绕单元”现在需要保护整个系统的持续性。

从产品设计实现角度看工厂制造链，制造流程是通过员工劳动，创造有增值意义的设计信息，并将其转换成能交付给客户的产品，包括生产、采购、工艺开发、产品开发和销售。含核心技术的设计信息可以包括机械产品的模具、化工产品的特殊配方、电脑控制模块的编程软件等。产品的供应链可以看成是含核心技术的各个流程间或者生产性资源间的增值设计信息传递的链条，而链条的每一部分都是将设计信息与物料媒介相结合，包括设计信息增值流和物料流两个部分。供应链包括多个厂商，每个厂商都在做设计信息增值加工的一部分，并沿着供应链和其他厂商的设计信息整合在一起。制造管理的关键在于创造出“好的设计品”来满足客户，把设计概念变成实物，然后将实物通过准确、快速、有效的设计信息流制成完成品递送给客户。供应链管理可以看作厂商对整个设计信息流的协调。应当在供应链的薄弱环节，即当供应商中断发生时，对风险来源进行正确识别。这样在供应链中断发生时，才能正确应用应急策略。以下将以汽车零部件制造业为例，从四个指标来评估供应商中断风险的程度。

1. 供应的集中度

某些零部件的独家供货商是供应链中的薄弱环节。比如，在汽车零部件行业里，有中日合资汽车制造商的供应商“钻石结构”：一级配套供应商的零部件采购相对分散，二级配套供应商的零部件采购则高度集中。如果这些不可替代的二级甚至更低级别的配套供应商的高度集中是因为他们技术上的优势，那么装配制造商没有别的选择，只有保持这种采购结构来保证供应链的竞争力。同时，他们还是需要考虑针对这些关键供应商制定应急策略，来尽量减少供应链中断损失。

2. 供应商的可见性

对于汽车行业，复杂的产品通常由上千个零件组成，一辆汽车大约需要 30 000 种零件。二级甚至三级零部件配套供应商的小零件供应状态对于主机厂来说，在中断前后很难在短时间内甄别影响程度，即供应链中低级别的供应商的可见性很低。其他还有部分易耗品，像洗涤剂、催化剂等在零部件制造过程中被经常使用，同样，这部分易耗品不可见程度高，这是因为易耗品通常都不存在于工程物料清单中。为了识别易耗品的供应链，采购厂商、装配制造商都必须从供应商的制造物料清单中分享该类信息。比较工程物料清单、制造物料清单时通常还包括设施、设备和易耗品信息。汽车行业的产品都是非常复杂的装配产品，这些多级供应商的不同物料清单的数据收集(见图 3－2)需要耗费大量的时间和精力。如果这些相对不可见零件的采购是高度集中化的，或者不可替代的，那么它们很可能成为整个供应链的薄弱环节。

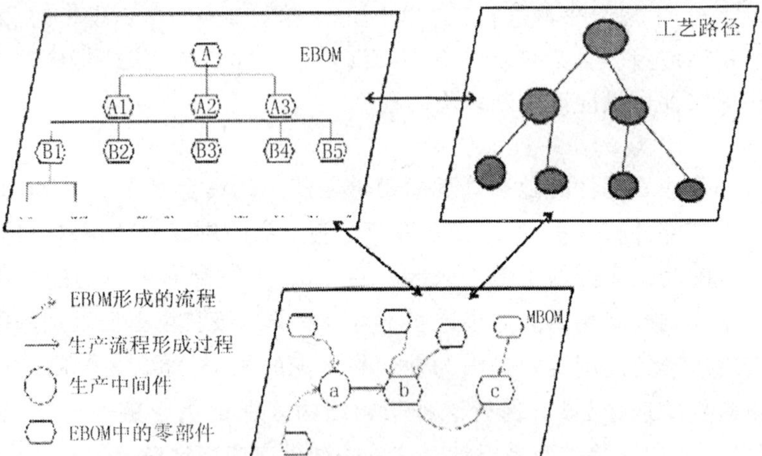

图 3－2　工程物料清单(EBOM)和制造物料清单(MBOM)

3．设计信息的可替代性

如制动零件、电脑控制模块等，这些高度客户定制化的低替代性零部件，会有很高的供应中断风险。客户定制化设计或者供应商定制工艺流程的零部件，很难切换成标准化零部件，或者切换供应商。汽车零部件出口厂商更加倾向于定制化零部件，来体现其产品设计上的竞争优势，并且产品经常整合了大量的定制化零部件。定制化零部件要求更强的供应链整合和协调能力，该类厂商能够通过复杂的供应链整合和协调，享有在设计成本上的优势和产品提前期的相对优势。但对于高度整合的产品结构，一旦中断事件发生，就会成为供应链的薄弱环节。

4．设计信息的可转移性

设计信息的可转移性是指中断发生后，能否将设计信息从现有的特定制造流程中移除，然后转移到替代流程上。可转移性是判断虚拟应急策略是否应该实施的一个标准。如果是机械产品，流程中特殊的工具和模具相对比较容易从关停的机器上卸下，并转移到其他正常运行的制造流程上去。在这个条件下，设计信息(模具和工具)相对容易转移。如果是化学产品，在用到相对定制化的设备和特殊配方时，设备的设计信息或者配方可以转移到另一家工厂，在异地的工厂设备上需要完成配方调试工作。这种调试在一定的提前期内是可能的，产品的核心设计信息也是可以转移的。普通的机械产品(如 2004 年雅典奥运会使用的)对于制造厂商来讲，相对容易将定制化的设计信息(模具、夹具和 NC 切割程序)从厂内生产线转移到非定制化生产线，然后调试定制化的模具、夹具、程序以及设备，完成试生产。

但某些行业的核心设计信息的转移会受到一定的局限。在高端化工行业，近似的设计信息的转移和调试是可行的。在这个行业通常都是使用定制化的产品配方，利用通用设备进行大规模量产的模式。而有些行业，设计信息的可转移性相对受限，制造商只能等待，那需要更多的应急时间。有一些技术性、组织性和经济性的困难会阻碍这类生产线转移。

瑞萨电子公司在东京世博会期间遭遇供应商发生物料中断后，开始将原计划由 Naka 工厂生产的芯片分划给其他几家芯片厂生产。这些芯片厂包括 Saijo、Tsugaru 以及 Tsuruoka，还有其他几家瑞萨属下的芯片厂。另外，瑞萨从当年四月份开始，也已经加大了芯片委外制造订单的数量。在其他半导体工厂，瑞萨建立了多条替代性产品生产线，将近半的 Naka 工厂的产品需求量进行转移，当然在制造配方上会有一定的改变和调试，但能保证基本功能的一致性。这也是受限的设计信息可转移的一种应急策略。

在识别供应商中断的风险来源后，我们发现，供应的集中化取决于产品或者流程的技术程度和供应商的能力；设计信息的可替代性取决于产品的结构和市场的实际需求。所以，改变供应的集中度比例和零部件设计的定制化程度，对于平衡厂商的鲁棒性（稳健性）和竞争性来讲不是最适用的应急策略。

相反，供应商的可视性和设计信息的可转移性是可以通过技术上的提高来进行改进的，这样就不会牺牲产品在市场上的竞争性且增加供应链冗余了。例如，在 2008 年北京奥运会期间，因为环境保护因素而使北京周边地区的工厂的部分或者全部生产线关停 3 个月以上。德尔福汽车零部件公司几乎花费了 1 个月的时间才对所有受到关厂影响的二级和更低级别的供应商的位置和中断情况信息进行了比较全面的了解。对于中断时间较长的重大影响及其范围，有关整条供应链可视性的信息应该在 2～3 天内完全获得，但事实上，目前汽车行业的供应链的上下游厂商还做不到这点。

正常情况下，作为德尔福公司来讲，没有必要对整条供应链上二级和更低级别的供应商的设备和生产情况每日查看。事实上，德尔福公司对于供应商的非集中化管理也是它的供应系统保持高效的一个因素。因此，完全抛弃这种对供应商的非集中化管理，而进行更加严格的信息直接管控是没有什么意义的。另外，从采购合同来看，对于丰田这样的汽车整车的组装厂来讲，去维护二级甚至更低级别的供应商的生产和设备信息，是不适合的合同条款。

但当发生突发事件时，像德尔福这样的大型采购厂商就必须对各个层级的供应商详细的地理位置、产品、生产流程状态进行迅速全面的了解。因此对于德尔福来讲，需要协调供应链上的各级别的零部件供应商，积极地提供相关信息，并支持他们迅速采取合适的应急措施，在这个从上到下的网络中，逐层恢复。所以，在合同条款中有明确提到突发事件的情况下，主机厂可以要求各级供应商提供制造信息和状态(如 EBOM)。

3.2.2 中断风险评估

任何运营环境都需要经理人员应对来自原始计划与实时情况之间的偏差。我们称这种在事件不能与期望相匹配时产生的偏差为中断。一个供应链中断可以是任何子系统、零部件和原材料从起点到最终需求点的流动过程与原计划之间的偏差。Gaonkar 和 Viswanadham(2007)[115]指出，有三个层次的风险，即偏差、中断和灾难。偏差是“一个或多个参数，如成本、需求，偏离它们的预期值或均值”。Craighead 等(2007)将供应链中断定义为“干扰供应链中产品和原材料的正常流动的计划不到和意料之外的事件”。Yu 和 Qi(2004)[116]认为，中断管理是一个应用运筹学方法来帮助解决不确定性下运营中断问题的新兴领域，强调发生中断时运营计划应实时修订，并展示了一个中断管理的一般框架及其在航空公司、计划排程、生产和供应链管理等不同领域的应用。中断风险评估指的是正式估计中断发生的可能性，以及所导致的损失。理论上，风险评估是一种不间断的活动，更多的是在中断发生前的准备期要采取一些措施。

供应链中断能以多种方式对公司产生重大影响。作为供应链中断的后果，将有成本、运营和服务方面的影响，包括交通延误、卡车司机或港口工人罢工、恐怖活动、信息沟通不畅、IT故障、工业意外、质量问题、操作问题、自然灾害（如飓风或雷击）、政府规章，甚至供应商的投机行为。

评估供应链中断风险可以从供应链易脆性（Vulnerability）、供应链恢复力（Resilience）、供应链可持续性（Sustainability）和供应链安全性（Security）几个角度来评估供应链的特性，相关特征描述见表3－1。

表3－1　　　　供应链中断风险的特征描述

供应链特性	特征描述	实现手段	参考文献
供应链易脆性	一种对严重干扰的暴露、在供应链上产生风险以及对供应链外部的风险	重新设计供应链	Svensson(2000)[117]、Svensson(2002)[124]、Chapman等(2002)[118]
供应链恢复力	供应链在受到干扰后回到原始状态或转变为一种新的、更理想的状态的能力	增加冗余、稳健供应链设计	Sheffi(2005)[119]、Sarathy(2006)[120]、Datta等(2007)[121]
供应链可持续性	一种使用资源来满足当前需求又不损害后代的能力	业务连续性规划	Merriam-Webster[130]
供应链安全性	在生产和运输阶段没有由于人为事故和偷窃造成的货物损失的供应链特性	物理方法、智能集装箱、RFID系统	Rice和Caniato(2003)[122]

3.2.2.1 供应链易脆性

易脆性是有关研究文献中常用的一个词语，但这是一个用来描述中断风险范例的较新的词语（Peck，2005）[123]。Svensson(2000)将易脆性定义为："存在随机扰动导致零部件和原材料的供应链偏离正常的、期望的或规划的安排活动，所有这些活动对有关制造商会产生负面的结果或影响。"在以后的文章中，他进一步把易脆性描述为"一种影响厂商完成目标的状况，取决于干扰的负面结果的发生"（Svensson，2002）。对于给定的干扰，易脆性的程度可以解释为“与干扰发生的可能性、干扰的预期不利后果成正比，给定干扰会发生”。Chapman 等(2002)[118]给出了一个例子，并把供应链易脆性描述为“一种对严重干扰的暴露、在供应链上产生风险以及对供应链外部的风险”。综合这些定义，一些关键词语是“干扰的存在”、“易脆性的程度”、“严重干扰的暴露”。

在风险被定义为发生中断的整体可能性(概率)时，易脆性则指一个给定风险转变成一个中断的倾向，或那种中断发生在特定供应链中的可能性。这种倾向可能是一种被保险公司使用的或然值(Zinn 等，2006)[125]。Sheffi 和 Rice(2005)[126]把“低易脆性”术语用到中断的或然性较低的厂商，“高易脆性”应用在那些中断的影响和可能性较大的厂商。通常易脆性只在更多描述供应链时才出现，而不是这方面的研究话题。未来的研究可以调查战略、供应链设计和使供应链更加易脆的环境，但有关如何从其他风险中分离出来、中断、安全性等问题，还有待进一步研究。

对供应链中断风险进行评估时，首先要确定中断的属性。中断最常见的属性之一是中断的影响因素。在风险管理中，有一个典型的矩阵把风险(或中断)的可能性同中断的后果对应起来考虑，分为高—低可能性的中断。Sheffi 和 Rice(2005)根据中断的后果和中断可能性的高低，把中断分为高易脆性中断和低易脆性中断，矩阵如图 3－3 所示。

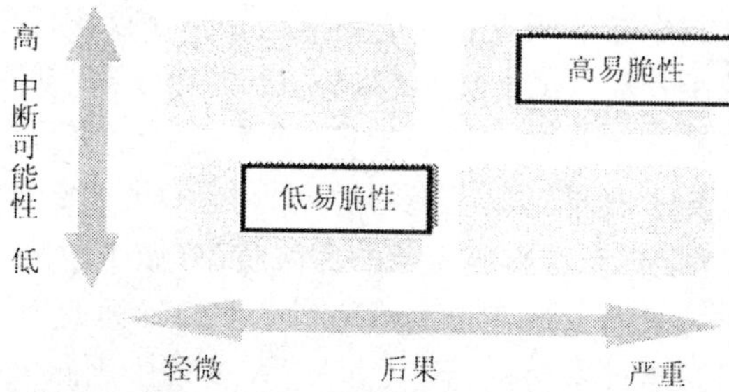

图 3－3　中断可能性和后果

在低影响中断下，丰田在2007年的中断例子表明，一个汽车制造商停产一个工作日，意味着他们将要通过运营一周来弥补，影响应该不低于这种程度。基于丰田不得不补偿中断的产能，供应商中断对丰田的影响较低。另外，高影响中断的例子是飞利浦半导体工厂大火最终使爱立信损失2亿美元(Norrman 和 Jansson, 2004)，并迫使他们以合资公司的形式加入索尼来生产和营销蜂窝移动电话。当然，纯粹地以美元计算来观察成本只是一种测量影响的方式，但也得承认，一个低影响中断对丰田的成本可能也会导致一个较小的厂商破产。因此，影响因素也是厂商或供应链的特性。

中断的第二个属性是中断的内在原因。例如，Murphy (2006)[127]将中断归类为"自然灾害"、"外部—人为事件"和"内部—人为事件"。暴雪、罢工和产品召回是相应的例子。中断的第三个属性是在同一次中受到中断影响的供应链长度。比如，中断是否影响供应链中单个成员、部分成员或者是整个供应链。大多数研究主要集中在中断只影响一个或两个供应链层级的事件，比如，因为一个供应商发生中断[128]，使得制造商面临供应中断。中断的第四个属性是中断与环境变化是否相关联。这可能意味着一个中断直接导致经营环境的变化，或者中断发生时在同一时期经营环境的改变独立发生。比如，当内战在2007年重新开始时，对运输实施管制中断了斯里兰卡的物流运输。中断引起的环境变化通常会在一个长周期或永久地影响基础设施的某些形式。这种中断更可能影响某些国家或部分地区，而不是整个世界。卡特里娜飓风不仅破坏了在相应地区经营的企业，也改变了企业环境，如需要的产品类型改变，受影响地区的保险费率(做生意的成本)提高，许多地区出现只有人口迁出而不会有劳动力迁回的困难。中断的第五个属性是事件本身的持续时间。大多数中断很短，在飞利浦的例子中，火灾只持续了10分钟，而另一些，如港口罢工，可能会持续一个星期或更长的时间。

3.2.2.2 供应链恢复力

恢复力一词起源于材料科学。Sheffi(2005)把供应链中的恢复力通俗地描述为"一种材料在受到不超过其弹性限制范围的变形后,回到原来的形状或者位置的物理属性"。Rice 和 Caniato (2003)用一种更适用的定义把恢复力描述为"一个组织对意外中断作出反应、恢复正常运营或网络运营的能力"。Sheffi 和 Rice (2005)更简单地将恢复力描述为"从一个中断中恢复的能力"。然而,Datta 等(2007)则给出了更准确的定义:"供应链在受到干扰后回到原始状态或转变为一种新的、更理想的状态的能力。"其中,新增加的是供应链状态改变的能力。

怎样使供应链变得更加具有恢复力呢? Sarathy(2006)主张重新设计供应链,"让它们变得稳健",以便减轻中断的影响。Datta 等(2007)认为,关键在于供应链的结构和内部的可视性。Rice 和 Caniato(2003)进行了调查,收到了很多有关如何增加恢复力的答案,改变库存水平、采用现货市场的额外的运输能力、采用多种生产设施被列为提高柔性和创建冗余来增加恢复力的手段。

Datta 等(2007)通过使用基于代理人的仿真在供应链中对各种战略的行为进行动力学响应,以填补恢复力研究的空白。他们首先展示了主要纸巾制造商的案例,来描述一个完整的供应链;然后,对代理人进行编程,以表示在供应链中的不同实体;最后,中断攻击网络和各种水平的可视性、能力、库存等被引入,为网络产生"最优的"战略创造恢复力。可以预期这种方法将成为测试有关这种中断和其他中断概念的命题。

3.2.2.3 供应链可持续性

供应链可持续性是与供应链中断有关的最新的一个概念,被定义为"使用资源来满足当前需求又不损害后代的能力"[129]。这是在供应链背景下对可持续性的最初定义。Kleindorfer 在其

2005 年发表的文章中，曾将《生产和经营管理》杂志前 50 个涉及不同主题的问题总结起来，并把它们与运营管理中的可持续发展结合起来，其中几个主题在文章中被重申和扩展定义。首先，可持续性关注的是供应链运营的环境。供应链对环境负面影响的应对方法，包括处理运营的副产品、产品的生命延长，并考虑产品的回收和再利用。其次，精益物流和负荷最大化的思想完全符合可持续供应链。供应链的运营管理就是要变得更加敏捷、适应性更强和利益更一致。最后，公共政策的制定者在很多领域关注环境问题，对供应链活动实施规制或活动被限定于一定供应链的范围之内只是时间问题。

以上三个方面的阐述带来了更深入的思考。采用精益方式或物流运营最大化对风险控制有什么影响？在中断发生后，精益供应链需要更长的时间恢复吗？什么样的公共政策能平息人为造成的供应链中断？例如，如果法律制定了对牵引车更严格的排放规制，出现更严重的卡车短缺时该怎么办？如果供应链经常卷入再制造产品的工作中，这会改变中断的影响吗？当产品的价值小于初始价值，如果资源被转移到这种活动中，而不是新产品，产品的再获得会影响风险吗？关注制造的敏捷供应链会带来更多风险还是更少风险？一个敏捷供应链是否能从中断中恢复得更快？最后，一个强调可持续性和最小化环境影响的经理人员对有关如何从中断中恢复会作出不同决策吗？

针对风险管理、减轻、可持续性和恢复力等概念，Merriam - Webster 把可持续性定义为“一种获得或者使用资源的方法，因此资源不会被永久性地耗竭或破坏”。可持续性蕴涵更多的是“恢复力”，或者即使出现中断冲击时，一个供应链能力是“可持续性”的。因此，可持续性的范围已延伸到危机管理。

3.2.2.4 供应链安全性

《美国运输调查》（*Eyefortransport*）在一项调查报告中指出，

41%的管理人员首要是减少在供应链中的货物偷盗行为。此外，56%的人认为安全方案非常重要，能提高总体效率。供应链安全性定义为：在供应链的生产和运输阶段没有由于人为事故和偷窃造成的货物损失。讨论开始于在中东抢劫驮着货物的骆驼、在18世纪抢劫火车的枪手。现在在美国，随着技术的进步，集装箱在长途运输中保证了货物安全。供应链安全性的讨论最重要的方面是，安全漏洞可能导致供应链中断。

现有文献中有几种方法来实现产品的安全保护：物理方法（如建筑物围栏）、智能集装箱（提醒管理者，如果集装箱打开，电子标签将提供警示）、RFID系统（走出仓库也能“看到”产品）以及更好的筛选人员，它们将消除潜在的偷盗“机会”。Rice和Caniato（2003）主张安全性和恢复力两方面缺一不可，他们划分了不同的供应链安全性：物理安全、信息安全以及运费安全。在这些方面，货运安全最引人注目，尤其是在食品工业领域中。

2001年“9·11”事件发生后不久，美国政府提出了各种安全措施来改进供应链安全。首先，2002年，美国海关总署出台了集装箱安全动议。这项动议要求在集装箱到达美国港口前，采用识别高风险集装箱的新技术。其次，2002年，运输与海关部门出台了《运营安全贸易法案》（OSC），要求采用新技术来追踪和监控集装箱，以确保每个集装箱按计划航行和停留密封完好。再次，海关—商贸反恐怖联盟的美国认证项目在2002年建立。货运安全已经成为一个突出的讨论话题。美国政府通过了新集装箱保护方案，涉及五项安全意识的物流原则也与运输安全关联起来。[131]至于食品工业，法规条例已经考虑到美国食物供应被生物恐怖分子利用。有一本出版物特别研究了食品工业内部与外部安全措施，并分析了那些更专注于安全的公司获得了更好的业绩。这些都证明公司考虑为以上形式的安全安排固定花费和预算是正确的。

3.2.2.5 确定供应链恢复的优先级

对供应链中断风险进行评估的目的在于，确定供应链恢复的优先级(优先权)。为了建立管理优先权，厂商需要识别其供应链风险暴露的地方、是如何暴露的、发生的可能性、损失的严重性以及供应链对中断的易脆性。有时，厂商只能根据其中断风险发生的严重性和可能性来对中断进行分级。比如，根据业务中断损失的大小将应急状态分成蓝色、黄色、橙色、红色四种状态，处于红色应急状态的损失项目需要优先处理，以便更好地在组织内部形成对突发事件的警惕性和紧迫性。这有助于使厂商合适地利用其有限资源，但难以找到严格的定量评估方法。尽管保险行业对像飓风和地震之类的自然灾害，一直在使用复杂的定量模型来评估风险，但当面对像恐怖袭击之类的国际中断时挑战更加巨大。因为这种现象涉及有关对手的部分战略意图问题，所导致的风险不能像典型自然灾害那样呈现统计特性。有关恐怖袭击风险情形下的历史数据，不可能在未来风险评估中是有用的。博弈论模型在这种情形下就更加有用了，但风险估计仍然具有挑战性。

3.2.3 中断风险应急管理战略

来自风险评估实践的输出反馈到中断风险管理的下一步——风险减轻应急管理战略。这一步主要有风险概率减轻和损失减轻。前者涉及旨在规避中断风险发生的措施与战略，如对海洋运输集装箱上电子篡改证据封签，可以减少潜在的恐怖袭击的可能性。损失减轻则包含最小化中断的损失。例如，在主要资源遭受中断的情况下，使用冗余资源来减轻损失。因此，Tang(2006a)认为，供应链风险管理问题主要围绕两个维度：供应链风险和减轻方法。前一个维度强调确定事件的风险水平。运营风险是固有的不确定性，如不确定的客户需求、不确定供应和不确定成本。中断风险则指由地震、洪水、飓风、恐怖袭击等自然或人为灾害引起的主要中断。在多数情况下，有关中断风险的业务影响比运营风险要大得多。减轻供应链风险影响的方法主要包括供应管理、需求管理、产品管理和信息管理。在这种供应链风险管理框架下，Tang(2006b)确定了九种不同的稳健供应链战略，以使厂商在正常情况下更好地管理其供应和需求的能力，并加强厂商在受重大中断冲击时维持其运营的能力。表 3－2 列出了这九个稳健供应链应急战略的关键特征，主要从供应管理、需求管理、产品管理和信息管理四种基本的供应链协调/协作机制来改进供应链运营、减轻供应链风险的影响。

表 3－2　　稳健供应链应急战略

稳健供应链应急战略	主要目标	正常情况下的好处	在重大中断发生后的好处
延迟	增加产品柔性	改进管理供应的能力	使厂商迅速改变不同产品的布局
战略库存	增加产品可获得性	改进管理供应的能力	使厂商在重大中断期间快速响应市场需求
柔性供应基础	增加供应柔性	改进管理供应的能力	使厂商迅速将生产转到供应商
自制和外包	增加供应柔性	改进管理供应的能力	使厂商迅速将生产在内部生产设施和供应商之间转换
经济供应激励	增加产品可获得性	改进管理供应的能力	使厂商迅速调整订单数量
柔性物流	增加运输中的柔性	改进管理供应的能力	使厂商迅速改变运输模式
收入管理	增加产品需求的控制	改进管理需求的能力	使厂商动态地影响客户对产品的选择
动态分类展示规划	增加产品需求的控制	改进管理需求的能力	使厂商快速影响不同产品的需求
悄悄地进行产品展示转换	增加产品对客户展示需求的控制	改进管理供应和需求的能力	使厂商迅速管理不同产品的需求

每个基本方法都试图通过下列途径来协调或协作。第一，一个厂商能同上游伙伴协调或协作来确保供应链材料的有效供应。第二，厂商能用一种互惠的方式来同下游伙伴协调或协作，以影响需求。第三，厂商能修改产品或工艺设计，使供应更容易满足需求。第四，不同的私人信息对各个供应链伙伴是独享的，如果能获

得这些信息，供应链伙伴就能改进其协调和协作努力。其中，供应管理包括战略库存、柔性供应基础、自制和外包、经济供应激励和柔性物流；需求管理包括收入管理、动态定价和悄悄地进行产品展示转换；产品管理包括产品多样性与产品差异化延迟；而信息管理则包括动态分类展示规划等稳健战略。

然而，经过对有关减轻供应链风险的案例研究和广泛的文献综述后，Chopra 和 Sodhi(2004)得出结论，控制中断风险的战略主要是增加冗余供应商和增加库存，见表 3－3。

表 3－3　　**供应链风险与减轻战略**

减轻战略	中断	延迟	预测风险	采购风险	收款风险	产能风险	库存风险
增加产能		⬇		▼		⬆	▼
增加库存	▼	⬇		▼		▼	⬆
冗余供应商	⬇		▼	▼		▲	▼
增加响应性		⬇	⬇				⬇
增加柔性		▼		▼		⬇	▼
集合或共担需求			⬇			⬇	⬇
增加能力		▼					▼
持有更多客户账号					▼		

大大地增加风险：⬆　减少风险：▼　增加风险：▲　大大地减少风险：⬇

数据来源：Chopra 和 Sodhi (2004)。

表 3－3 表明，针对供应链中断风险，首选的应急策略应该是冗余供应商和库存控制。为此，通过对现有的供应链中断的应急策略研究进行归纳和对应急管理实践案例进行分析，我们得到应对供应链中断风险的应急管理战略有八种综合方法：稳健供应链

网络设计、柔性供应基础、战略库存、柔性物流、产品多样性、供应链可视化、动态定价和产品转换，见表3－4。

表3－4　　供应链中断风险的应急管理战略

战略计划	战术计划	主要优势
稳健供应链网络设计		使供应链在中断时迅速获得恢复力
柔性供应基础	虚拟双源采购、供应商选择、供应商订单配置	迅速调整订单数量；使厂商迅速在内部生产设施和供应商之间转换；一旦供应链中断，可以快速切换产品线（自制—外包）
战略库存		使厂商在重大中断期间快速响应市场需求，持有某些关键部件“以防万一”，以确保供应链面临供应中断时能顺利运作
柔性物流	物流计划	使厂商迅速改变物流运输模式
产品多样性	产品差异化延迟、过程排序	是技术创新的产品管理战略
供应链可视化	信息共享	供应商管理库存、协作规划、预测和补货（CPFR）
动态定价	收入管理、促销	跨过时间、市场和产品来改变需求管理
产品转换	悄悄地进行产品转换	跨过产品来改变需求管理

1．稳健供应链网络设计

稳健性（Robustness）描述了不管环境怎样变化，系统都保持一种稳定状态的特性，是系统的一种潜在的柔性。在设计供应链网络时，如果能使供应链系统具有这种稳健性，则在发生中断时，供应链系统就具有一种自我恢复的功能，获得供应链恢复力特性。

2．柔性供应基础

尽管向单个供应商采购可以使厂商减少成本，但在管理固有的需求波动和发生重大中断时也会带来一些问题。Billington 和 Johnson（2002）[132]描述了惠普公司使用其在华盛顿和新加坡的工厂作为其供应基础来生产喷墨打印机。为了平滑地应对正常的需求波动，惠普使用新加坡工厂进行基本产量生产，而使用华盛顿工厂来生产超出基本产量的部分。这种柔性供应基础不仅能使厂商处理正常的需求波动,而且也能在发生重大中断时用来维持连续的原材料供应。例如,当在特定国家的供应发生中断时,香港利丰集团的 4 000 个供应商网络提供了其巨大柔性,能在不同国家的供应商中间进行迅速转换。因此,建立冗余供应商可以用来增加供应柔性,改变对供应能力的管理,以便在发生重大中断时迅速将生产转移到另一个供应商。自制—采购战略也可以使厂商获得柔性供应基础。当面对潜在的供应中断时,如果某些产品能在内部生产,而其他产品外包给供应商(建立一种备份生产线),就可以使供应链更加具有恢复力。但是备份整条生产线和相关设备是一笔较大的固定资产投资。相反地,虚拟双源采购策略则可以克服这一缺点。虚拟双源采购策略是在一个供应商中断的情况下,厂商将关键设计信息转移到可选择的供应商生产线上来恢复供应的一种战略,以便在中断事件期间,保持一定的供应水平来满足市场需求。实现虚拟双源采购策略需要有个前提条件,就是厂商对供应商具有较高程度的可视性和产品的关键信息的可转移性。有关虚拟双源采购策略,将在下一节单独进行介绍。

3. 战略库存

在 JIT 出现前,人们认为,维持某些关键零部件的额外的安全库存就能确保供应链在面对供应中断时能连续平稳地运行。然而,随着产品生命周期缩短和产品的品种增加,这些额外的安全库存的持有成本和报废成本可能过高。与持有更多安全库存的做法相反,厂商可以考虑在某些“战略”位置(仓储、物流中心、配送中心)存储一定的库存来与多个供应链伙伴(零售商、修理中心等)共担。例如,丰田和西尔斯各自把某些汽车与家用电器的库存放在某些位置,以便附近地区的所有零售商都能利用这些库存。这样,丰田和西尔斯在处理日常的需求波动时就能获得一个较高的客户服务水平,而不用增加库存成本。当发生中断时,这些在战略位置的共享库存就可以使厂商迅速部署来供应受影响的区域。由于增加冗余供应商和增加库存是应对中断风险的主要战略，在实践中，我们将把二者结合起来，提出一种由稳健库存控制和虚拟双源采购策略组成的混合应急策略，在下一节详细介绍。

4．柔性物流

在供应链中，运输可能是使供应链崩溃的致命弱点。因此，厂商需要采取一种前瞻性方式在运输中增加更多的柔性，比如多模式运输(例如，水路、陆路、空运的组合，多运输模式的柔性物流战略)、多承运人运输、多路径运输等。柔性物流也包括稳健的库存策略，在原材料、半成品和成品的仓储中，根据可能发生的中断类型，在中断前和中断恢复期采取不同的库存策略。

5．产品多样性

技术创新使产品的生命周期缩短、产品的品种增加，导致市场需求的不确定性。如果厂商能修改产品或工艺设计，就能使供应更容易满足需求。产品差异化延迟战略是应对产品多样性的一种有效战略，利用如标准化、通用性、模块设计和反向操作之类的产品或工艺设计概念，可以延迟产品差异化。这种战略能使厂商首先基于总的产品集合需求来生产一般产品，接着定制一般产品。延迟战略被证明是成本有效的大规模定制的工具，以应对在正常情况下日常需求的波动。在中断恢复的情况下，延迟战略提供了成本有效的和有时间效率的应急计划，允许供应链在出现供应中断的情况下迅速改装产品。例如，在飞利浦工厂因大火被关闭后，当飞利浦通知诺基亚不能交付某些零件时，延迟战略使诺基亚部署了一个应急计划，通过迅速改变其一般蜂窝电话的结构设计，使得重新设计的一般电话能接受来自美国和日本的其他供应商的稍微有所不同的零部件。这种产品柔性使诺基亚从严重的中断中恢复过来，没有出现重大问题。

6．供应链可视化

供应链中各个合作伙伴拥有自己的私人信息，如果供应链中的其他合作伙伴能获得这些信息，就能改进供应链中的合作与协作努力。现有的供应商管理库存、协作规划、预测和补货(CPFR)、动态分类展示规划、企业资源计划(ERP)及 RFID 都是实现供应链可视化的重要方法和技术。

7. 动态定价

动态定价是一种销售创新产品的定价机制，通过随时改变销售价格，来管理在某个明确时间之后失去价值的资产。动态定价和促销的收入管理在航空公司得到广泛应用，这也是在特定产品的供应发生中断后管理需求的一种有效的方法。例如，在 1999 年我国台湾地区大地震后，面对台湾供应商的供应中断，戴尔立即部署其应急计划，如果顾客选择来自其他供应商的零部件的类似计算机，就可以得到特殊的“低价升级”选择。这种动态定价和促销战略使戴尔在中断期间满足了客户需求，使厂商基于客户分类、使用时间、产品可获得性的差异定价来提高供应链冗余。

8. 产品转换

使用产品转换战略时，新产品被慢慢地投放到市场上，不用做任何正式的产品发布。这样，客户不会完全意识到每个特定产品的特征，从而更可能选择现有的产品，而不是那些缺货或脱销的产品。例如，Swatch 的每一款手表只生产一次，其利用产品转换战略来投放新手表，以便客户把现有的手表都看成收藏品。同样，ZARA 也采用同样的战略来投放时尚服装。由于 ZARA 不总是重复生产相同设计款式的服装，多数 ZARA 的追求时尚的客户在光顾其商店时就会立即购买现有的服装。最终，所有的产品在 Swatch 和 ZARA 的商店都基本上是“可替代的”。可替代产品有望用来应对正常情况下的需求波动，并且能在供应和需求发生中断时可以替代。

上述八种应对供应链中断风险的应急管理战略，为我们的供应链中断风险应急管理框架提供了战略选择。在实践过程中，厂商可通过业务连续性规划来综合运用这些战略。作为一种开发恢复力和改进安全的计划，业务持续性规划可用来最小化不可预料事件对厂商满足客户需要能力的影响(Zsidisin 等，2005)，而业务连续性管理就是要采取相应的战略、计划和行动来保护那些遭受活动或业务过程中断的厂商以提出备选运营方式，否则，将会给企业带来严重损害或致命损失。业务连续性管理包括危机管理(管理事故的整个过程)、灾害恢复(关键系统和数据以及网络应用的恢复)、业务恢复(关键业务过程的恢复)和应急规划(从组织的外部影响中恢复)。业务连续性管理与危机管理、灾害恢复、业务恢复和应急规划之间的关系，见图 3－4。

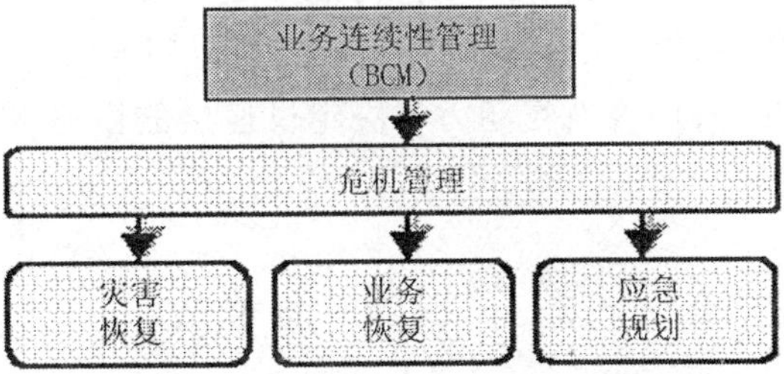

图 3－4　业务连续性管理与危机管理、灾害恢复、业务恢复和应急规划之间的关系

3.2.4 中断风险应急战略贯彻与监控

减轻活动的有效性主要依赖于易脆性监控过程。例如，密切注意海洋天气类型是实时执行减轻飓风活动影响的关键，以便于把人员转移到安全的地方，安排备份的电力和水资源供应等。类似地，仔细监控嫌疑人在国内或海外的活动，是控制恐怖分子威胁的关键。供应链中断风险的监控过程中，实现供应链可视性是一个有效的战略方法。供应链的可视性可以解释为供应链成员中信息共享的透明性（Christopher 和 Lee, 2004）。通过了解供应链的其他部分在做什么就可以获得可视性，比如了解成品库存、管道库存或其他状态等。缺乏可视性和控制方法、没有详细了解供应链其他阶段所发生的事情，会影响供应链伙伴的决策。

3.2.5 运营恢复与管理绩效

最后，恢复过程在中断管理中有着重要作用。对于今天的复杂商业环境，一个大型供应链中的某部分发生中断几乎是确定的。区别从这种环境下生存下来的厂商与不能生存的厂商的关键属性在于，重大中断发生后的恢复能力，对国家安全也是这样。在港口关闭后海洋商务如何快速恢复，将是决定遭受港口事故的巨大损失的关键。从技术上讲，即使恢复能力可以归入损失减轻名下，也应单独列出来，因为恢复能力在决定供应链的恢复水平中起着关键作用。

3.3 混合应急策略

3.3.1 虚拟双源采购应急策略

在大型活动举办期间，我们去评估活动举办地及周边地区的供应链中断时，最有可能发生的情况是该地区的供应商物料流是非持续的，且生产商也处于活动举办地区，在生产状态上预期会受到一定的影响。当供应发生中断时，可以看作供应商的物流中断，致使生产商出现物料短缺无法生产。此时，供应链应急策略就是生产商维持原定途径进行等待，或者转移核心技术寻找其他替代途径进行修复。图 3－5 中，(1)、(2)、(3)是突发中断前采取的策略,(1*)、(2*)、(3*)是突发中断后可采取的应急策略。

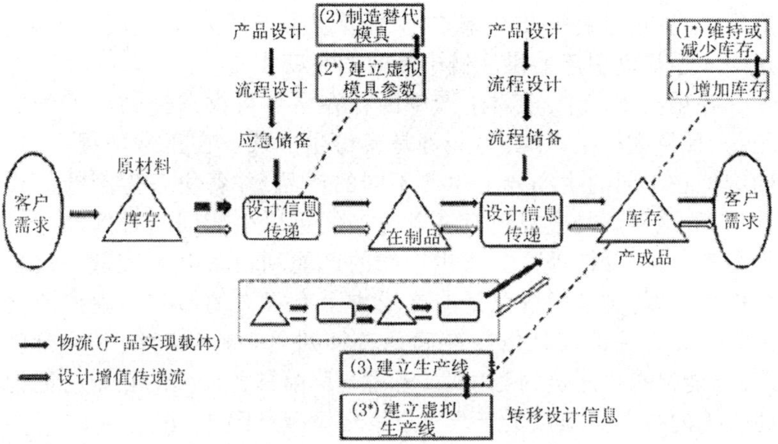

图 3-5 供应突发中断的应急策略

一些流程导向的厂商会认为供应商的物流中断是减少不必要累积库存的一个机会,如(1*)。比起以产品设备的形式复制核心设计信息,厂商不如以电子化或者其他虚拟方式做设计信息的备份,然后将核心设计信息转移至应急生产供应商处执行生产,如(2*)。比起复制整条生产线,厂商或许需要在应急生产供应商的替代生产线上建设整个设计信息流,如(3*)。

在考虑实施应急策略的时候,需要供应链能在成本和效率上具备竞争力。因此,应急策略实施的必要程度、原料供应商修复的目标提前期、国内市场的增长和规模、全球化竞争的程度、库存和设备的存量价值以及潜在呆滞报废成本,都是在实施应急策略前需要综合衡量的要素。(2*)和(3*)的虚拟应急策略的应用可以更好地满足上述厂商要求。

虚拟应急策略的原则是,如果厂商有较高程度的供应商可视性和产品的关键信息可转移性,那么就算没有维护多条类似生产线，也应该可以在中断事件期间，保持一定的供应水平来满足市场需求。对于这样的厂商，最核心的问题是：是选择在工厂内等待生产线恢复，还是将关键信息转移到备用生产线等待生产线恢复。这与大型活动引起的供应链中断时间紧密相关。

在现实生产中，应对生产中断存在两种可供选择的生产线类型：一种是虚拟生产线，另一种是备份生产线。在正常情况下，厂商维持在不同的生产线上生产不同的产品，并备份各生产线的设计信息，这样就是虚拟地有 2 条生产线可以生产同一种产品。如果是备份生产线，那么 2 条生产线的产能利用率会比较低。比较备份生产线，虚拟的应急策略在成本上有很大的节省。虚拟应急策略需要将关键设计信息准确地转移到可替代生产线上运行生产，这能提高供应链的竞争性，但需要厂商具备较大的在制造能力建设上的投入。虚拟生产线应急策略模型见图 3－6。

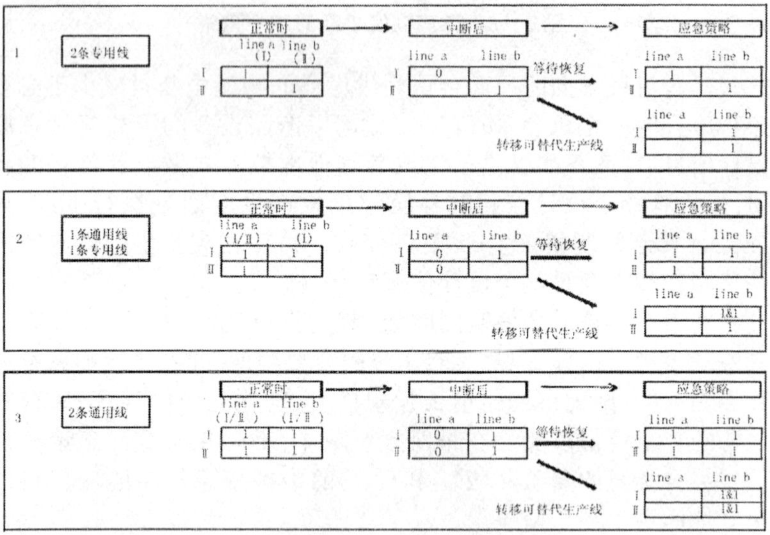

图 3－6　虚拟生产线应急策略模型

图 3－6 描述了一种较为简单的虚拟应急策略模型。假设公司有产品Ⅰ和产品Ⅱ在 2 条生产线上生产。可能的生产线配置是:(1)2 条专用线;(2)1 条专用线和 1 条通用线(a 线可用于生产Ⅰ和Ⅱ,b 线可用于生产Ⅰ);(3)2 条通用线(a 线可用于生产Ⅰ和Ⅱ, b 线可用于生产Ⅰ和Ⅱ)。3 种生产线配置下的虚拟应急策略的实施过程为:中断事件发生后,如果预计关停时间短于目标时间,那么选择等待;如果预计修复时间长于目标时间,那么将生产切换到可替代的生产线上。该可替代的生产线可以来自工厂本身未关停的生产线,或者外包给供应商。

总的来说,虚拟应急策略应用的大致步骤为:(1)在正常供应时,选择合适的生产线设置来最大化竞争力;(2)如果其中 1 条生产线中断,迅速收集中断状态、库存和需求信息;(3)如果预计能在目标时间内重启,就开始等待;(4)如果不能及时重启,将设计信息从关停的生产线转移到备用生产线,当关停的生产线重启时,再将受影响的产品生产转移回去。

如果厂商对 a 线和 b 线都建立备用生产线,那么就是 4 条生产线;而当采用虚拟应急策略时,厂商只需要提高生产线的修复能力和生产线的设计信息可转移的制造能力。如果仅有一条生产线被要求满足某种特定产品的全球化需求,那么备份整条生产线和相关设备是一笔很大的固定投资。然而,如果采用虚拟应急策略,就能够避免这笔固定投资,并将大大增强供应链的竞争力。

因此,虚拟应急策略将是一种有效的供应商中断应急策略。将设计信息转移到可替代的生产线上时,这条生产线可以是厂商自己所有,或者是相关厂商所有,又或者是外包给供应商。以化工制造行业为例,在 2～3 个星期的目标时间内,要保证至少有一条临时替代生产线来完成设计信息流的转移,然后再根据厂商的利润状况、市场竞争环境、设备的贷款情况等来决定是否需要等待原有生产线重启或是建立一条全新的生产线。

总的来讲,复制设计信息的单位成本较低,而当生产设备的添置成本非常高昂时,备份生产线将会额外增加平均的固定成本。举例来讲,当一个半导体的影印流程中断时,如果有 2 条相同的生产线,那么可以迅速减少中断的影响,但意味着较高的单位生产成本和正常时的低生产线利用率。如果有 1 条生产线和 1 套设计信息的复制(1 套光掩膜),那么在正常时可以节约单位成本,但会花费更多的时间将设计信息转移到可替代生产线上。尽管线路设计信息相同,但是结构设计信息会有区别,因为可替代生产线上的设备和晶片不是完全相同的。但是如果厂商预先复制了光掩膜设计信息,并且预先在选定的可替代生产线上作了成功调试,那么在中断事件发生时就可以快速设置,立即生产。因此,厂商应该为 2 条生产线复制 2 套设计信息,设计信息复制是处于整个设计实现流程的上游部分,这种应急措施是可以使厂商获益的。再者,比较在流程下游的备份生产线而言,在流程的上游复制设计信息是可以节省单位成本和缩短恢复生产提前期的。

为了保证虚拟应急策略的可操作性,需要进行一些在采购合同和制造路径上的调整。比如,"应急条款"应被加入与客户的采购合同中。这样的条款可以包括以下几项:

(1) 提前设计"备用生产线",以满足主要生产线发生中断时的应急需求;

(2) 描述备用生产线的设置流程,保证在目标的提前期内恢复生产;

(3) 执行阶段性的"应急演练",确保在目标的提前期内恢复生产;

(4) 确保受中断影响的供应商向供应链上的所有厂商及时反映情况,其中包括直接客户和最终产品制造商,以便供应链上的厂商成员能提供及时、有效的应急帮助和支持。

有了这样的针对识别出的供应链"薄弱环节"的应急条款,设计信息的可转移性和供应风险可见性就能得到一定的保障，使厂商能够建立有效的虚拟应急策略，并在目标时间内完成一条可替代设计信息的流程实现路径。根据厂商的不同需求，这样的应急策略可以与其他传统策略混合使用，比如增加库存、使用标准化零件、建立备用生产线、转移生产中心等，以加强整个供应链成本和效率的竞争力。

3.3.2 稳健库存控制策略

有关供应商中断情形下对供应链采取稳健的库存控制策略见表3－5。这种策略在第四章将有比较详细的描述。稳健的库存控制策略是保证在供应发生中断的时候，在采用一个原料供应商、一个产成品应急生产供应商的双源采购策略的同时，在制造商和应急生产供应商处进行相应的库存控制，以保证供货的持续性。

表3－5　　稳健的供应链库存控制策略

项目	状态1（供应正常）	状态2（供应中断）	状态3（供应中断后恢复）
原料供应商生产能力	正常	中断	正常
原料供应商	JIT 供货	不发货	JIT 供货
生产商零件库存策略	零库存	零库存	零库存
原料库存订货策略	连续查看，按需下达订单，瞬时到货	停止下达订单	连续查看，按需下达订单，瞬时到货
生产商产成品库存订货策略	“订货到”策略，订单瞬时交付	停止下达订单	“订货到”策略，订单瞬时交付
生产商生产及库存使用策略	按订购数量安排生产，全部供货	停产等待恢复，消耗剩余库存	按订购数量安排生产，部分供货

续表

项目	状态1 （供应正常）	状态2 （供应中断）	状态3 （供应中断后恢复）
后备生产商产成品库存订货策略	不采用	启动应急生产；“订货到”策略	不采用
产成品后备商库存使用策略	零库存	生产商有库存时，部分供货；无库存时，全部供货	消耗库存，部分供货
市场订单需求	服从正态分布的随机需求	当订单交付满足率下降时，市场需求将会流失，且不具有可逆性	服从正态分布的随机需求

对于物流中断的稳健库存控制策略，主要是对其厂商的安全库存（战略库存）水平进行设置，来满足一定的服务水平。

3.3.3 混合应急策略

从表3－3可以看出，针对供应链中断风险，只有增加库存和冗余供应商是有效的应急策略。然而，由于冗余供应商需要备份一个或多个供应商生产线，启动成本很高，而采用虚拟双源采购策略则既可以享有备份供应商的优势，又可以节省相关启动成本，因此，虚拟双源采购策略是一种比较理想的冗余供应商策略。

事实上，厂商采用了虚拟双源采购策略后，也会涉及库存优化问题：既涉及厂商自己的库存控制，又涉及应急外包供应商的库存控制问题。因此，把上述的各种稳健库存控制策略和虚拟双源采购策略结合起来，综合运用到供应链中断风险控制中，就是一种应对供应链中断风险的混合应急策略。下面的德尔福公司应对北京2008年奥运会的案例为我们的供应链中断风险的应急管理框架提供了一个范例。

3.4 德尔福的应急管理

作为原通用汽车公司（GM）的零部件子公司，美国德尔福公司在1999年5月28日正式与通用汽车公司分离，成为一家完全独立的、公开在纽约证券交易所上市的公司。德尔福总部位于美国密歇根州特洛伊市，在汽车电子、汽车零部件和系统集成技术方面处于世界领先地位。德尔福拥有约18.5万名员工，在世界41个国家设有171家全资制造厂、42家合资厂、53个客户服务中心和销售代表处以及33个技术中心。在《财富》全球500强排名中，德尔福曾位于第160位，2004年全球销售额高达287亿美元。德尔福作为世界最大的汽车零部件供应商，产品主要分为两大部类：电气、电子、安全和内饰部；动力、推进和热工部。其为包括通用汽车、福特、丰田、日产、雷诺、大众等在内的全球最大汽车厂家提供相关零部件。

在2008年北京奥运会期间，德尔福公司的供应链遭受了供应中断风险的影响。由于精心组织和有效地实施了相关应急计划管理，德尔福使自己的运营风险降到最低，实现了相关成本最小化，为我们上述供应链中断风险控制的应急管理框架提供了一个范例。

3.4.1 项目的组织与责任

针对2008年北京奥运会，德尔福公司组建了一个专门的应急管理项目小组来管理可能发生的风险。这个小组在2008年3月由总公司的全球供应链管理部门提出，并经过全球首席执行官批准立项。小组主要涉及公司的全球供应链/物流管理部门、采购部门、产品事业部门、全球运营部门和有关北京区域的业务管理部门，组织架构如图3－7所示。

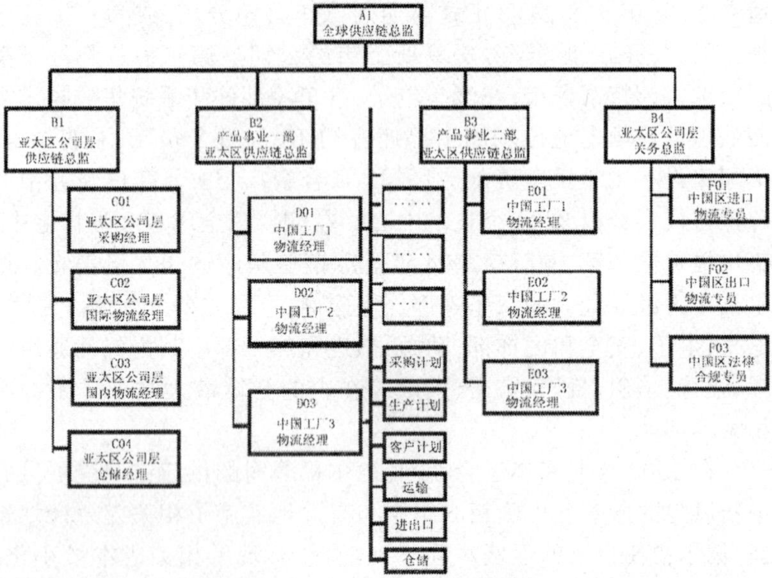

图 3-7　应急管理项目的组织架构

他们以矩阵式管理方式来一起工作，其中，全球供应链总监和各个事业部供应链总监负责整个公司的整体风险管理，协调整个供应链系统的风险管理活动，并提出整体活动方向。物流经理负责运营工作以及与供应商的日常接口；供应链风险管理经理则与公司的供应链管理层密切合作，负责供应链风险管理的方案论证和贯彻，分析、评估和管理供应链风险；采购经理负责与供应商的业务联系，并在发生事故时参与对供应商的评估；物流专员则负责仓储、清关和法务活动。在这种矩阵式管理中，相关参与者一起承担有关风险管理信息的观察和维护的责任。

在这个组织架构下，应急小组的工作主要有风险识别、风险评估、应急措施、风险再评估、风险追踪以及风险缓解与运营恢复 6 个步骤，如图 3-8 所示。

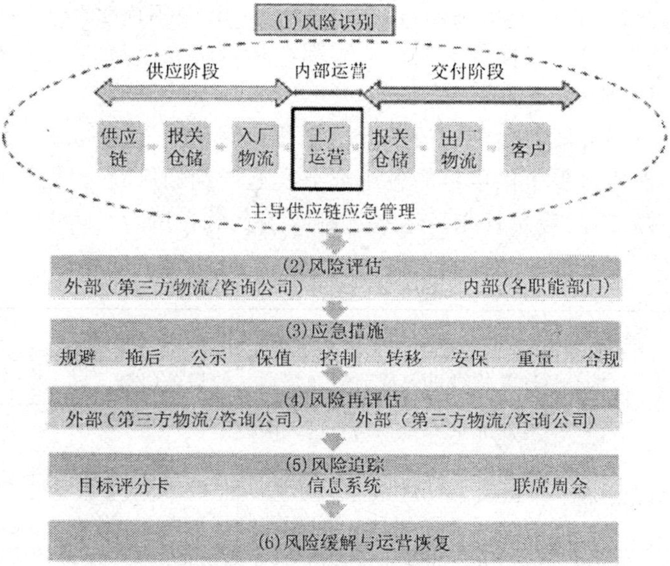

图 3-8 供应链应急管理流程

3.4.2 风险识别与评估过程

项目针对的大型活动主要有两个:一个是 2008 年 8 月 8 日~24 日的北京奥运会,另一个是 2008 年 9 月 6 日~17 日的残疾人奥运会。活动持续的时间虽然前后只有大约 1 个月,但是,为了识别活动带来的供应风险、提出相应的应急管理计划以及使供应中断后存在一个恢复过程,因此,项目的启动时间为 2008 年 3 月 15 日,结束时间为同年 10 月 15 日,历时 7 个月左右。在活动举办期间,政府采取了一些管控政策,主要包括交通控制、排污限制、安全控制、机场安检升级和机场能力限制(包括清关)等措施。这些会影响德尔福供应链上游的供应商(包括一级供应商和二级供应商）、内部各个工厂、下游的 OEM 客户以及物流服务提供商（包括入场物流和出场物流）的正常运营。为此，德尔福绘制了其供应链的风险地图，以便定义关键的零部件和风险源，识别和分析供应链的风险概率和影响。

首先，政府的管制政策给德尔福的供应链运营带来了潜在风险，需要对整个供应链的各个环节实施详细的风险分析，以便找出应对风险的应急计划。这些管制政策及潜在风险见表 3-6。

表 3-6　　政府管制政策及潜在风险

管制政策	潜在风险
交通控制	日常货物进入或通过北京地区的运输限制
	对非北京牌照车辆的进入限制
排污限制	对车辆排放的废气必须严格检查，严禁未达标车辆通行
	在奥运会前或活动期间污染超标工厂必须停产
安全控制	限制危险货物进入（进入城市或转运）
机场安检升级	对超载货物车辆严格审查
机场能力限制（包括清关）	因为货物和旅客的突然增加对北京机场能力的影响，对清关检查升级，导致清关时间延长

其次，奥运会给德尔福公司的 OEM 客户（主机厂）带来了潜在风险。这些主机厂主要分布在东北、东南、中西部地区，见图 3-9。各个区域的潜在风险识别见表 3-7。

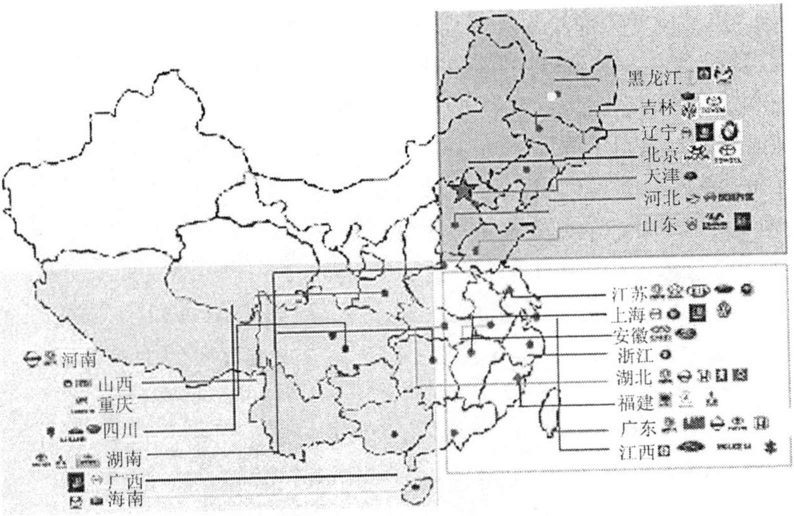

图 3－9　主机厂分布

表 3－7　　全国主机厂客户产品交付风险调查

地区	潜在风险
中国东北地区	最可能受影响地区：北京机场是最受影响的区域，其为区域内的其他城市提供国际航空转运。
中国东南地区	受影响较小：在奥运会期间，上海浦东国际机场和虹桥机场可以作为北京机场的后备应急机场，因此，区域内的货物积压风险是可以预见的。
中国中西部地区	受影响最小：通常所有的运输方式都不会与北京发生连接，将不会在讨论范围内。

再次，对于德尔福的一级供应商和二级供应商进行风险调查和评估。针对采购部门提供的在北京、河北、天津一带的 78 家供应商清单，制作了供应商中断风险的问卷调查，并向各个一级供应商和二级供应商发放问卷调查，因而获得了供应商的中断风险信

息。以北京德尔福万源发动机工厂为例,根据反馈,共有 58 家供应商分布在河北、天津、北京地区。其中,有 5 家供应商达到黑色污染级别;有 3 家供应商有能力增加库存至 4 个月水平,用来满足北京工厂的需求;氧传感器生产线的 2 家原材料供应商必须停止生产,并且没有提供后续的应急计划;12 家供应商使用欧 3 排放标准或者非北京牌照车辆,并且无后续的物流应急计划。

最后,对德尔福的各个有关工厂进行风险调查和评估。德尔福在中国的工厂分布在东北区、华北区、沿海中央区和华南区,在 13 个城市设有工厂设施,见图 3-10。相关设施分布列于表 3-8。

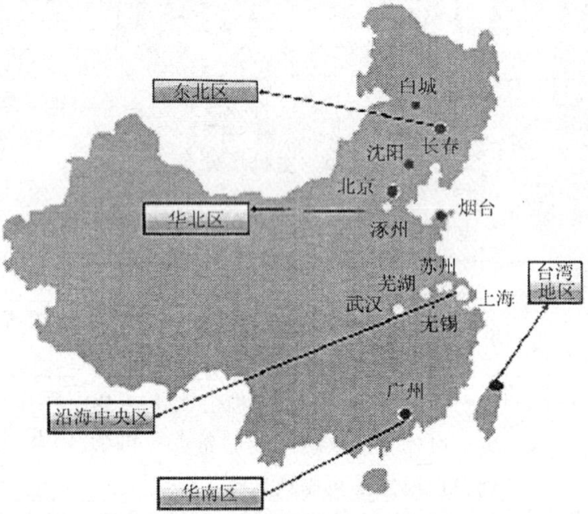

图 3-10　德尔福供应链网络设施的运营风险地图

表 3－8　　德尔福在中国的供应链网络设施分布

地区	风险发现	潜在风险
东北区	客户服务中心——长春 德尔福 Parkard 电子系统有限公司——白城 德尔福 Parkard 电子系统有限公司——长春 沈阳华立汽车空调有限公司——沈阳	中断风险最高
华北区	客户服务中心——北京 北京德尔福万源 EMS 有限公司 德尔福 Saginaw 凌云驱动轴有限公司——涿州 北京德尔福汽车安全产品有限公司 北京德尔福汽车空调系统有限公司 德尔福 Parkard 电子系统有限公司——烟台	备份计划支持北京受影响的制造工厂设计方向盘工厂不在规划范围内
沿海中央区	上海技术中心 上海安亭客户服务中心 德尔福汽车系统(中国)控股有限公司——上海 德尔福(中国)技术中心有限公司——上海 德尔福 Parkard 电子系统有限公司——上海 上海德尔福汽车空调系统有限公司 德尔福制冷系统有限公司——上海 德尔福动力推进系统有限公司——上海 德尔福 Delco 电子系统(苏州)有限公司 上海德尔福排放控制系统有限公司 德尔福电子苏州有限公司 Saginaw 方向盘(苏州)有限公司 德尔福 Daesung 无锡电子有限公司 Saginaw 凌云驱动轴有限公司——芜湖 德尔福 Parkard 电子系统有限公司——武汉	备份计划支持北京受影响的制造工厂设施
华南区	德尔福 Parkard 电子系统有限公司——广州	安全、不在规划范围内
台湾地区	德尔福台湾有限公司——台北	安全、不在规划范围内

从图 3－10 可以看出，中国东北区的德尔福工厂的供应中断风险概率比较大，这主要因为北京作为东北区的各种运输的中转

枢纽,物流中断的风险会因为北京市政府的交通管制和安全检查政策而急剧放大;按部分供应商就近原则,周边供应商的供应风险会加大;北京地区工厂的生产会受到政府限电政策等的影响,而使得生产中断风险最高。这些风险高的供应商需要设立后备生产商计划,以保证客户交付的连贯性。

另外,有关第三方物流外包风险的识别与评估。由于德尔福将仓储、报关和运输实现外包,将由第三方物流服务提供商来提供仓储、报关和运输服务。这些物流服务提供商分为国际物流、国内物流和仓储物流等。德尔福需要对这些物流服务提供商进行管理,并把他们纳入整体的应急计划中,管理好其入厂物流和出厂物流。其中,入厂物流是指从供应商到德尔福工厂,而出厂物流是指从德尔福工厂到客户。针对国内的出厂物流风险的调查结果表明,主机厂希望以物流网络的整合来获取较低的物流成本,因此,出厂物流的风险以主机厂承担为主。在这里,我们仅以入厂物流为例,来识别和分析应急物流面对的风险。结果表明,绝大部分国内入厂物流风险都在政府政策分析中有清晰的说明。

3.4.3 风险应急计划

面对北京奥运会这一大型活动引发的中断风险,德尔福在其能力管理和物流运输上面临着挑战。由于旅客运输需求增加,货物的空运能力受到影响,进京的卡车运输能力也受到限制。由于污染排放限制和出于安全考虑,不同的车辆在北京的通行受到限制,通关过程和提前期都将延迟。因此,德尔福的应急计划的目标是:(1)满足客户要求和时间计划安排;(2)最小化对整个供应链运营的影响;(3)正确零部件的准时交付;(4)减少库存和运费的额外支出。为此,德尔福建立了一个全球供应链应急计划,并设定了跨部门(包括销售、生产、采购、供应链)的核心计划以及内部与外部的沟通计划。这些计划包括:(1)政府政策合规;(2)供应商发货计划;(3)北京机场及周边地区的入厂物流计划,涉及运输路径、备份机场、清关和转运时间等;(4)北京机场及周边地区的出厂物流计划,涉及运输路径、内地卡车运输、转运时间增加等;(5)制造工厂/生产控制对客户的影响,通知交货期和特定的预案;(6)北京和东北地区的制造工厂的跨部门协调,涉及工厂关闭计划、有关供应商和客户;(7)第三方物流应急计划,涉及国际和国内的物流服务提供商(经纪人)。在运营层面上,针对 OEM 客户、供应商、德尔福工厂设施以及空运物流、陆运物流等第三方物流提供商,德尔福有全面的应急计划,具体措施见表 3-9。

表 3-9　　德尔福供应链的全面运营应急计划

风险环节	应急计划
OEM 客户	* 列出客户优先级,并根据其产量预报来提前做预案
	* 努力减少客户的潜在成本,详细信息在得到确认后立即通报,并以正式的信函通知
	* 针对东北的 OEM 客户,提高客户生产地的 VMI 库存水平
供应商	* 确定哪些供应商受到影响,以及影响的程度
	* 同受影响的供应商一起工作来评估转运时间和库存水平
	* 对于部分因黑色污染必须关厂的供应商,需要监督他们的库存水平增加情况,每周通报库存水平和交付情况
	* 对于 2 家原材料供应商无后续应急计划的情况,必须转移氧传感器生产给上海工厂,转移电脑程序和下线检测设备,启动后备生产线生产
	* 对于 12 家可能无法运输到的供应商启动物流应急计划,保证后续到货
德尔福工厂设施	* 北京地区工厂设施的生产转移到在中东部地区的上海、苏州、武汉等地的后备生产商
	* 提高德尔福有制订风险计划的工厂的安全库存水平
	* 制订物流中断风险的应急计划,在进厂物流、出厂物流上进行规划,增加第三方物流的能力

续表

风险环节	应急计划
空运物流	* 天津、青岛、南京和上海的机场可选择作为北京机场的备用应急机场，以减轻货物积压、航班延误或者取消的风险
	* 安排有担保的卡车服务来支持货物在北京与天津、青岛、南京和上海空港之间的转运
	* 规划通过天津港作为主要的后备货物集散中心，解决地面运输和客户问题
	* 从北京空港和其他后备应急机场的主要承运人那里争取更多的仓位分配
	* 同天津的新空运承运人协商获得更大的空运能力
	* 同地区港口当局协调，并提供即时的信息
陆运物流	* 安排北京本地的卡车服务供应商来确保运输能力
	* 增加卡车积载的利用率
	* 提前进行路径规划来避开交通管制区域
	* 在 5 月前对车辆进行完全保养和检查，以确保符合新的车辆排放规定和在奥运会期间能实现 24 小时运行
	* 在午夜进行分检和交付，因为在早上 0 点到 5 点之间没有管制
	* 增加应急转运点(涿州、廊坊)，以便无合格车辆运输能力的供应商进行临时转换
	* 协商临时转运仓库价格，及时准备仓库资源

3.4.4 风险追踪与计划实施

风险的监控和追踪：如果风险水平非常高，不能降低，就需要进行风险监控。在降低后，如果残留风险不能降低到可以接受的水平，就必须连续不断地监控。

供应商的可视性和设计信息的可转移性，是可以通过技术上的提高来进行改进的，这样就不会牺牲产品在市场上的竞争性和增加供应链冗余了。例如，在 2008 年北京奥运会期间，因为环境保护因素而使北京周边地区的工厂部分或者全部生产线关停 3 个月以上。德尔福汽车零部件公司花费了大约 1 个月的时间才对所有受到关厂影响的二级和更低级别的供应商的位置和中断情况信息进行了比较全面的了解。对于中断时间较长的重大影响和范围，有关整个供应链的可视性信息应该在2～3天内完全获得，但事实上，目前汽车行业的供应链的上下游厂商还做不到这一点。

正常的情况下，作为德尔福公司来讲，没有必要对整个供应链上包括二级和更低级别的供应商的设备和生产情况每日查看。事实上，德尔福公司对于供应商的非集中化管理也是它的应急系统能保持高效的一个因素。因此，完全抛弃这种对供应商的非集中化管理，而进行更加严格的信息直接管控也是没有什么意义的。另外，从采购合同来看，对于丰田这一汽车整车的组装厂来讲，去维护二级甚至更低级别的供应商的生产和设备信息，是不合适的合同条款。

但当发生突发事件时，像德尔福这样的大型采购厂商就必须对各个层级的供应商详细的地理位置、产品、生产流程状态进行迅速全面的了解。因此对于德尔福来讲，需要协调供应链上的各级别的零部件供应商，积极地提供相关信息，并支持他们迅速采取合适的应急措施，在这个从上到下的网络中，逐层恢复。所以在合同条款中应明确要求在发生突发事件的情况下，主机厂可以要求各级供应商提供制造信息和状态(如EBOM)。

针对这些风险追踪，德尔福对其OEM客户、供应商、德尔福工厂设施以及进厂物流、出厂物流等第三方物流提供商的风险进行追踪，并对上述全面运营应急规划的实施进行跟踪。主要有以下几点：(1)OEM客户应急计划追踪。例如，在第17周，在哈飞汽车公司建立了安全库存，客户同意提前2周下订单。(2)供应商应急计划追踪。对于所有在供应和物流运输上有风险的供应商，将有关信息上报全球供应链总监，并进行应急措施的周期监控和风险再评估报告。(3)德尔福工厂设施应急计划追踪。对于风险最大的工厂，紧密跟踪客户需求波动；根据生产能力，从6月份开始提高安全库存,来满足7月到10月间的可能的交付中断风险;在8月8日到17日间,工厂实现停止生产,但正常进行收货和发货;通知后备生产厂,抓紧转线产品的试生产过程。(4)第三方物流应急计划追踪。主要追踪政府政策的更新细节;按期报告各类运输和仓储的临时协商价格;按期报告运输和中转能力的准备情况。

德尔福通过其全面运营应急计划的实施,实现了其运营恢复,并取得了一些应急管理绩效:(1)客户需求交付满足水平由正常时的平均98%下降到92%左右,但比起行业内的平均85%,高出7个百分点;(2)入厂物流运输提前期由原来的比正常时间延长1~2倍的情况得到了改善,平均的物流运输提前期约为正常时间的50%;(3)在运营成本中,库存成本短期内有较大上升,整体产成品安全库存水平由原来的0.5周增加到了4周,运输成本增长控制在预期的50%以内,比市场上2~3倍的临时成本增长,有明显优势;(4)后备机场使用次数为10次,约为整个空运量的1%;(5)应急转运点处理的供应商入厂物流量占整个入厂物流量的30%,无事故。

3.5 本章小结

随着信息与通信技术的发展和经济全球化,供应链网络结构越来越复杂化,加剧了供应链系统运营的不确定性。一个供应链系统由供应商、内部供应链和客户(或零售商)组成,受意外事件或有目的代理行为的冲击。基于供应链宏观过程系统,一种供应链中断风险控制的应急管理战略框架,能把供应管理、需求管理、内部运营管理、产品管理和信息管理集成起来。框架模型从运营风险、供应风险和需求风险来识别供应链中断风险,并从供应链易脆性、供应链恢复力、供应链可持续性和供应链安全性来评估系统的抗风险能力,以便决定应急管理的优先权。稳健供应链战略主要从供应管理、需求管理、产品管理和信息管理四种基本的供应链协调/协作机制来改进供应链运营、减轻供应链风险的影响。但是，有研究表明，控制供应链中断风险的战略主要是增加冗余供应商和增加库存。针对供应中断风险，一种由稳健库存控制和虚拟双源采购策略组成的混合应急战略，能使采购商在供应中断情况下将关键设计信息转移到可选择的供应商生产线上来恢复供应，并优化整个供应链的库存成本。针对需求中断风险，采用动态定价和产品转换战略，可以实现收入管理和改善供应链需求。因此，我们得到由稳健供应链网络设计、柔性供应基础、战略库存、柔性运输、产品多样性、供应链可视化、动态定价和产品转换组成的供应链中断风险的应急管理综合战略。

供应链中断风险控制的应急管理战略框架模型把应对供应中断和物流路径中断的虚拟双源采购和稳健库存控制策略整合起来，为后续研究提供了一个理论研究框架和先导。为了验证我们的理论框架模型的有效性，我们通过德尔福公司应对 2008 年北京奥运会引发的供应中断的应急管理实践来进行了说明。为了应对奥运会所引发的供应链中断风险问题，德尔福从其全球供应链角度进行应急规划，制订了一个跨部门(包括销售、生产、采购、供应链)的应急与沟通核心计划，并针对其 OEM 客户、供应商、德尔福工厂设施以及进厂物流、出厂物流等第三方物流提供商提出了全面的运营应急计划，为我们的供应链中断风险控制的应急管理框架提供了一个实践应用范例。

第四章　供应商中断风险下的库存控制和应急策略

4.1　引　言

随着信息与通信技术的发展和经济全球化，供应链网络结构越来越复杂化，这加剧了供应系统运营的不确定性和易脆性。当面临自然灾害、恐怖袭击和大型活动的冲击时，复杂的供应链产生中断风险的概率就会加大，影响厂商的盈利能力和竞争优势。例如，2011 年 3 月发生的日本大地震和海啸严重地减少了其国内汽车零部件的生产，导致全球汽车制造的中断。再如，2008 年的北京奥运会和 2010 年的上海世博会给北京和上海两个城市的交通带来巨大的压力，造成很多厂商的运营受到严重影响，甚至关闭。无论是 2008 年发生的汶川大地震以及 2011 年 3 月发生的日本大地震和海啸等不可预见的事件，还是 2008 年的北京奥运会和 2010 年的上海世博会等可预见的事件，都给事件发生的周围区域造成供应中断，对有关厂商产生重大负面影响。结果，厂商寻找合适的应急策略来应对这些潜在风险暴露显得日益重要。在市场需求可变的情形下，城市举办大型活动等引起的供应中断风险是厂商经常要面对的问题，市场需求对于交付绩效的敏感度加剧，会给管理供应链带来新的挑战。

面对供应商中断风险，现有的文献多数是从单个供应商的决策和设计来考虑，把优化库存订货策略作为供应中断风险的应急策略是现有研究的一个重点。例如，Ross（2008）、Li 和 Liu（2006）[133]以及 Atasoy 等（2012）将长期平均库存成本作为评价应急策略好坏的主要考量指标。另一类文献则主要考虑双源采购策略。例如，Tomlin[134]应用双源采购策略来降低风险。一个供应商稳定、不容易中断且具备能力柔性，但采购价格高；另一个供应商不稳定、容易中断且不具备能力柔性，但采购价格低。Sawik 考虑了一个由客户订单驱动的需求计划和供应商选择单源或者双源采购的应急策略，通过一种随机的混合整数规划方法来整合当出现供应链中断风险时的供应商选择和客户订单计划安排。

由于供应链是一种有关核心技术、生产性资源的设计信息与物流相结合的过程，当发生诸如大型活动引起的中断时，设计信息流和物流均会发生中断。对这些风险必须进行迅速识别和评估，进而采取正确的应急策略。Fujimoto 和 Park（2014）认为，当供应商高度集中时，在供应中断发生时将很难找到后备供应商进行紧急采购，提高安全库存水平是可行的应急策略；当产品核心技术的可转移性高时，签订虚拟应急生产合同可以应对供应商中断，同时解决了供应商的可视性差和设计信息可替代性低等问题，是一种有效的虚拟双源采购的应急策略。这种应急策略既可以降低供应链成本投入，又可以快速响应供应商中断。然而，对于比较复杂的中断情形，这两种策略都有其局限性，需要针对不同时期来采用一种混合应急策略。Fujimoto 和 Park（2014）进行了尝试，但其研究仅限于概念和定性上的描述。另外，由于这种混合应急策略的实施比较复杂，多数很难运用模型得到闭式解，使用系统仿真方法则可以得到一种有效的优化结果。为此，李锋和魏莹[135]运用系统动力学方法来研究顾客满意度对供应链中短生命周期产品的需求变化、劳动力资源对产品生产的影响，以优化零售商的库存累计量和市场满足率等系统运营绩效，但他们的模型没有考虑供应链中断的情形。类似地，胡海菊和李勇建[136]也利用系统动力学仿真方法来研究短生命周期产品的批量生产计划问题，主要是针对再制造产品。把系统动力学应用于供应链管理最早来自 Forrester。他在研究供应链中的需求放大现象时，提出要构建包含工厂、库房、分销商和零售商的供应链仿真模型来研究物流、资金流、信息流过程的动态性，但仅限于定性描述，缺乏定量的分析。

应对大型活动可能产生的供应中断风险时，有一个鲜明的特点：在活动区域内的制造商也面临生产运营中断的风险，这在上一章的案例中已经作了阐述。通常对应的应急策略是采用库存缓冲或利用备份供应商。应急过程为：在正常的情况下，制造商将库存补到“订货到”库存水平，原料供应商根据制造商的生产计划进行JIT 发货，制造商在完成生产后发货，满足市场订单需求。当在某一时刻发生原材料供应中断时，制造商经过一段时间对中断信息的反应和评估后，启动应急生产供应商（备份供应商）采购策略，应急生产供应商启动备份的生产线进行生产，并同样采取“订货到”库存水平的库存控制策略（但是有订货批量的限制条件），制造商向其采购产成品。当供应商从突发中断恢复后，制造商开始恢复产品的自制生产，同时应急生产供应商的积压库存需要有一个采购消耗过程。在本书中，我们提出虚拟双源采购策略，与上述的一般双源采购策略不同的是，虚拟应急生产供应商事先和制造商签订虚拟生产线合同，当在某一时刻发生原材料供应中断时，制造商将核心技术转移至虚拟应急生产供应商处，其随后启动生产，制造商向其采购产成品。如无特别说明，下面的叙述中应急生产供应商均指虚拟应急生产供应商。

发生供应中断时，市场需求急剧变化，在供应链上采用多少库存是最优的应急策略？库存如何在供应链中分配？制造商应该采取何种稳健的库存控制策略来优化长期利润？中断参数、市场需求流失率、核心技术延迟时间等因素对制造商库存控制和应急生产供应商采购策略有何影响？在多期供应中断中，中断后连续两次的供应之间，制造商如何制定订货和库存策略，应急生产供应商如何安排应急生产计划和发货计划，才能实现利润损失的最小化？鉴于这些问题，本章将建立一个稳健的库存控制和虚拟双源采购相混合的应急策略系统动力学模型，通过系统仿真优化来得到其最优数值解。针对供应商发生中断的次数，我们分单次中断和多次中断(动态中断)两种情形来研究，提出相应的优化混合应急策略。在4.2节，考虑单次中断风险下的库存控制和应急策略，并进行相应的应急仿真；在4.3节，把单次中断的情形扩展到动态中断的情形，考虑动态中断下的库存控制和应急策略，并进行相应的应急仿真；在4.4节，给出相应的本章小结。

4.2 单次中断风险下的库存控制和应急策略

4.2.1 问题描述

我们首先考虑在供应商单次中断下的虚拟双源采购库存问题。这是一种简单的供应商中断，也是最为普遍的供应商中断情形。为此，我们考虑一条由一个原料供应商、一个制造商(采购商)和一个可以提供同质产成品的应急生产供应商组成的供应链。面对供应链中断风险，制造商必须制定其原料采购的库存策略，以及在预计中断时间比较长而无法恢复的情形下，启动备用的应急生产供应商来应对市场的需求。原料供应商是JIT供货，不再考虑原料供应商的安全库存水平，这在以后的章节里有较为详细的叙述。因此，制造商面对供应链中断风险，其采用的应急策略是一种混合应急策略。

在供应中断发生的时间足够长时，原料供应商的供应状态从正常转为中断,也会导致制造商的产品交付中断,进而导致市场需求的变化。这种市场需求变化主要表现在市场份额的流失率上,会因行业性质的不同而影响程度不同。例如,“三聚氰胺”事件导致国内奶粉供应被迫中断,在中断初期,市场流失份额大,并随着中断交付时间的增加,市场份额流失不断增大。再如,品牌家具行业在交付中断初期对市场流失影响不大,而随着中断交付时间的增加,市场份额流失不断增大,但增大速率低。通过数据调查,我们对牛奶、消费电子、家具等7个行业在出现供应中断事件后的市场需求(市场流失率)受中断交付次数的影响进行分析,结果见图4-1。

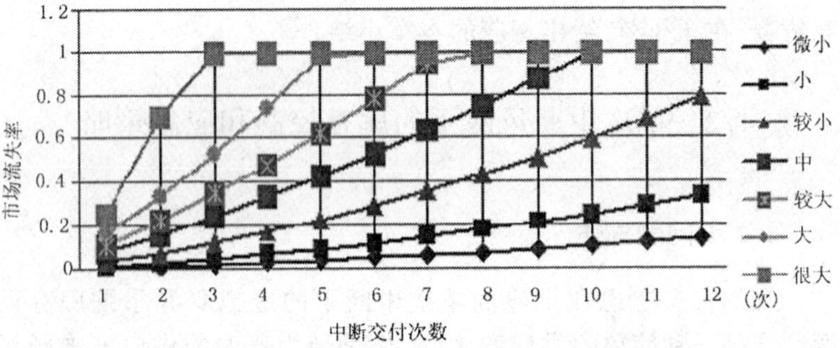

图4-1　中断交付次数与市场流失率的关系

因此,供应链系统面对的每周市场需求是可变的,取决于中断次数和中断时期,设为 $d_i(i=0,1,\cdots,n)$,每个周期市场流失率为 $v_i(i=0,1,\cdots,n)$。后面建模将用到这些市场需求特性。可以看出,在制造商对市场需求订单的交付发生中断时,在有限的市场容量内,发生中断的次数越多,市场流失率越高,且市场流失率不可逆转。在进行相关决策前,必须对每个时间周期市场流失率和市场需求进行预测。

在通常情况下，原料供应商根据生产看板进行JIT发货，几乎不考虑对突发中断事件的应急库存水平；制造商则采用供应商管理库存模式，例如，汽车行业倡导的精益生产与采购模式。在需求受中断影响时，整个供应链系统需要制定相应的应急决策。除了考虑应对短期供应中断的应急库存策略外，厂商还应该考虑启动应对长期供应中断或多次中断时的产品应急生产供应商采购策略。例如，寻找应急生产供应商提供产品满足其市场订单需求。由于制造商仍然采取供应商库存管理模式，因此不承担应急生产供应商的库存和相关费用。另外，由于应急生产供应商不对制造商进行持续性的批量供应，每次紧急启动生产都会产生生产线启动费用(模型中为求解方便忽略相应价值)，所以，实际上不可能按每次的需求进行生产，必须有一个合理的经济批量和最小起订量(MOQ)。

因此，面对复杂的供应中断风险，供应链系统需要制定一种混合应急策略。除了决定供应链的最优"订货到"库存水平的自制产成品(以下简称自制品)应急库存外，还需决定采购产成品的应急库存策略。这些决策变量包括自制品的库存、自制品"订货到"库存水平、应急生产供应商库存、应急生产供应商订购批量、应急生产供应商"订货到"库存水平、自制品每个周期生产计划量、应急生产供应商每个周期应急生产计划量等。通过优化这些决策变量，来最大化制造商的长期利润，并最小化市场流失率。

4.2.2 符号与假设

如果制造商和应急生产供应商签订虚拟生产线合同，初设成本为 $B(\beta)$，即公司愿意为可能发生的中断提前支付风险防范的成本是整个观察期内销售额的 β 倍。如果观察周期长度为 n、每个时间周期为 i、产成品销售单价为 r、制造商每个周期订货交付量为 q_i^m、应急生产供应商每个周期订货交付量为 q_i^s，则 $B(\beta)=$

$\beta \cdot E[r \cdot \sum_{i=0}^{n}(q_i^m + q_i^s)]$，也称为应急生产供应商启动成本。我们用 x_i 表示原料供应商的中断状态：当 $x_i = 0$ 时，原料供应商供应正常；当 $x_i = 1$ 时，原料供应商供应中断，$i = 0, 1, \cdots, n$。同样地，我们用 y_i 表示制造商对市场订单的交付状态：当 $y_i = 0$ 时，制造商对市场订单正常交付；当 $y_i = 1$ 时，制造商对市场订单正常交付发生中断，$i = 0, 1, \cdots, n$。其他相关参数符号见表 4 - 1。

表 4 - 1　　　　输入参数和决策变量的符号定义

变量		定义
集合变量	i	每个时间周期，$i = 0, 1, \cdots, n$，为外生的随机变量
	j	供应中断次数，$j = 0, 1, \cdots, n$，供应正常→中断→恢复正常，计为 1 次
	k	每次供应中断周期的长度
参数变量	h_r	原料库存持有单位成本
	C_m	自制品单位生产成本
	h_m	自制品库存单位持有成本
	C_s	应急生产供应商的单位生产成本
	h_s	应急生产供应商的单位库存持有成本
	p	短缺单位惩罚成本
	r	产品的销售价格
	T_m	期望库存调整时间
	T_P	自制品生产时间
	T_Z	把核心技术转移时的延迟
	T_S	应急外包生产时间
决策变量	d_i	每个周期市场需求，$i = 0, 1, \cdots, n$
	d'_i	每个周期市场预测，$i = 0, 1, \cdots, n$
	v_i	每个周期市场流失率，$i = 0, 1, \cdots, n$
	IR_i	每个周期原料在制造商处的库存

续表

变量		定义
决策变量	IM_i	在第 i 期的自制品库存
	OUL_i	在第 i 期的"订货到"库存水平的库存
	IS_i	应急生产供应商的库存
	Q_E	应急生产供应商的订购批量
	w_i^m	在第 i 期的自制品每周生产计划量
	w_i^s	应急生产供应商在第 i 期的生产计划量
	q_i^m	制造商在第 i 期的交付数量
	q_i^s	应急生产供应商在第 i 期的交付数量

因此，制造商在第 i 期所持有的产成品总库存为 $I_i = IM_i + IS_i$。可以进一步得到：当 $I_i > 0$ 时，有 $y_i = 0$，制造商对市场订单正常交付；当 $I_i = 0$ 时，有 $y_i = 1$，制造商对市场订单正常交付发生中断。

假设制造商在第 t 个周期的累积市场份额流失率为：

$$v_n = a \cdot \sum_{i=0}^{n} y_i + b \cdot \left(\sum_{j=0}^{n} y_i\right)^2 + c \tag{4.1}$$

其中，a、b、c 为设定的常数。

假设信息平滑时间周期为 3，则有关的市场需求预测为：

$$d'_0 = d_0 \tag{4.2}$$

$$d'_1 = [d'_{i-1} + (d_{i-1} - d'_{i-1})/3] \tag{4.3}$$

则存在以下三种状态影响制造商和应急生产供应商的每个周期的生产量和交付量：

(1) 在正常交付状态下，$y_i = 0$，制造商每个周期生产量和交付量为：

$$w_i^m = OUL_i - IM_i \tag{4.4}$$

$$q_i^m = \mathrm{Min}(IM_i, d_i) \tag{4.5}$$

(2) 在交付和供应中断状态下，$y_i=1$，启动应急生产供应商策略。在实际工作中，当发生供应中断未影响生产时，并不能引起管理层的足够重视，从而使应急生产供应商的应急策略往往发生滞后，甚至是在供应中断引起交付中断的几个周期之后，是否启动应急生产的信息才被提上日程进行讨论。所以，模型假设在交付和供应中断同时发生的情况下，启动应急生产供应商的生产是符合实际情况的。则应急生产供应商每个周期生产量和交付量为：

$$w_i^s=\mathrm{Min}[Q_E,(OUL_i-IS_i)] \tag{4.6}$$

$$q_i^s=\mathrm{Min}(IS_i,d_i) \tag{4.7}$$

(3) 假设在任意第 $t+1$ 时刻，当 $x_i^t=1$、$x_i^{t+1}=0$ 时，制造商从中断状态恢复到正常运行状态，并开始恢复生产，同时停止应急生产供应商的生产，制造商的库存开始正常交付。此时，向应急生产供应商采购的库存仅用来补充当期的欠单部分，直至消耗完毕，我们称之为中断后的恢复过程。则有：

$$w_i^m=OUL_i-IM_i-w_i^s \tag{4.8}$$

$$w_i^s=\mathrm{Min}[Q_E,(OUL_i-IS_i)] \tag{4.9}$$

$$q_i^m=\mathrm{Min}(IM_i,d_i) \tag{4.10}$$

$$q_i^s=\mathrm{Min}[(d_i-q_i^m),IS_i] \tag{4.11}$$

4.2.3 决策模型

针对上述三种情况，我们给出相应的制造商长期利润模型，以决定每种情况下厂商的"订货到"库存水平 OUL_i^*，以及相应的其他决策变量。

(1) 在正常供应状态下，假设订货遵循短缺数量不拖后补货的原则，那么在没有任何中断发生的正常情况下，在观察周期长度 n 内，制造商的长期利润函数为：

$$\pi(I_i,q_i^m)=\sum_{i=1}^{n}\{q_i^m\cdot r-[h_r\cdot IR_i+c_m\cdot w_i^m+h_m\cdot(IM_{i-1}-q_i^m)^+ +p(d_i-p_i^m)^+]\} \tag{4.12}$$

通过最大化 $\pi(I_i, q_i^m)$，就可以得到最优的"订货到"库存水平 OUL_i^*。

(2) 当交付和供应中断状态同时发生时，有 $y_i = 1$、$x_i = 1$，需要启动应急生产供应商策略。这时，供应链的长期利润函数变为：

$$\pi(I_i, q_i^m, q_i^s) = \sum_{i=1}^{n} \{ q_i^s \cdot r - [h_r \cdot IR_i + c_s \cdot w_i^s + h_s \cdot (IS_{i-1} - q_i^s)^+ + p(d_i - q_i^s)^+] \} \quad (4.13)$$

供应链中应急生产供应商的最优"订货到"库存水平 OUL_i^* 应使期望中断周期内利润最大化，得到最优的一阶条件。需要指出的是，制造商采取供应商库存管理时，应急生产供应商不对制造商进行持续性的批量供应，每次紧急启动生产都会产生生产线启动费用 $V(q_i^s)$，制造商需要以一个合理的经济批量订货来弥补这种启动费用。

(3) 在中断后的恢复过程中，供应链的应急生产供应商和制造商同时执行"订货到"库存水平的库存策略。这时，供应链的利润函数为：

$$\pi(I_i, q) = \sum_{i=1}^{n} \{ r \cdot (q_i^m + q_i^s) - [(h_r \cdot IR_i + c_m \cdot w_i^m + c_s \cdot w_i^s) + h_m \cdot (IM_{i-1} - q_i^m)^+ h_s \cdot (IS_{i-1} - q_i^s)^+ + p(d_i - q_i^m - q_i^s)^+] \} \quad (4.14)$$

求解上述函数，就可以得到最优的"订货到"库存水平 OUL_i^*。

对以上三种情形，我们可以进行一些简化。在正常情形下，对于原料供应商，我们采取 JIT 的供货方式，按照制造商的生产计划进行拉动，能保证生产商的零部件库存 $IR_i = 0$。当交付和供应中断状态同时发生时，应急生产供应商采取供应商管理库存模式，使制造商持有的采购产成品库存 $IS_i = 0$。

4.2.4 仿真分析

由于上述所讨论的函数是一个动态优化函数，其求解是一个复杂的动态过程，我们很难求得其闭式解。因此，下面我们通过对系统进行仿真，应用 Vensim PLE 软件来求得简单的数值解，并对模型加以分析，研究在不同原料供应中断模式下，采取稳健库存控制和虚拟双源采购的混合应急策略。仿真过程是将订单交付状态、制造商库存、应急生产供应商库存和制造商的长期利润作为状态变量输入，将制造商库存和应急生产供应商库存作为主流结构，原料供应商的供应流、市场需求流失和生产商的长期利润作为协流结构会影响整个主流结构。在市场需求可变的条件下，包含上述三种情形的稳健库存控制和虚拟双源采购的混合应急策略系统动力学模型见图 4－2。

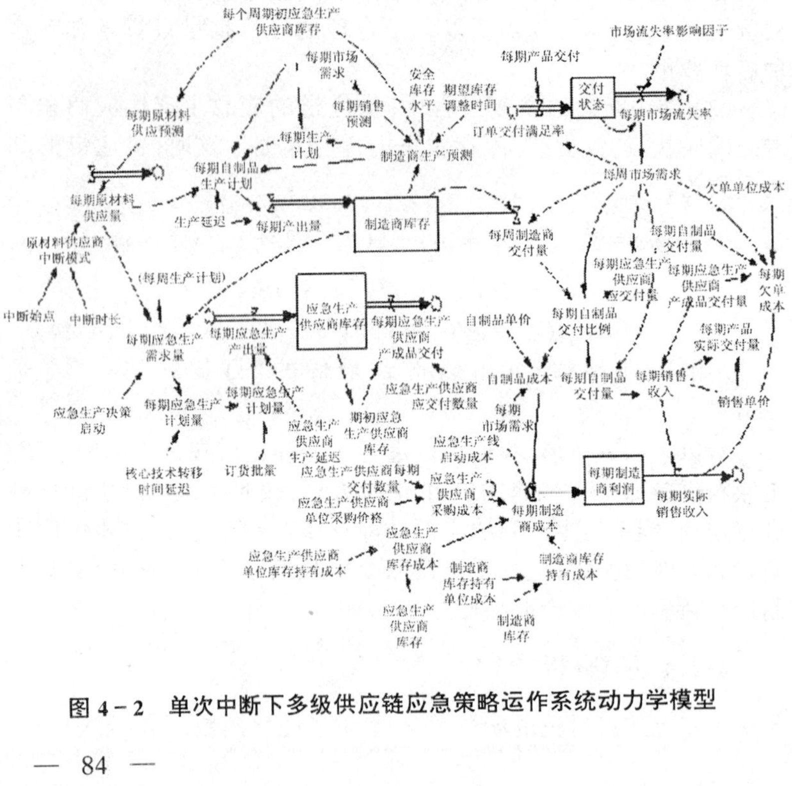

图 4－2　单次中断下多级供应链应急策略运作系统动力学模型

在系统动力学模型中，正常的情况下，市场需求通过平滑后调整成预测，制造商的库存调整时间为 T_m，即通过 T_m 个周期，将库存调整到“订货到”库存水平。根据“订货到”库存水平的策略向内部发出生产指令，通过生产时间 T_P，将库存补货到“订货到”库存水平。同时，因为原料供应商是JIT供货，供应商根据每个周期制造商的生产计划要求，将原料瞬时递送给制造商，因此自制品的“订货到”库存水平也决定了原材料采购的“订货到”库存水平，这与前面的假设相符。当在某一时刻发生原料供应中断时，制造商不一定会马上启动应急策略；直到交付中断时，制造商才开始将核心技术信息转移至应急生产供应商处，启动虚拟生产线，向其采购产成品。

同时根据交付中断次数的增加，市场需求率出现了流失。在应急生产供应商可以开始生产后，应急生产供应商每次生产的数量均为要求的订购批量的整数倍，应急生产供应商的生产时间为 T_P^s。此后，当供应商从突发中断恢复后，制造商开始恢复产品的自制生产。但是在产品交付环节，必须优先消耗应急生产供应商处积压的应急库存。当应急生产供应商处的库存消耗完，整个供应链才算恢复正常状态。制造商的长期利润根据整个供应链的供应情况呈现波动。

我们以汽车零部件行业为例，市场预测值为 d'_0，考虑需求周期数为3的情形来进行分析。由于下一期制造商“订货到”库存水平的库存策略为 $OUL_i = d'_i + ss/T_m$，只要求得 OUL_i^*，即可以得到最优安全库存 ss^*。我们将固定相关参数，通过仿真来求得 OUL_i^* 和 ss^* 的近似值。

假设市场需求在整个观测的长周期内具有不确定性，服从 $d \sim N(80, 20^2)$ 的正态分布，$E(\mu) = 80$，$\sigma^2 = 10$。对于上述模型，我们设定相关参数为 $h_r = 0$、$n = 52$、$C_m = 4$、$h_m = 1.8$、$C_s = 6$、$p = 10$、$Q_E = 240$、$\beta = 0.01$、$r = 15$、$T_m = 5$、$T_z = 3$、$T_P = 1$ 和 $v_0 = 0$。此外，制造商的初始库存 $IM_0 = 120$，应急生产供应商的初始库存

$IS_0 = 120$，以及 $a = 0.01$、$b = 0.001\ 5$、$c = 0$。我们可以通过仿真分析得到下面的分析结果。

4.2.4.1 安全库存的影响

设定 $T_m = 5$、$a = 0.01$、$b = 0.001\ 5$、$c = 0$，其他参数如上述所列，进行仿真分析，通过模拟仿真我们可以得到在正常供应时，$ss^* = 140$。随机地选取中断始点和中断时长的组合（中断始点，中断时长）为：(7,5)；(7,3)；(18,3)；(10,8)；(3,12)；(18,12)。在不同的中断组合下，得到在不同时间周期上的库存状态变化，见图 4-3～图 4-8。图中标注的应急生产商即应急生产供应商。

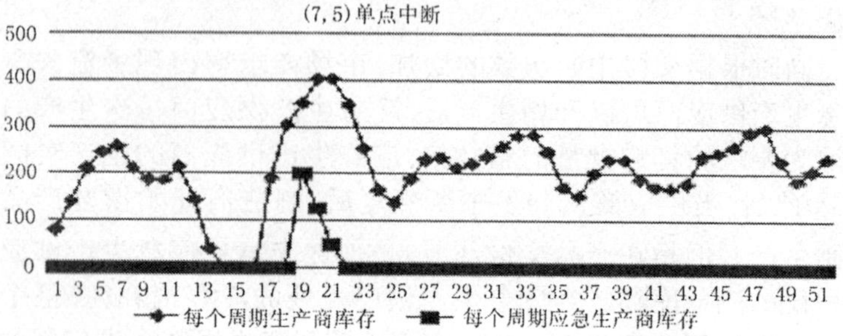

图 4-3　在(7,5)中断组合下的库存状态变化

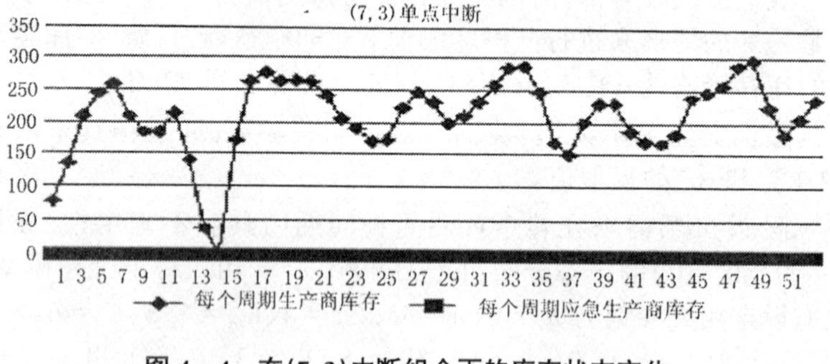

图 4-4　在(7,3)中断组合下的库存状态变化

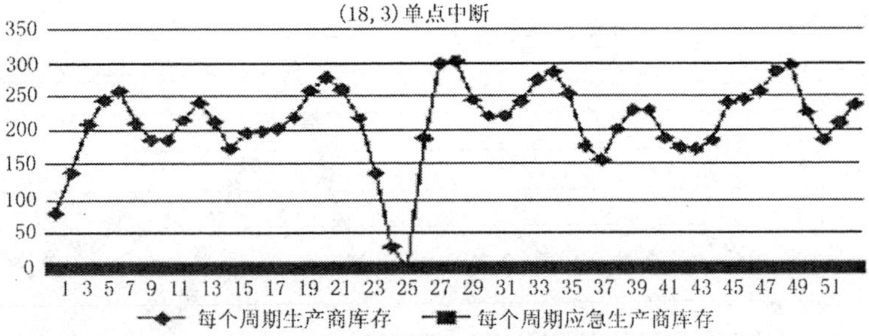

图 4-5 在(18,3)中断组合下的库存状态变化

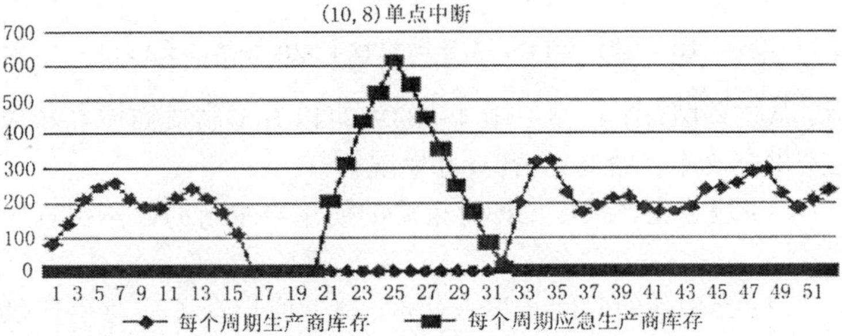

图 4-6 在(10,8)中断组合下的库存状态变化

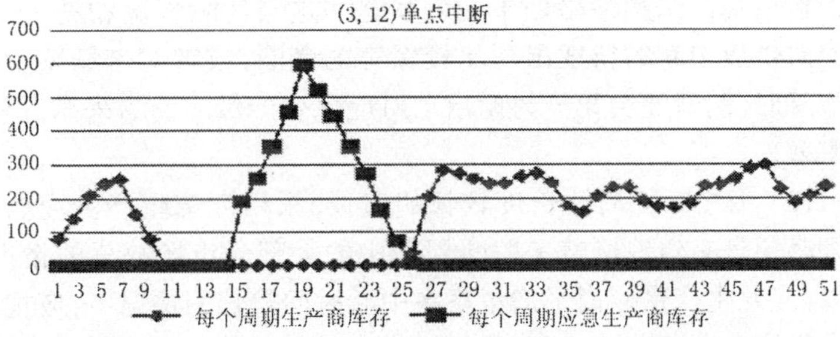

图 4-7 在(3,12)中断组合下的库存状态变化

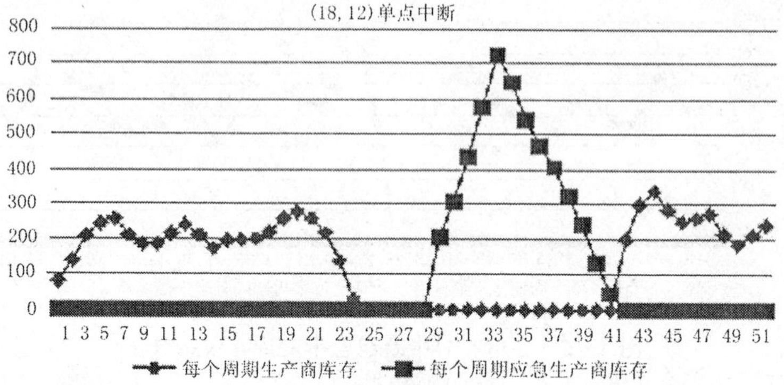

图 4-8　在(18,12)中断组合下的库存状态变化

从这些图(图 4-3～图 4-8)中可以看出制造商库存和应急生产供应商库存的变化情况,并发现:

(1) 应急生产供应商库存策略的使用与中断的始点位置不相关。

(2) 当中断的时间长度较短时,制造商启动了应急生产供应商采购策略,但因为核心技术转移的延迟,致使应急生产供应商的采购策略启动后,原供应中断已经恢复到正常水平,这会导致应急生产供应商的采购策略处于无效状态。这与实际情况相符,当制造商对供应中断的长度出现比较保守的判断,或者对市场缺货较为敏感时,制造商会第一时间启动对应急生产供应商的采购,但并不有效。

(3) 当中断的周期长度较长的时候,采用应急生产供应商采购策略还是有效地覆盖了中断周期中的大部分市场缺货的情况。所以,应急生产供应商采购策略在中断时间较长的情况下,应视为有效策略。

(4) 如图 4-9 所示,当中断的周期长度较长时,我们比较有虚拟双源采购策略和无虚拟双源采购策略的制造商长期利润,发现前者的利润高于后者,这也说明该策略的有效性。

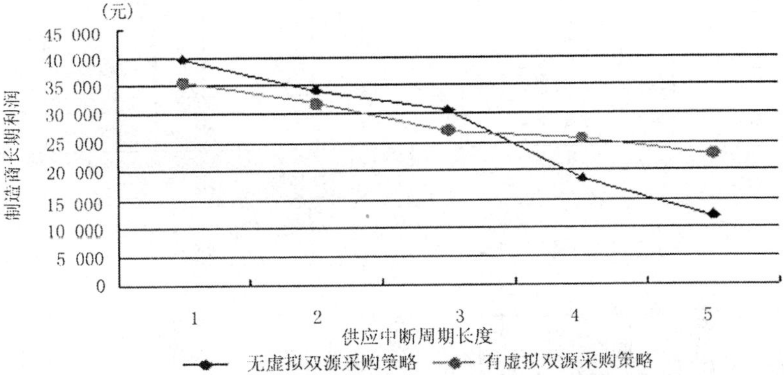

图 4-9 不同供应中断周期长度下的制造商长期利润比较

4.2.4.2 稳健的库存策略

通过仿真分析,我们可以求得在正常供应时的安全库存 $ss^*=140$。以此为出发点,可以分析最优“订货到”库存水平 OUL_i^* 和安全库存 ss^* 对制造商利润、累积市场流失率的影响。由于制造商的产能限制,我们设定制造商满足的最高安全库存水平为 $2.5ss^*$,且随机选取中断始点的中断时间长度为 8,这样可以得到一系列中断点(中断始点,中断时长),如(7,8)、(18,8)、(25,8)、(30,8)。经仿真分析后,分别得到“订货到”库存水平的库存策略对累积市场流失率和制造商长期利润的影响,如图 4-10、图 4-11 所示。

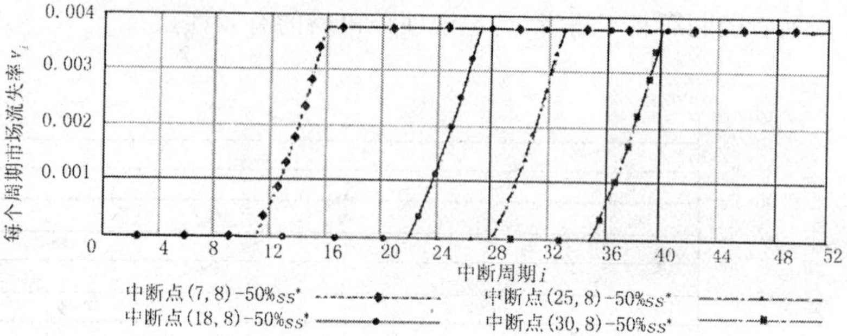

图4-10（a）

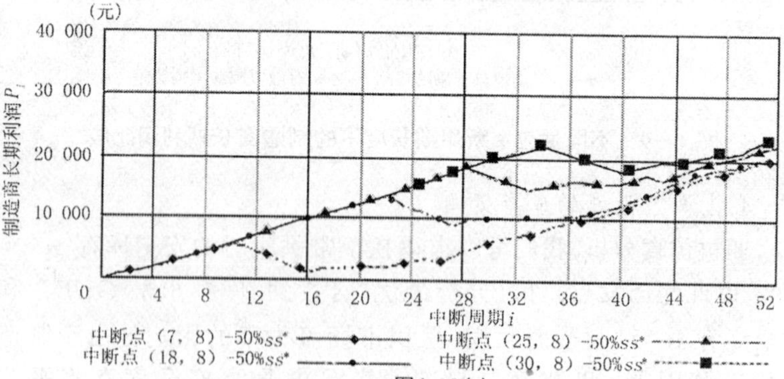

图4-10(b)

图 4-10　不同的中断点对制造商的市场流失率与长期利润的影响

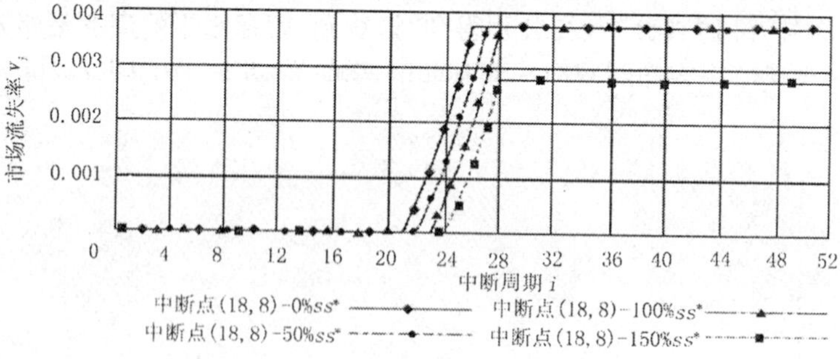

图4-11（a）

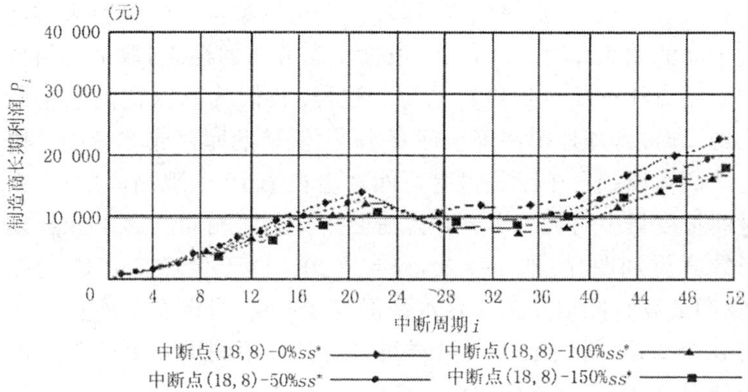

图4-11(b)

图 4-11　在相同中断下安全库存对市场流失率与长期利润的影响

(1) 图 4-10 表明,在相同的安全库存水平和中断时长下,随着中断始点的增加或滞后,制造商的累积市场需求流失率的增加相应滞后,制造商的长期利润得到提高。这是因为市场需求流失率在发生后无法逆转,一旦开始对今后的市场供应都会产生影响。因此,在实践中,制造商必须重视每次的供应中断,并采取有效的应急策略来减少市场需求的流失。

(2) 图 4-11 表明,在相同中断点(18,8)下,安全库存水平分别提高 50%(1.5ss^*)、100%(2ss^*)时,制造商的累积市场流失率没有什么变化;但当安全库存水平提高 150%(2.5ss^*)时,制造商的累积市场流失率明显下降。这说明提高安全库存到足够水平时,可以减少市场需求的流失。制造商的长期利润随着安全库存水平的提高而不断下降,因此,将安全库存水平提高并不能有效减轻突发供应中断对制造商利润的负面影响。这说明,应对小概率供应商中断风险,制造商没有必要长期将安全库存水平维持在高位。因此,单一提高每个周期的安全库存水平并不是制造商最优的库存控制策略的选择。

在大型活动中,针对供应风险,我们可以根据实际经验来估计供应中断的始点和时长。比如,根据正态分布的性质,取平均值作为中断始点和中断时长进行估算。这样,我们就可以在供应中断风险到来时,合理地提高安全库存水平,使长期库存成本最小。假设生产商可以预计中断将最有可能发生在第 18 个观测周期,中断的时间长度最多可能为 $k=8$,其他参数与上面相同。为了让长期利润数值更加明显,取 $r=20$、$p=-20$。由于生产商产能的限制,我们最高只能把安全库存水平提高 150%,即将安全库存水平提前 δ 个周期、增加 150%,这样可以得到在不同周期上的制造商长期利润,如图 4-12 所示。

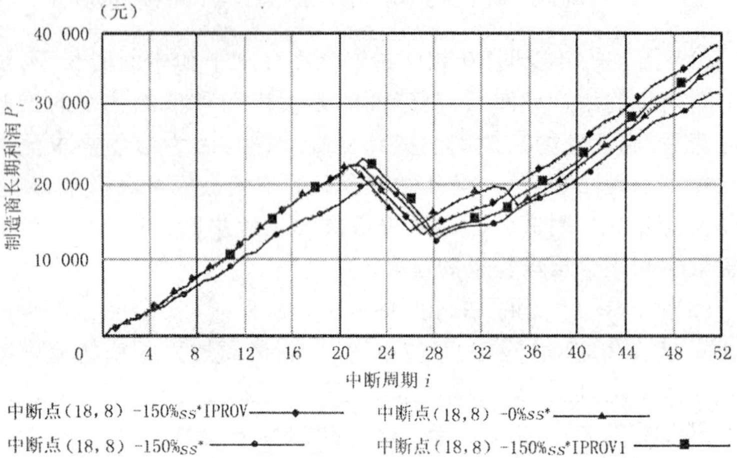

图 4-12　安全库存控制策略对制造商长期利润的影响

因此,我们有 3 种安全库存策略:

(1) 维持正常供应时的安全库存水平 ss^*——图中的"中断点(18,8)-0% ss^*"曲线。

(2) 提高每个周期的安全库存水平 $2.5ss^*$——图中的“中断点(18,8) - 150% ss^*”曲线。

(3) 仅对可能发生中断的始点提前 δ 个周期将安全库存水平提高至 $2.5ss^*$。当我们选取 $\delta=\{1,3\}$时，$\delta=1$ 的中断曲线为“中断点(18, 8) - 150% ss^* IPROV”曲线；而 $\delta=3$ 的中断曲线为“中断点(18, 8) - 150% ss^* IPROV1”曲线。

从图 4 - 12 中可以看出，第三种安全库存策略较优，且 δ 越小，制造商的长期利润越大。这说明，在管理实践中，制造商如果靠近中断点建立足够的安全库存，就可以减少库存成本，增加制造商的长期利润。根据贝叶斯经验估计，对中断始点和中断时长做一个估计，帮助制造商找到好的 δ 值，有待进一步研究。

4.2.4.3 市场需求流失率的影响

当交付中断的总累积周期数增加时，单个时间周期的市场需求将呈一定比例的下降，这个下降比例就是市场流失率。根据市场流失率的影响(见图 4 - 1)，我们将市场需求流失率影响因子 a、b 的不同值输入动力学模型，其他参数同上。中断函数为：

$$\chi_i=\begin{cases}0, 当\ 0<i<5\ 或\ 13<i<52\ 时\\1, 当\ 5\leqslant i\leqslant 13\ 时\end{cases}\tag{4.15}$$

我们取供应中断周期数 $k=8$，可以得到市场流失率对应急生产供应商的库存、制造商的长期利润等运营指标的影响，见表 4 - 2 和表 4 - 3。

表 4 - 2　　市场需求流失率影响因子列表

	需求流失率影响程度	微小	小	较小	中	较大	大	很大
影响因子系数	A	0.000 5	0.01	0.03	0.07	0.1	0.15	0.15
	B	0.000 05	0.001 5	0.003	0.003	0.005	0.009	0.1

续表

	需求流失率影响程度	微小	小	较小	中	较大	大	很大
交付中断周期数	1	0.000 55	0.011 5	0.033	0.073	0.105	0.159	0.25
	2	0.001 2	0.026	0.072	0.152	0.22	0.336	0.7
	3	0.001 95	0.043 5	0.117	0.237	0.345	0.531	1
	4	0.002 8	0.064	0.168	0.328	0.48	0.744	1
	5	0.003 75	0.087 5	0.225	0.425	0.625	0.975	1
	6	0.004 8	0.114	0.288	0.528	0.78	1	1
	7	0.005 95	0.143 5	0.357	0.637	0.945	1	1
	8	0.007 2	0.176	0.432	0.752	1	1	1
	9	0.008 55	0.211 5	0.513	0.873	1	1	1
	10	0.01	0.25	0.6	1	1	1	1
	11	0.011 55	0.291 5	0.693	1	1	1	1
	12	0.013 2	0.336	0.792	1	1	1	1
	13	0.014 95	0.383 5	0.897	1	1	1	1

表 4-3　受市场流失率影响的应急运营指标

运营指标	市场流失率						
	微小	小	较小	中	较大	大	很大
供应商供应中断时间长度(周)	8	8	8	8	8	8	8
应急生产供应商库存供应周期跨度(周)	12	15	18	24	29	29	0
应急生产供应商库存交付总数(件)	960	1 040	1 200	1 200	890	45	0
产品实际销售总量(件)	2 728	2 693	2 432	1 977	1 493	648	603
应急生产供应商库存成本比例(%)	45.8	48.9	56.4	60.7	59.6	6.9	0
制造商长期利润(元)	29 254	28 902	25 664	20 323	15 795	7 912	7 554

(1) 表 4-2 表明,当市场需求流失率不可逆转时,如果交付中断周期总数相同,流失率影响因子增大,每期需求量不断降低,会导致应急生产供应商库存可供应周期数增加,制造商中断后恢复到 100%交付状态的过程会延长(中断后的恢复过程)。

(2) 表 4-3 表明,应急生产供应商库存可供应周期数的增加,也会使其库存成本的比例不断增加,这说明当某个行业市场对断货的敏感度很高,即市场需求流失率影响因子偏大,制造商将要付出更大的应急成本(即应急生产供应商库存成本),中断后的恢复过程也会拉长。

(3) 当市场流失率很大时,在应急生产供应商采购策略还没有启动之前,消费者就会因断货而抛弃该产品,使市场需求迅速降低。这说明,在受市场流失率影响很大的行业,制造商应该想办法将应急生产供应商采购策略的启动时间提前,保证应急策略能及时实施,从而保住市场份额并提高制造商总利润。

(4) 图 4-13 描述了应急生产供应商交付总量和应急成本比例随市场流失率强度变化的趋势,其中1代表市场流失率最小,7 代表市场流失率最大。应急生产供应商的交付总量随着市场流失率强度增大而不断增加,但当市场流失率强度达到一定程度时,应急采购策略无效。此时,企业应该考虑促销收入管理或者悄悄地进行产品展示转换等其他需求应急策略。

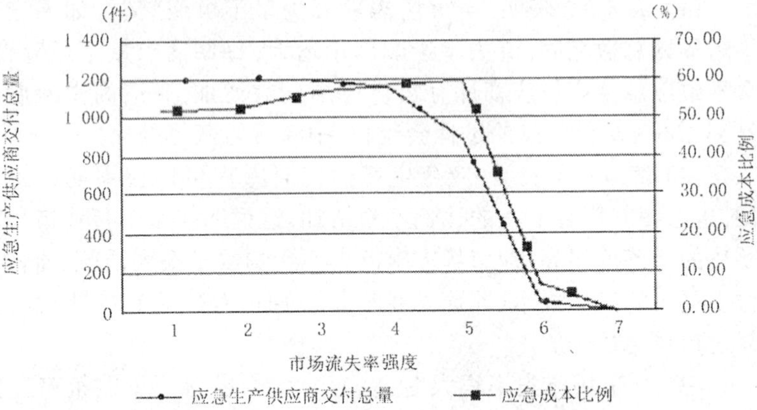

图 4－13　应急生产供应商交付总量和应急成本比例随市场流失率强度变化趋势

4.2.4.4 核心技术信息转移延迟的影响

保持参数设定 $a=0.01$、$b=0.001\ 5$、$c=0$ 和 $ss^*=140$，假设供应中断已经发生并且影响最终交付，制造商将核心设计信息向应急生产供应商进行转移时，需要时间延迟来完成转移过程，比如，3D 模具的快速生成和运输需要时间来完成。假设核心设计信息转移的时间延迟 $T_z=\{1,3,5\}$，通过仿真可以得到核心设计信息转移时间延迟对制造商长期利润的影响曲线，如图 4－14 所示。图 4－14 表明，随着延迟时间的增加，制造商的长期利润在迅速减少。在启动应急生产供应商决策时，减少核心设计信息转移延迟的时间，能保证制造商获得更大的利润。

缩短核心技术信息转移延迟时间，是使制造商库存长期成本降低、长期利润上升的优化应急策略。

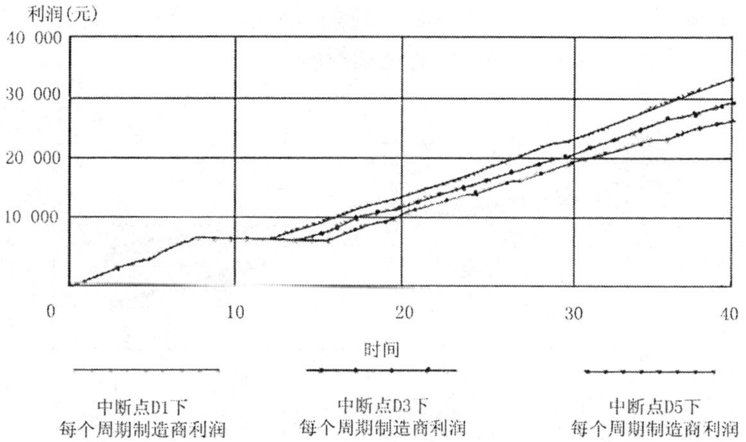

图 4－14　核心设计信息转移时间延迟对制造商长期利润的影响

4.2.4.5 多周期库存控制和应急策略

在多周期供应中断下，制造商可采取的库存控制和应急策略有：

(1) 提高安全库存水平策略：提前将每个周期的安全库存水平提高 50%，即 $ss' = 2.5ss^*$；

(2) 等待恢复策略：当供应中断时，不采取任何应急措施，等待供应恢复；

(3) 应急生产供应商采购策略：当供应发生中断时，将生产的核心设计信息转移至应急生产供应商处开始应急生产，并向其采购产成品，使交付中断得以尽早恢复。

在 $a=0.01$、$b=0.0015$、$c=0$ 时，取 $N=\{1,3,5,8,10\}$，通过系统仿真分析，可以得到在不同中断周期下制造商的库存控制和虚拟双源采购的混合应急策略对其长期利润的影响，如图 4－15 所示。从制造商 n 个时间周期内的长期利润来看，我们观察到在预期供应中断周期长度较短时，在中断前的 δ 个周期内，提高安全库存水平(策略 1)是优选策略,而随着供应中断周期长度增加,应急生产供应商采购(策略 3)是优选策略。

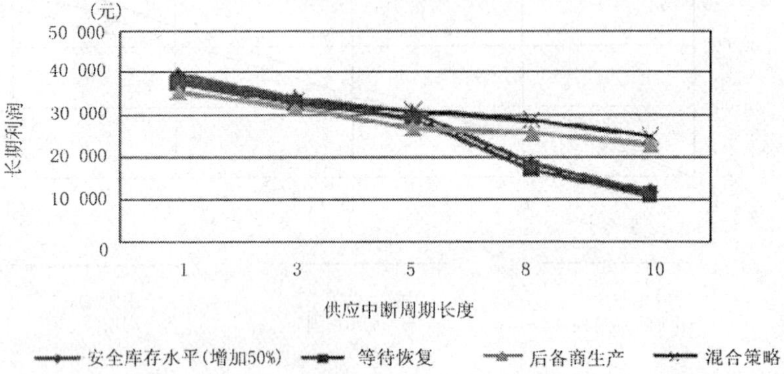

图 4-15　混合应急策略对制造商长期利润的影响

因为供应中断后,并不会马上引起交付中断,而是在制造商原有的库存消耗完之后,才会引起完全的交付中断。将核心设计信息向应急生产供应商转移时,会延迟 T_m 个时间周期。所以,从直观上容易理解策略 3 在供应中断周期长度较短时所获长期利润较其他策略略低,因为它需要提前确定应急生产供应商启动成本。在给定参数的条件下,供应中断周期长度在 5 个周期以内,策略 3 并没有真正发生应急生产,而当安全库存水平在给定的范围内提高时,与等待恢复策略(策略 2)相比较,提高安全库存水平好于等待恢复策略,这主要是因为单位惩罚成本高于持有成本。由于市场流失率影响因子的存在,制造商在预见供应中断会发生时,愿意提高安全库存水平来维持交付。比如,2008 年北京奥运会,生产商通常都能以实际经验推断出,大型活动可能会对周边的环境和安全因素提出更高的要求,原材料中的危化品的本地供应商会成为重点的监控对象。对于以危化品作为关键原料的制造商,要提前考虑是否增加安全库存水平来减轻供应商中断风险。

因此，根据上面的分析，我们制定了在供应中断发生后制造商可能采取的库存控制和虚拟双源采购策略应急序列，如表 4 - 4 所示。

表 4 - 4　　　　供应中断应急序列

策略 \ 中断周期	1	3	5	8	10
1	√	√	√	√	√
2		√	√	√	√
3				√	√

在中断周期为 1 个周期时，制造商的优化库存策略序列为策略 1。在中断周期为 3～5 个周期时，制造商的优化库存策略序列为 1→2：在中断前的 δ 个周期内，提高安全库存水平；当供应中断发生后，等待恢复。

在中断周期为更长的 8～10 个周期时，生产商的优化库存策略序列为 1→2→3，制造商总会在预知中断风险会发生，但不知道中断长度的情况下，在前期提高一些“订货到”库存水平。而在供应中断发生后，会先等待恢复；在交付中断发生后，如果供应中断仍然未恢复，制造商会开始考虑将核心技术转移至应急生产供应商处，启动虚拟生产线，向其采购产成品，使交付中断得以迅速恢复。当我们使用混合应急策略时，随着中断周期的增加，制造商长期利润会逐步上升。

4.3　动态中断风险下的库存控制和应急策略

动态中断是在观察周期内多次发生的供应商中断。在多处动态中断中，考虑一条供应链由一个原料供应商、一个制造商（采购商)和一个可以提供同质产成品的应急生产供应商组成。面对供应链中断风险,制造商必须决定其原材料采购的应急库存策略,以及在预计中断时间比较长而无法恢复的情形下,启动备用的应急外包供应商来应对市场的需求。因此,制造商面对供应链中断风险时,其采用的应急策略是一种混合应急策略。

在供应中断发生的时间足够长时,原料供应商的供应状态从正常转为中断,也会导致制造商的产品交付中断,进而导致市场需求的变化。因此,供应链系统面对的每个周期市场需求是可变的,取决于中断次数和中断时间,设每个周期市场需求为 $d_i(i=0,1,\cdots,n)$,每个周期市场流失率为 $v_i(i=0,1,\cdots,n)$。当制造商对市场需求订单的交付发生中断时,在有限的市场容量内,发生中断的次数越多,市场流失率越高,且市场流失率不可逆转。因此,在进行相关决策前,必须对每个时间周期市场流失率和市场需求进行预测。

4.3.1 符号与假设

如果制造商和应急生产供应商签订虚拟生产线合同,初设成本为 $B(\beta)$,则公司愿意为可能发生的中断提前支付的风险防范成本是整个观察期内销售额的 β 倍。如果观察周期长度为 n、每个时间周期为 i、产成品销售单价为 r、制造商每个周期订货交付量为 q_i^m、应急生产供应商每个周期订货交付量为 q_i^s,则 $B(\beta)=\beta\cdot E(r\cdot\sum_{i=0}^{n}(q_i^m+q_i^s))$,也称为应急生产供应商启动成本。我们用 x_i 表示原料供应商的中断状态:当 $x_i=0$ 时,原料供应商供应正常;当 $x_i=1$ 时,原料供应商供应中断,$i=0,1,\cdots,n$。同样地,我们用 y_i 表示生产制造商对市场订单的交付状态:当 $y_i=0$ 时,制造商对市场订单正常交付;当 $y_i=1$ 时,制造商对市场订单的正常交付发生中断,$i=0,1,\cdots,n$。其他相关参数符号的定义见表 4-1。

因此,制造商在第 i 期所持有的产成品总库存为 $I_i = IM_i + IS_i$。可以进一步得到:当 $I_i > 0$ 时,有 $y_i = 0$,制造商对市场订单正常交付;当 $I_i = 0$ 时,有 $y_i = 1$,制造商对市场订单正常交付发生中断。假设制造商在任意第 t 个周期的累积市场流失率为:

$$v_n = a \cdot \sum_{i=0}^{n} y_i + b \cdot (\sum_{j=0}^{n} y_i)^2 \tag{4.16}$$

其中,a、b、c 为设定常数。

假设信息延迟的时间周期为 3,有关市场需求预测同式(4.2)和式(4.3),则 $OUL_i = d'_i + ss$。

4.3.2 决策模型

在供应商动态中断下,存在以下三种状态会影响制造商和应急生产供应商每个周期的生产量和交付量:

(1) 在正常交付状态下,$y_i = 0$,制造商每个周期的生产量和交付量为:

$$w_i^m = OUL_i - IM_i \tag{4.17}$$

$$q_i^m = \mathrm{Min}(IM_i, d_i) \tag{4.18}$$

(2) 在交付和供应中断状态下,$y_i = 1$,启动应急生产供应商采购策略。在实际工作中,当供应中断未影响生产时,就不能引起管理层的足够重视,从而使向应急生产供应商采购的策略往往发生滞后,甚至是在由供应中断引起交付中断的几个周期之后,是否启动应急生产供应商采购策略才被进行讨论。所以,模型假设在交付和供应中断同时发生的情况下,启动应急生产供应商的生产是符合实际情况的。应急生产供应商每个周期的生产量和交付量为:

$$w_i^s = \mathrm{Min}[Q_E, OUL_i - IS_i] \tag{4.19}$$

$$q_i^s = \mathrm{Min}[IS_i - d_i] \tag{4.20}$$

(3) 假设在第 $t+1$ 时刻,当 $x_i^t = 1$、$x_i^{t+1} = 0$ 时,制造商从中

断状态恢复到正常运行状态,并开始恢复生产;同时,应急生产供应商停止生产,制造商的库存开始正常交付。此时,继续向应急生产供应商采购产成品,但仅用来补充当期的欠单部分,直至消耗完毕,我们称这一过程为制造商中断后的恢复过程。则在恢复过程中,制造商和应急生产供应商的生产量和交付量为:

$$w_i^m = OUL_i - IM_i - w_i^s \tag{4.21}$$

$$w_i^s = \mathrm{Min}[Q_E, OUL_i - IS_i] \tag{4.22}$$

$$q_i^m = \mathrm{Min}[IS_i - d'_i] \tag{4.23}$$

$$q_i^s = \mathrm{Min}[(d'_i - q_i^m), IS_i] \tag{4.24}$$

综合上述三种状态下的制造商和应急生产供应商的每个周期的生产量和交付量,可以进一步确定稳健库存控制和虚拟双源生产的混合应急策略下的多次动态中断系统制造商长期利润函数为:

$$\begin{aligned}\pi(q_i^m, q_i^s, \beta) = E\{\sum_{i=0}^{n}\{r\cdot(q_i^m + q_i^s) - [h_r\cdot IR_i + c_m\cdot w_i^m \\ + c_s\cdot w_i^s + h_m\cdot(IM_{i-1} - q_i^m)^+ + h_s\cdot(IS_{i-1} - q_i^s)^+ \\ + p(d_i - q_i^m - q_i^s)^+]\} + B(\beta)\}\end{aligned} \tag{4.25}$$

因此,可以进一步得到生产商长期利润损失风险方程如下:

$$\Delta_\pi = \sum_{i=0}^{n}\pi(q_i^m, q_i^s, \beta) - \sum_{i=0}^{n}\pi(q_i^m, 0, \beta) \tag{4.26}$$

求解上述函数,通过最大化制造商利润和最小化其长期利润损失风险,就可以得到最优的"订货到"库存水平 OUL_i^*。由于这个函数是一个动态优化函数,其求解是一个复杂的动态过程,我们很难求得其闭式解。因此,下面我们通过对系统进行仿真,应用 Vensim PLE 软件来求得简单的数值解,并对模型加以分析,研究在不同原料供应中断模式下,可以采取的优化应急策略组合。

4.3.3 仿真分析

在供应商动态中断下,原料供应商采取 JIT 供货方式,按照制造商的生产计划进行拉动，能保证制造商的零件库存 $IR_0=0$。当交付和供应中断状态同时发生时，应急生产供应商采取供应商管理库存模式，使制造商持有的采购成品库存 $IS_0=0$。下面我们用 Vensim 软件对上述动力学模型进行仿真建模，其实现过程为：将订单交付状态、生产商库存、应急生产供应商库存和生产商的长期利润作为状态变量；将生产商库存序列和应急生产供应商库存序列作为主流结构；将原料供应商的供应流、市场需求流失和生产商的长期利润作为协流结构来影响整个主流结构。因此，稳健库存控制和虚拟双源生产的混合应急策略动力学模型如图 4-16 所示。

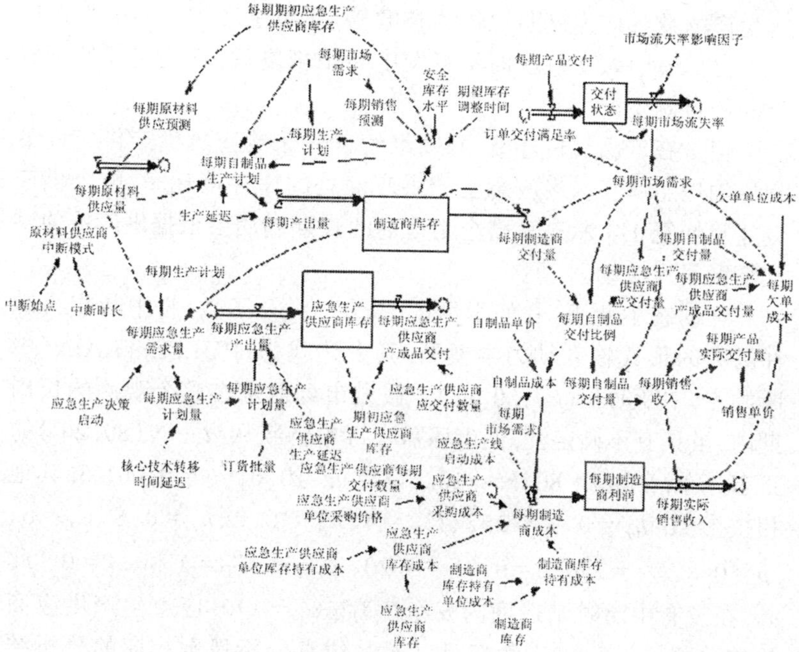

图 4-16　动态中断下多级供应链应急策略运作系统动力学模型

在系统动力学模型中，正常的情况下，市场需求通过平滑后调整成预测，制造商的库存调整时间为 T_m，即通过 T_m 个周期将库存调整到“订货到”库存水平；再根据“订货到”库存水平策略向内部发出生产指令，通过生产时间 T_P，将库存补货到“订货到”库存水平。同时，因为供应商是JIT供货，供应商根据每个周期制造商的生产计划要求，将原料瞬时递送给制造商。当在某一时刻发生原料供应中断时，制造商并不会第一时间启动应急策略；直到交付中断时，制造商才开始将核心技术信息转移至应急生产供应商处，启动应急生产。同时，根据交付中断次数的增加，市场需求率会出现上升。在应急生产供应商可以开始生产后，应急生产供应商每次生产的数量均为订购批量的整数倍，应急生产供应商的生产时间为 T_P^s。此后，当供应商从突发中断中恢复后，制造商开始恢复产品的自制生产。

但是在产品交付环节，必须继续优先采购应急生产供应商处积压的应急库存。当应急生产供应商处的库存消耗完，整个供应链才算恢复正常状态。整个制造商的长期利润会根据供应链的供应情况呈现波动。

在动态中断下，我们引用了 Pulse Train 函数，将中断作为脉冲函数的形式输入动力学模型，其表达式为：PULSE TRAIN(中断始点，中断时长(k)，50，n)。假设市场需求在整个观测的长周期内，虽具有不确定性，但市场需求订单仍服从 $d \sim N(80, 20^2)$的正态分布，$E(\mu)=80$，$\sigma^2=10$。设定 $a=0.01$、$b=0.001\,5$，其他相关参数：$h_r=0$、$n=252$、$C_m=4$、$h_m=0.2$、$h_s=0.8$、$C_s=6$、$p=0.8$、$Q_E=240$、$\beta=0.01$、$r=20$、$T_z=3$、$T_P=1$ 和 $v_0=0$。此外，在没有中断时制造商的安全库存 $ss^*=170$，应急生产供应商的初始库存 $IS_0=0$。我们可以通过仿真分析得到相应的分析结果。

4.3.3.1 稳健库存控制策略

由于 $OUL_i = d'_i + ss$，因此，只要求出最优的“订货到”库存水平 OUL_i^*，就可以求得最优的安全库存 ss^*。为此，我们设定 3 种动态中断模式的参数如下(模拟结果如图 4－17 所示)：

中断模式 A：$(m, k) = (20, 3)$，即在整个周期内中断 20 次，每次中断 3 个周期。

中断模式 B：$(m, k) = (3, 20)$，即在整个周期内中断 3 次，每次中断 20 个周期。

中断模式 C：$(m, k) = (7, 10)$，即在整个周期内中断 7 次，每次中断 10 个周期。

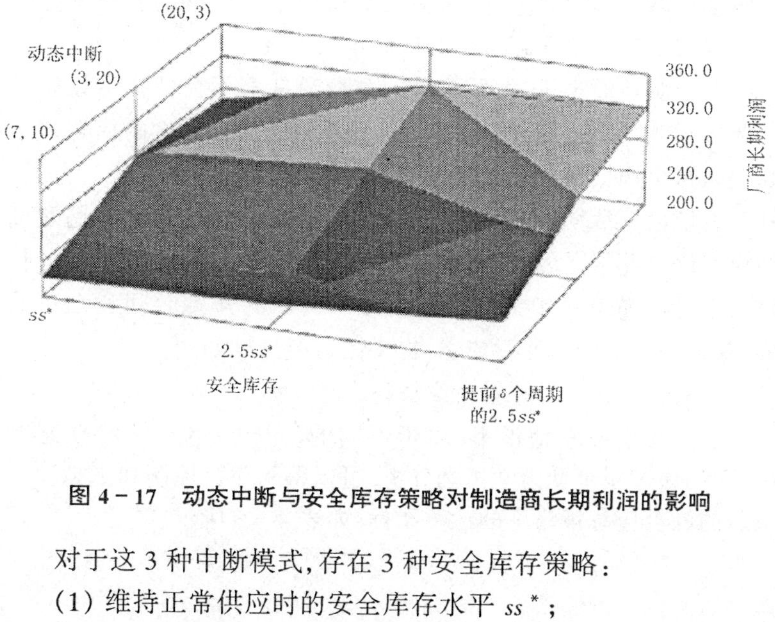

图 4－17　动态中断与安全库存策略对制造商长期利润的影响

对于这 3 种中断模式，存在 3 种安全库存策略：

(1) 维持正常供应时的安全库存水平 ss^*；

(2) 受制造商产能限制，提高每个周期的安全库存水平 $2.5ss^*$；

(3) 仅对可能发生中断的始点提前 δ 个周期，将安全库存水平提高至 $2.5ss^*$（设 $\delta=1$）。

因此，根据中断参数组合条件下的安全库存，可以得到制造商的长期利润。

从图 4－17 中可以看出，安全库存策略 3 较另外两种应急安全库存策略更佳。这说明，制造商如果能够靠近中断点建立足够的安全库存，就可以增加制造商的长期利润。同时，在发生频率低而持续时间较长的动态中断下，制造商对中断可能发生的始点提前将安全库存水平提高的应急策略（策略 3），比每个周期都提高安全库存水平的应急策略（策略 2）要优；反之，在发生频率高而持续时间短的动态中断下，制造商提高每个中断周期的安全库存水平比提前设置安全库存水平的应急策略为优。

对于制造商来说，大型活动的举办通常都不会像机器设备的故障那样频繁而短暂，所以制造商不会愿意付出更大的库存成本来提高每个周期持有的安全库存，以减少供应商中断风险。并且，针对大型会议活动，一般政府会提前告知暂时停产休息的制造商名单和停产期限。因此，制造商采取应急策略 3 是可行的。同时，政府也可以提前明确告知制造商停产休息的开始时间和结束时间，帮助制造商降低库存成本，提高制造商长期利润。

4.3.3.2 多周期的库存控制和应急策略

在多周期中断情形下，对于不同的 (m, k) 组合下的动态中断，我们通过系统动力学仿真分析，可以得到库存控制和虚拟双源采购的混合应急策略下的运营指标，如表 4－5 所示。

表 4-5　　动态中断下混合应急策略运营指标

中断形式	中断周期长度	应急生产供应商启动	应急库存消耗周期	应急生产库存成本占总成本比重(%)	平均订单交付率(%)	市场流失率(%)	制造商长期利润(元)
(0,0)	0	X	0	0	91.0	0.30	291 003 (100%)
(20,1)	60	X	0	0	85.5	3.20	271 612 (94%)
(3,20)	60	3	48	35	89.5	1.80	251 529 (86%)
(3,20)	60	X	0	0	73.4	9.10	201 177 (69%)

中断组合 1:$(m,k)=(20,1)$,即在整个周期内中断 20 次,每次中断 1 个周期。

中断组合 2:$(m,k)=(3,20)$,即在整个周期内中断 3 次,每次中断 20 个周期。

可以看出,在供应中断时间短而频率高的模式下,无需转移核心技术到应急生产供应商,应急策略为等待恢复。而在中断时间长而频率低时,与等待恢复的策略相比,启动应急生产供应商使制造商长期利润有明显的提升(提高 25%)。在(3,20)的动态中断情况下,应急生产供应商库存消耗了 48 周,短于整个周期中断长度(60 周),这说明应急策略的实施有一定时间延迟。

因此,我们可以得出管理启示:如果是短时间的临时限电或者是因管制措施引起的频繁中断,制造商可以采取等待恢复的应急策略;如果是因为大型活动或者事件引起较长时间的供应中断,启动应急生产供应商采购策略是最优的应急策略。这与单次中断时得出的结论相同:在中断时间较长时,制造商长期利润在有虚拟双源采购应急策略的情况下比无虚拟双源采购应急策略的情况下要高。

4.3.3.3 制造商长期利润损失风险的影响

根据制造商长期利润损失风险对于(m , k)组合的变化敏感性分析，我们可以得到制造商长期利润损失风险对(m , k)值变化的曲线，如图 4 - 18 所示。

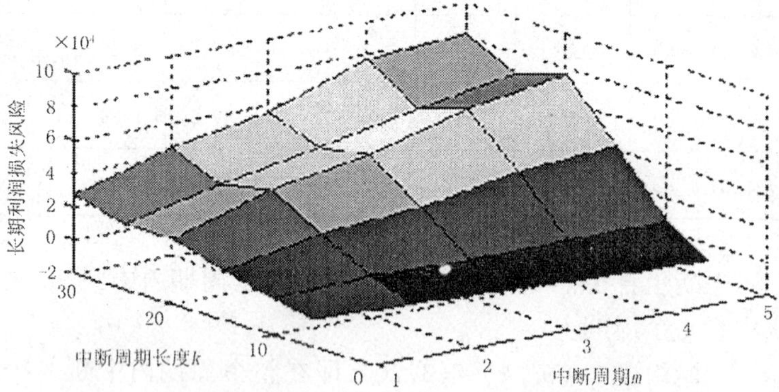

图 4 - 18　长期利润损失风险对制造商利润影响的敏感性

从图 4 - 18 中我们可以看出，当 m 固定时，k 越大，制造商长期利润损失减少值越大，这也意味着制造商会愿意付出更多成本来签订虚拟生产合同，以减少制造商长期利润损失；当 k 固定在较小值时，制造商长期利润损失减少值没有随 m 的增大而有显著变化，这意味着制造商付出更大虚拟生产合同成本(应急生产供应商启动成本)的意愿不会有显著增加。因此，长期利润损失减少值对于 k 值的变化较 m 值更加敏感。

4.3.3.4 核心技术信息转移延迟的影响

假设核心技术转移的延迟 $T_Z = \{1, 3, 4, 8\}$，动态中断为(m , k) = (6, 15)，我们通过动力学仿真分析核心技术转移延迟对应急生产供应商库存(产品交付量)和制造商利润的影响，得到图 4 - 19 和图 4 - 20。

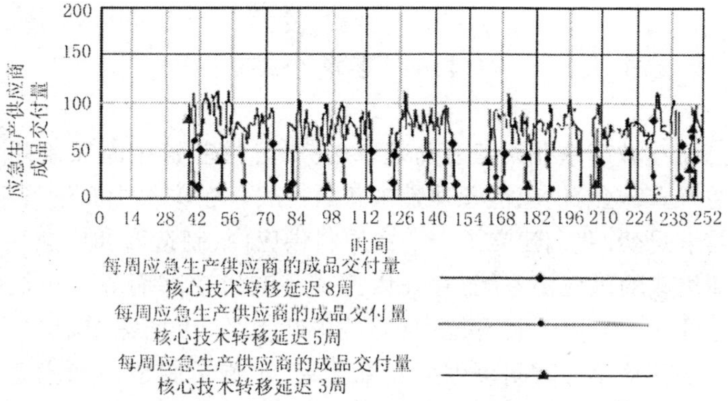

图 4－19　核心技术转移延迟对应急生产供应商库存的影响

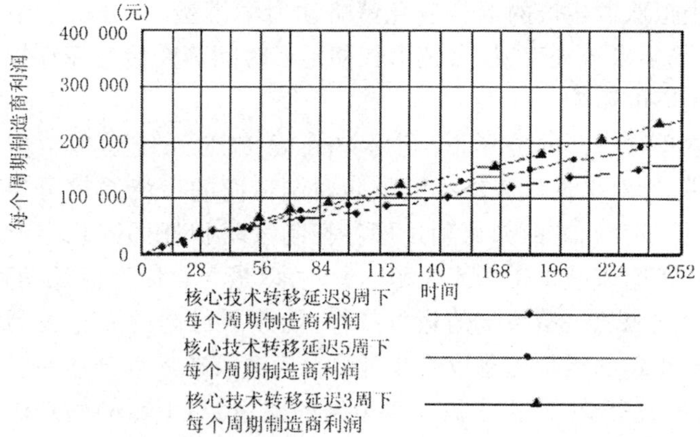

图 4－20　核心技术转移延迟对制造商长期利润的影响

从图 4－19 中可以看出，核心技术转移的延迟会导致应急生产供应商库存消耗的周期延长，说明中断后的制造商恢复周期会延长，从而增加了库存持有成本，导致制造商长期利润的下降（见图 4－20）。

4.4 本章小结

面对城市举办大型活动越来越频繁，供应链中断风险暴露也日益严重，这给供应链管理带来新的挑战。在单次中断情形下，市场需求可变，我们建立了一个由原料供应商、制造商和应急生产供应商组成的供应链系统，存在因产成品交付中断而导致市场需求发生变化的风险。在系统中，有关中断参数、市场需求流失率、核心技术转移延迟时间等因素相互作用，影响了制造商和应急生产供应商的库存控制和应急策略以及制造商的长期利润。因此，本章利用 Vensim PLE 系统动力学仿真软件建立了一个稳健库存控制和虚拟双源生产的混合应急策略动力学模型，并分析了中断参数、市场需求流失率、核心技术转移延迟时间等变量对库存控制和应急策略的影响。

在单次中断的情形下，利用 Vensim PLE 系统动力学仿真软件建模，针对出现供应链中断风险时制造商的市场需求可变的情形，我们研究制造商如何利用库存控制策略和外部应急生产供应商采购策略来减少市场流失率的影响，以最大化制造商长期利润。通过设立应急决策系统的运营指标，构建了稳健的库存控制和虚拟双源采购的混合应急策略或者混合应急策略序列来应对供应商中断：(1)应急生产供应商库存策略的使用，与中断的始点位置不相关。(2)当中断的时间长度较短时，保守的制造商会在第一时间启动应急生产供应商采购，但并不有效；当中断的周期长度较长的时候，采用应急生产供应商采购策略还是有效地覆盖了中断周期中的大部分市场缺货情况，并且制造商的长期利润比无虚拟双源采购应急策略时的要高，应视为有效策略。(3)提高安全库存到足够水平，可以减少市场需求的流失。但制造商的长期利润会随着安全库存水平的提高而不断下降，因此，将安全库存水平提高并不能有效减轻突发性供应中断对制造商利润的负面影响。(4)在管理实践中,制造商如果在靠近中断点处建立足够的安全库存,就可以减少库存成本,增加制造商的长期利润。(5)当市场需求流失率不可逆转,交付中断周期相同时,如果流失率影响因子增大,应急生产供应商库存可供应周期数会增加,制造商在中断后恢复到100%交付状态的过程会延长(中断后的恢复过程)。(6)缩短核心技术信息转移时间延迟,是使制造商库存长期成本降低、长期利润提高的优化应急策略。

在动态中断情形下,利用 Vensim PLE 系统动力学仿真软件建模,不需要考虑市场需求流失率变化的影响。通过安全库存水平优化获得的稳健库存控制策略和虚拟双源采购组成的混合应急策略,可以提高制造商长期利润。并且,分析了长期利润损失风险对动态中断参数变化的敏感度,以及核心技术信息转移延迟等变量对制造商长期利润的影响,发现:(1)在发生频率低而持续时间较长的动态中断下,制造商对中断可能发生的始点提前将安全库存水平提高的应急策略比每个周期都提高安全库存水平的应急策略要优;反之,在发生频率高而持续时间短的动态中断下,制造商提高每个中断周期的安全库存水平比提前设置安全库存水平的应急策略要优。大型活动举办期间,政府可以提前明确告知制造商停产休息的开始时间和结束时间,来帮助制造商降低库存成本、提高制造商长期利润。(2)供应中断时间短而频率高的中断模式下,无需转移核心技术到应急生产供应商,应急策略为等待恢复;中断时间长而频率低时,与等待恢复的策略相比,启动应急生产供应商使制造商长期利润有明显的提升。(3)核心技术转移的延迟对中断后处于恢复周期内的制造商利润影响较大;中断周期长度比中断次数对制造商长期利润损失减少值的影响更大。(4)长期利润损失减少值对于中断周期长度的变化较中断始点更加敏感。(5)核心技术转移的延迟会导致制造商长期利润的下降。

第五章　物流路径关闭和拥塞风险下的库存控制

5.1　引　言

随着经济全球化的实现、信息和通信技术的发展以及交通能力的改进,制造商不断增加从全球供应商处的采购,使供应链变得越来越长,供应链网络也越来越复杂。尽管上述变化带来了新的机会,但这些全球供应链也可能变得更加易脆,容易引起供应中断。供应过程产生中断的原因可以分为两类:不可预见的中断和可预见的中断。前者产生于自然灾害、恐怖袭击和事故等,而后者是由于能力约束、供应商的某些资源的稀缺以及大型活动。例如,2001 年 9 月发生的“9·11”恐怖袭击、2008 年发生的汶川大地震以及 2011 年 3 月发生的日本大地震和海啸等,这些都是不可预见的事件;而 2008 年举办的北京奥运会和 2010 年举办的上海世博会则是可以预见的事件。

然而,无论是何种事件引起的供应中断,都会对相关制造商产生重大负面影响。例如,2011 年 3 月发生的日本大地震和海啸严重地减少了日本国内的汽车零部件的生产,导致全球汽车制造的中断。所以,厂商寻找合适的战略来应对这些潜在的中断显得日益重要。

大型活动包括国际会议、国际赛事、游行等。随着这些大型活动的进行，会导致城市周边道路的通行能力显著下降，进而影响整个城市的物流运输系统；而且，大量增加的运输物流会影响高速公路运输、活动区域道路运输、公共交通系统、非机动车运输和行人通行。大型活动物流运输需求与常规物流运输需求相比特征是，物流运输需求量突然增大且时间分布高度集中。由于大型活动引发的物流运输需求量远远大于区域内同等规模地域面积产生的物流运输需求量，大型活动期间单位面积的物流运输量可以达到常规同等规模地域面积物流运输量的数百倍。因此，会发生在物流路径某些环节上的严重拥堵，甚至出现临时性的中断，我们称之为物流路径关闭。

对于这些大型活动引起的供应中断，一般可以分为两种情形：一种情形是，在举办大型活动时，政府对道路交通不实行车辆管制，但因拥堵会造成物流路径的拥塞或中断；另一种情形是，政府实行道路交通管制，这会导致厂商的物流路径完全中断，需要改换路径或完全停止正常运营。本章针对前一种情形进行研究，我们会提出一种库存模型来应对这种无车辆管制时，物流路径拥塞或关闭所引起的供应中断风险。

我们的模型会考虑两类供应的不确定形式：运输的数量不确定和运输中断。当因运输路径拥塞导致运输交付数量是随机变量时，会造成运输交付数量不确定性（随机增加或减少的数量）；当物流运输部分或完全失败时，会导致物流路径中断。中断比拥塞的情形更难分析，因为库存水平这一状态变量与时间显著相关。有些研究把时间窗口缩短并只考虑单期模型以使分析更加容易，并可以获得闭式解[137]。然而，这类模型却低估了中断风险。

对不确定性系统的分析提供了经典的报童结果。例如，Dada等（2007）在单期情形下建立了有关供应不确定性的模型。在模型中，采购商（或零售商）有多个可靠的供应商，处于一种报童情形，库存可以用来减轻一般分布的供应不确定性。尽管其模型对连续的供应分布有理想的结果，但厂商不能事先进行规划，因此中断风险是显著的(中断的成本会很高或中断发生的概率会很高)。因此，最优基本库存水平被单期模型低估。Tomlin 和 Wang (2005)[138]也使用了单期模型来检验出现中断时的双源采购与混合柔性决策问题。另一类有关供应中断的单期模型由 Chopra 等(2007)提出，主要考虑单期情形下的产出不确定性和中断问题。他们比较了其最优解和中断分别用来解释交付数量总变差的一束解，发现把两个来源的不确定性绑定在一起时误差和成本增加了。Schmitt 和 Snyder(2012)考虑了一个厂商会面临的两类供应链风险：中断和产出不确定性，并把上面的单期模型扩展到无限期。与 Schmitt 和 Snyder 的模型类似，本章也将考虑基于无限期对两类供应链风险的库存控制。不同的是，我们的模型将要考虑供应链风险中由物流路径拥塞引起的供应数量不确定和由物流路径关闭引起的供应中断问题。中断对未来的规划有显著影响，并对订货数量会产生显著影响。因此，我们主要考虑多期(特别是无限期)模型。

由于单期模型只在某些情况下有效，例如，如果产品是易腐烂的，那只能用单期；或者，如果一个期限很长(如整个销售季节的长度)，用下一次订单来覆盖整个销售季节。然而，单期模型也可以用来寻找库存可按期承担、中断只持续相对较短时间的情形下的近似解，因此，我们关注一个定期下订单、中断可能发生在任何期限的系统。假定一期的长度和单期或多期模型中的相同，以便于考虑库存可用来执行并能采取主动预防措施，我们将寻找提供最低期望成本的解。本章的结构安排如下：在 5.2 节，我们对现有的供应链中断文献进行综述；在 5.3 节，我们建立了一个存在物流路径中断或拥塞的库存控制模型，来分析最优订货决策和订货点；在 5.4 节，我们将用数值算例进行模型分析，以期找出相关的管理见识;在5.5节,对本章内容进行小结。

5.2 文献综述

大型活动对一切为活动举办城市或者区域提供服务的物流运输系统会产生影响。一般来说,与常规物流运输相比,大型活动的物流运输有三个特点。

一是物流运输需求量突然增大,且时间分布高度集中。大型活动期间,单位地域面积上产生的物流运输量可以达到常规同等规模地域面积物流运输量的数百倍,因此会发生在物流路径某些环节上的严重拥堵甚至出现临时性的中断。大型国际活动期间,在短时间内会产生巨量的行人出行需求:雅典奥运会期间有近20万名与会人员(包括运动员、官员、裁判员、贵宾、媒体人员、工作人员和志愿者等);盐湖城冬奥会期间有与会运动员3 000人、记者9 000人、官员1.5万人、志愿者2.5万人、观众160万人;北京奥运会观众数量达到588.7万人,日均36.8万人;"十运会"开幕式参与人员达12万人(包括无票观众2万人),要求在1个小时内疏散完毕。

二是大型活动期间,物流在时间和空间分布上不均,峰值明显且运输流量巨大。物流的时间和空间分布不均与运输需求的时间和空间分布不均之间有着直接的联系。如北京奥运会,从时间上来讲,开幕式、闭幕式的物流运输量明显要高于其他活动期间的物流运输量;从空间上来讲,在中国人喜爱的运动举办场馆附近,北京的景点区域附近,物流运输量是其他地区的数倍。举办区域周边道路的流量高峰具有明显的时空波动特征,运输量高峰像波一样随着时间推移沿主要集散道路逐渐向外扩散,不同的路段会在不同时间出现不同程度的运量高峰。

三是大型活动物流运输具有不平衡配流的特征。在活动期间，活动举办区域从外向内的运输物流量增大，造成物流路径的拥塞或者关闭；而同时，活动举办区域从内向外的运输物流量显著减小。对于区域内的采购厂商来说，进厂物流路径会出现非正常状况。

因此，大型活动的举办对举办城市区域内的正常物流系统的影响主要体现在以下几个方面：(1)以北京奥运会来讲，各种场馆设施的建设会对正常运输物流路径产生影响。(2)大型活动期间引发的额外物流需求会导致物流路径拥塞甚至关闭。活动前期，为了满足奥运会在场馆、交通等各个方面的需求，提高活动举办的质量，举办城市会为活动的举行新建或者改扩建场馆，改造或者修建交通运输线路。这些工程的完成需要一个比较长的时间。在建设施工期间，必定会对工地周围的交通产生比较大的影响。比如，地铁线路的修建，需要封闭一部分道路，使道路变得狭窄，物流运输因此变得拥堵；或者一般场馆的修建，来往的工程车辆、粉尘等会影响正常交通，让运输环境变差。

有关大型活动引起供应中断的研究，越来越受到重视。首先，强调供应链风险管理的模型随供应链在全球扩展而不断增加。有几篇文献讨论了供应链风险管理问题。Kleindorfer 和 Saad(2005)提供了一个供应链面对中断风险的分析和风险减轻的概念框架。他们把影响供应链设计和管理的风险分为两类：(1)协调供应和需求问题而产生的风险；(2)正常活动(如原材料采购、生产、配送等)中断而产生的风险。对于第一类风险，Chopra 和 Sodhi(2012)讨论了宽泛的供应链风险管理问题，并且张以彬和陈俊芳对此进行了拓展；Tang(2006)则给出了应对不同类型的供应链风险的相关文献综述。对于第二类风险，Sheffi (2001)把它分成 6 类基本的供应链中断模型：供应、运输、设施、沟通和需求的中断以及货运的破坏。其中，供应中断又可以分为两类：供应商输出产品的能力的中断(供应商可获得性的中断)和产品从供应商运输到客户过程的中断。Schmitt 等(2010)对使用定量模型来研究供应链中断的文献进行了综述。

其次,对有关供应中断的分析研究多数关注单个产品、单个选址系统。这一领域的研究最早是由 Meyer 等(1979)[139]进行的。后来的许多文章也研究系统绩效,并识别最优或接近最优的策略,设定确定性的需求和随机中断。

有几篇文章把单个产品情形扩展到包括备份供应商的情形,例如,Li 等(2004)[140]、Tomlin(2006)、Snyder 和 Tomlin(2008)以及 Schmitt 和 Snyder(2012)。这些研究都是建立在 Song 和 Zipkin(1996)的基础上,他们展示了一般供应过程模型,体现了供应中断、随机提前期或状态依存的不确定性。DeCroix(2013)[141]考虑了一个拥有单个最终产品和一般装配结构的装配系统,针对的是一个或多个零部件供应商遭受随机中断的情形。

有关库存的研究,多数考虑的是单个不可靠的供应商。通常这种策略在实践中比较简单和容易贯彻,并在分析上容易处理。Ramasesh 等(1991)比较了在(s, Q)策略下的单源采购和双源采购,其中,订货 Q 在有随机提前期的两个供应商之间均等划分。Arreola-Risa 和 DeCroix(1998)假定系统根据一种修正的(s, S)策略来控制,以便在库存低于 s 时,供应商可以利用,并通过下一个订单就能把库存水平提高到 S。

研究供应中断检查系统的最优策略的文献多数进行了简化假设,如零提前期、无固定订货成本、确定性需求或单个供应商。例如,Parlar 等(1995)考虑了单个不可靠的供应商提供立即交付或根本不交付的情形,供应链服务过程具有马尔科夫特性,并考虑了固定订货成本。他们证明最优策略是一种(s, S)类型,其订货水平 s 取决于前期的供应商状态,而“订货到”库存水平 S 则与前期供应商状态无关。他们发现计算控制参数 s 和 S 的最优值的精确方法很难找到。另外,强调供应商服务水平的库存控制模型一般假定零履行提前期或单个补给订单在任何给定时间上是未完成的。这类文章包括 Weiss 和 Rosenthal(1992)以及 Snyder 和 Shen(2006),都考虑了基于 EOQ 的库存订货策略。制造环境中的生产中断可看成是一种内部供应商中断的形式,Yang 等(2005)[142]对此进行了研究。Qi 等(2009)[143]考虑了一个在连续时间上的库存控制模型,供应商和零售商可能面临中断,对于零售商,中断破坏了所有现有库存。Atasoy 等(2012)考虑了在非平稳随机供应服务水平下的制造商(或零售商)的生产库存问题。尽管供应服务水平是不确定的,但供应商可以预见到其未来的短缺以及随后对其客户的供应中断,这些都是基于其库存信息、生产计划、合同条款等来判断。客户的需求是随机的,且在时间分布上是非平稳的。系统的成本由固定订货成本、库存持有成本和短缺再订货成本组成,他们发现了状态依存的(s, S)策略的最优性。对于无固定订货成本的情形,他们发现了最优"订货到"库存水平的不同特性;对于有固定订货成本的情形,他们发现了一种启发性算法,能找到最优订货策略。

Xanthopoulos 等(2012)提出了一个一般的单期(报童类型)库存模型来描述双源采购的供应链网络中的库存策略与中断风险之间的权衡问题,分为没有约束和受服务水平约束两种情形,两种供应渠道都易遭受中断风险。他们的模型考虑了风险中性和风险厌恶两类决策者,并得到闭式的解析解,可以应用于不同类型的中断,如原材料供应、生产过程、配送系统、安全破坏和自然灾害等。Sawik(2014)通过一种随机的混合整数规划方法整合得到出现供应链中断风险时的供应商选择和客户订单计划安排。决策者需要决定是采用单个供应商还是两个不同的供应商、在规划期内如何安排订单计划,以减轻中断风险的影响、最小化总成本并最大化客户服务水平。模型设置了风险中性和风险厌恶两种测度。

最近的研究也关注了给定供应商中断时的供应链战略和设计

问题。Tomlin 和 Wang(2005)研究了能减轻风险的双源采购策略，而 Tomlin(2009)则研究了其他诸如供应商多样化、应急采购之类的潜在战略，以及对短周期产品的单期库存模型的需求管理。Snyder 和 Shen(2006)讨论了应对需求不确定性和供应不确定性的多级供应链设计中的重要差别。Snyder 和 Tomlin(2008)的研究表明，基于一种对供应商服务水平的威胁劝告系统的自适应库存订货策略，能导致比静态系统更有效的成本节约。Lewis 等(2013)也考虑了一种基于威胁劝告系统的自适应订货策略，但劝告系统提供的是有关将来入口关闭的信息，而不是供应商服务水平。提前期不确定性由 Tomlin(2009)通过使用预测更新来解决，他发现随着预测更新变得越来越困难，提前期不确定性变得越来越难以解决。

在库存控制文献中，很少有专门关注产品从供应商到客户的运输过程的中断。较短的中断可能会导致延迟，一般被看成能促进正常的提前期变动，因而不被明确地建模并加以研究。Kaplan(1970)最早研究证明(s, S)库存策略对有限时域、有随机提前期和多个未完成需求的定期检查库存系统的最优性。

Song 和 Zipkin(1996)通过允许提前期分布依赖于一个外生归纳模型，将系统模型化为一种具有离散时间特征的马尔科夫链(DTMC)。当订货成本中不包含固定的零部件时，他们发现了对总期望折扣成本和长期平均成本模型平稳的基本库存策略的最优性。其中，基本库存(或“订货到”库存)水平取决于马尔科夫链的状态。他们尽管讨论了有关最优“订货到”库存水平的边界，但并没有提出更明确的方法，以决定最优策略参数、任意状态依存的基本库存策略的长期平均成本或最优长期平均成本。Lewis 等(2013)基于 Song 和 Zipkin(1996)的模型，提出了更一般的模型来分析平稳的、状态依存的基本库存策略的平均成本，以及一种平稳的、状态不变的基本库存策略的最优条件，但他们只考虑了海关被临时关闭的风险。

5.3 物流路径关闭风险下的库存控制模型

5.3.1 模型假设

假定厂商(采购商)在一个定期检查的基本库存控制策略下运营,参数 S 代表“订货到”库存水平。在每期开始,厂商观察到其现有的库存状态 I 和物流供应系统的状态,如果有必要就下一个订单,订货数量为 $S-I$,并发生订货成本。假设因为大型活动发生的缘故,在活动区域的边界地带因客流量集中而出现了关闭,我们称之为物流路径的关闭。通过边界后的货物的提前期为 0,即一次性到达生产商(采购商)处。供应系统物流路径在边界处的运输状态因此需要被更新,要么收到供应货物,把库存水平提高到 S,需求被满足;要么货物因物流路径关闭而无法到达厂商处,需求不能满足,产生缺货的惩罚成本。模型中将物流路径关闭模拟成无限周期的离散型马尔科夫链(DTMC)。需求是随机的,如可能,从现有库存来满足,否则订单就完全被积压下来。最后,评估现有库存持有成本和订单缺货惩罚成本。

假定需求是随机的,且未满足的需求订单被积压下来。厂商面对的问题是考虑在一个无限周期上最小化每期的平均成本来决定订货数量,即基本库存水平 S 是我们的决策变量。我们用 π_i 表示供应链系统在第 i 个连续期限被中断的稳态概率,$i\in[0,\infty]$,并假定中断持续一个整数期限。π_i 形成中断过程的概率密度函数来自有开和关状态的简单离散型马尔科夫过程,或来自一个更一般的供应过程。由于第 i 期的中断在第 $i-1$ 期中断发生后才能发生,因此,对所有 i 有 $\pi_i\leqslant\pi_{i-1}$。

因此,考虑物流路径关闭风险和随机需求情况时,随机需求服从正态概率密度函数 $g(x)$，且均值为 μ，方差为 σ^2，$G(\cdot)$为累积概率密度函数。当关闭了 $i-1$ 个周期后，在第 i 个周期恢复正常通行时的累积需求 x_i，服从密度函数 $g_i(x_i)$，拥有均值 $i\mu$、方差 $i\sigma^2$。

订单以离散数量(如一只集装箱)下单，对任何持有的库存，每期的单位库存持有成本为 h。对任何积压的需求订单，每期的单位惩罚成本为 p，一般有 $h<p$。在一般报童模型中，$h/(h+p)$称为报童分位数。由于大型活动的影响，对于厂商应对物流路径关闭带来的额外成本，政府给予一定的补贴 $\varphi(S)$。

我们首先建立精确的成本函数，并讨论其解，然后讨论用近似方法来获得无限周期的库存成本。我们假定没有其他战略可用来减轻供应不确定性，因此，接受风险和库存控制是唯一的资源选项。

5.3.2 决策模型

首先在一个周期内如果没有物流路径的关闭，期望库存成本为：

$$CS = h\int_{-\infty}^{S}(S-x)g(x)\mathrm{d}x + p\int_{S}^{\infty}(X-S)g(x)\mathrm{d}x \qquad (5.1)$$

考虑一个循环周期为 2 次的货物在成功接收之间的周期长度，比如物流路径关闭了 $i-1$ 个周期，一个循环周期到第 i 个周期止。一个循环周期内的期望库存成本为：

$$C(S) = \sum_{i-1}^{\infty}\pi_{i-1}\Big(h\int_{-\infty}^{S}(S-x_i)g_i(x_i)\mathrm{d}x + p\int_{S}^{\infty}(x_i-S)g_i(x_i)\mathrm{d}x\Big) - \varphi(S) \qquad (5.2)$$

假设 $M(\cdot)$为 π_i 物流路径关闭状态的稳态概率的累积分布函数，$\varphi(S)=\beta S$。在本模型中，活动区域边界的状态只有关闭和非关闭两种，状态总是在关闭和非关闭之间切换，是遍历的马尔科夫链。因此，在上述假设条件下，我们可以从(5.2)式中推出下列命题：

命题5.1　一个采购商(或零售商)面临进场物流中断的情形下，期望库存成本为：

$$C(S)=\sum_{i=1}^{\infty}\pi_{i-1}[h(\sqrt{i}\sigma(\frac{S-i\mu}{\sqrt{i}\sigma})+\sqrt{i}\sigma B(\frac{S-i\mu}{\sqrt{i}\sigma}))+P\sqrt{i}\sigma B(\frac{S-i\mu}{\sqrt{i}\sigma})]-\beta S \tag{5.3}$$

令$B(\mu)=\int_{r}^{\infty}(u-r)f(u)\mathrm{d}u$，代表$u$的损失函数，其中，设$f(\cdot)$为标准正态分布的概率密度函数，则$F(\cdot)$为标准正态分布的概率。(5.3)式的证明见附录A.1。

命题5.2　$C(S)$为S的凸函数，S^*为满足最小化成本函数$C(S)$的最优解，且满足下列方程：

$$C(S)=-\beta S+\sum_{i=1}^{\infty}\pi_{i-1}[h(S-i\mu)+(p+h)\sqrt{i}\sigma B(\frac{S-i\mu}{\sqrt{i}\sigma})] \tag{5.4}$$

证明见附录A.2。

由于$M(\cdot)$涉及无限项，不可能获得精确解，但是在假设随机需求为正态分布的情况下，可以求得近似解。假设S大约可以覆盖一个循环周期内的需求($S\approx n\mu$)，同时假设$i\neq n$，且在一个循环周期内的“订货到”库存水平保持一致。$B(\frac{S-i\mu}{\sqrt{i}\sigma})$是正态分布标准化的损失函数，$B(k)=f(k)-k(1-F(k))$。于是，可以将(5.4)式拆解成：

$$\begin{aligned}C(S)=&-\beta S+\sum_{i=1}^{n-1}\pi_{i-1}[h(S-i\mu)+(p+h)\sqrt{i}\sigma B(\frac{S-i\mu}{\sqrt{i}\sigma})]\\&+\pi_{n-1}[h(S-n\mu)+(p+h)\sqrt{i}\sigma B(\frac{S-i\mu}{\sqrt{i}\sigma})]\\&+\sum_{i=n+1}^{\infty}\pi_{i-1}[h(S-i\mu)+(p+h)\sqrt{i}\sigma B(\frac{S-i\mu}{\sqrt{i}\sigma})]\end{aligned} \tag{5.5}$$

于是,我们有下列命题:

命题 5.3 成本函数 $C(S)$的近似最优解 S^*满足下面近似成本函数:

$$C(S) = -\beta S + M(n-2)h(S-i\mu) + \pi_{n-1}[h(S-n\mu) + (p+h)\sqrt{i}\sigma B(\frac{S-i\mu}{\sqrt{i}\sigma}) + [1-M(n-1)][h(S-i\mu) - (p+h)\sqrt{i}\sigma \frac{S-i\mu}{\sqrt{i}\sigma}] \tag{5.6}$$

且近似最优解为:

$$S^* = \begin{cases} \mu(n+\frac{1}{2}) & \text{当 } M(n-1) = \frac{p+\beta}{P+h} \\ n\mu + \sqrt{n}\sigma G^{-1}[\frac{\frac{p}{P+h} - M(n-2)}{\pi_{n-1}}] & \text{当 } M(n-1) > \frac{p+\beta}{P+h} \end{cases} \tag{5.7}$$

证明见附录 A.3。

物流路径关闭的稳态概率 π_i 需要使用 2 个物流路径状态转移概率参数:ε_{01}为从非关闭状态到关闭状态的概率,ε_{10}为从关闭状态到非关闭状态的概率,其中,0 为物流路径正常通行状态,1 为物流路径关闭状态。在数值分析阶段,我们将会观察 ε_{01}和 ε_{10}两个概率参数对"订货到"库存水平的影响。

5.3.3 模型的特例

为了说明上述模型的求解可行性,我们用一个模型的特例——不考虑关闭风险的情形——来加以说明。在无物流路径关闭风险且需求为正态分布的情况下,单周期的库存成本为:

$$C(S_{norm}) = h\sigma(\frac{S-\mu}{\sigma}) + (p+h)\sigma B(\frac{S-\mu}{\sigma}) \tag{5.8}$$

通过一阶导数和二阶导数,可以知道此函数为凸函数,有最优解。

$$\frac{\partial C}{\partial S}=[(p+h)G(\frac{S-\mu}{\sigma})-p]<0 \tag{5.9}$$

$$\frac{\partial^2 C}{\partial S^2}=\frac{(p+h)}{\sigma}g(\frac{S-\mu}{\sigma})\geqslant 0 \tag{5.10}$$

在每个周期上，我们可以得到最优解：

$$S_{norm}^*=\mu+\sigma G^{-1}(\frac{p}{p+h}) \tag{5.11}$$

考虑关闭风险成本和不考虑关闭风险成本的差值为：

$$\Delta C=C(S_{opt}^*)-C(S_{norm}^*) \tag{5.12}$$

物流路径从关闭到正常通行的平均循环周期 $L_{01}=1+\sum_{k\neq j}P_{0k}L_{k1}$，0 和 1 为物流路径边界的通行状态。因此：

$$L_{01}=\frac{1}{\varepsilon_{01}} \tag{5.13}$$

5.3.4 仿真分析

我们从两个方面来进行数值仿真分析。首先，我们选取参数输入，比较关闭和非关闭状态下模型库存策略和库存成本的差异状况；然后，我们研究特定的参数调整(如政府补贴、报童分位数和中断参数)会怎样影响模型的库存成本状况。在模型中，我们假设了马尔科夫链下中断状态的 2 个参数：ε_{01}和 ε_{10}，且在 ε_{10}之前总是有一个 ε_{01}发生，即在从关闭到正常通行之前，必有一个从正常通行到关闭的周期。其中，ε_{01}设置为 0.2，即中断概率设置较大，这是因为在大型活动举行前，企业预期因为参观人数和车辆数量大幅增加，物流路径关闭的风险概率较平常情况更大。

简单介绍一下马尔科夫链的 n 步转移矩阵：已知转移概率矩阵 P 的马尔科夫链，对于时间 m 的状态为 i，在 n 个周期后马尔科夫链的状态为 j 的概率记为 P_{ij}。

$$P(X_{m+n}=j\mid X_m=i)=P(X_n=j\mid X_0=i)=P_{ij}(n) \tag{5.14}$$

如果系统现在的状态为 i，q_i 表示现在状态为 i 的概率。在 n

个周期后以状态 j 结束，则必须从状态 i 转化成某个状态 k，然后从状态 k 转化为状态 j。在时间 n 上状态为 j 的概率可表述成：

$$\pi_{ij}(n)=\sum_{i=1}^{i=s}q_iP_{ij}(n) \tag{5.15}$$

如果稳态概率为唯一值，需要满足 $\pi_1+\pi_2+\pi_3+\cdots+\pi_s=1$，并具有以下性质：

$$\pi=\pi P \tag{5.16}$$

在关闭状态和正常通行状态之间转移的概率矩阵 P 定义如下：

$$P=\begin{bmatrix}1-\varepsilon_{10} & \varepsilon_{01}\\ \varepsilon_{10} & 1-\varepsilon_{10}\end{bmatrix} \tag{5.17}$$

π_0 为正常通行的稳态概率，π_1 为物流路径关闭的稳态概率。因此可以推出：

$$\pi_0=\frac{\varepsilon_{10}}{\varepsilon_{01}+\varepsilon_{10}} \qquad \pi_1=\frac{\varepsilon_{01}}{\varepsilon_{01}+\varepsilon_{10}} \tag{5.18}$$

将参数赋值如表 5－1 所示：

表 5－1　库存成本参数初始设置

参数	赋值	参数	赋值
P	20	ε_{01}	0.2
h	2	ε_{10}	0.4
μ	100	β	0.1
σ	20		

5.3.4.1 整体库存成本比较分析

通过 Matlab 的计算，我们得到以下结果：

（1）在有物流关闭风险和政府补贴的库存控制模型中，我们

可以认为 $NF=\frac{P+\beta}{p+h}$为报童分位数,也可以将其认为是厂商对客户订单需求满足的服务水平,得到:

$S_{opt1}^{*}=258 \quad C(S_{opt1}^{*})=452 \quad NF=0.913\,6$

(2) 在有物流关闭风险和无政府补贴的库存控制模型中,$NF=\frac{P}{p+h}$,得到:

$S_{opt2}^{*}=253 \quad C(S_{opt2}^{*})=489 \quad NF=0.909\,1$

(3) 在没有物流路径关闭风险的库存控制模型中,$NF=\frac{P}{p+h}$,得到:

$S_{norm}^{*}=96.8 \quad C(S_{norm}^{*})=126.7 \quad NF=0.909\,1$

因此,$S_{opt1}^{*}>S_{opt2}^{*}>S_{norm}^{*}$,说明在没有政府补贴的情况下,厂商为了保持原有的服务水平,必须增加库存成本来提高“订货到”库存水平,有物流路径关闭风险的库存成本比没有物流路径关闭风险时的成本增加了 286%;在有政府补贴的情况下,厂商更愿意多订货来应对物流路径关闭的风险,并且政府的补贴也弥补了厂商在应对关闭风险时的库存成本的增加,提高了厂商在活动举办期间对客户订单需求满足的服务水平。

以下几节关于参数影响的讨论,都是基于有物流路径关闭风险和政府补贴的库存控制模型,且优化的“订货到”库存水平近似解简化为 S^{*}。

5.3.4.2 政府补贴的影响

固定其他参数,只考虑政府补贴的影响。我们将政府的补贴 β 在[0,1]上变动,即单位持有成本 h 在 0~50% 之间变动,数据如表 5-2 所示。

表 5-2　　随政府补贴 β 变化的 S^* 和 $C(S^*)$

β	S^*	$C(S^*)$	β	S^*	$C(S^*)$
0	253	490	0.55	271	293
0.05	256	471	0.6	272	276
0.1	258	452	0.65	274	259
0.15	259	434	0.7	275	242
0.2	261	416	0.75	276	224
0.25	263	398	0.8	277	208
0.3	264	380	0.85	278	190
0.35	266	363	0.9	279	174
0.4	267	345	0.95	280	157
0.45	269	328	1	281	139
0.5	270	310			

通过仿真分析,得到最优“订货到”库存水平 S^* 和相关库存成本 $C(S^*)$随政府补贴 β 变化的趋势,如图 5-1 所示。

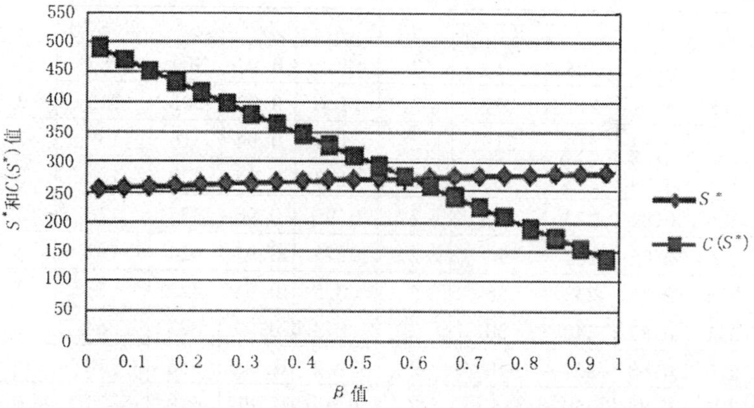

图 5-1　S^* 和 $C(S^*)$随政府补贴 β 变化的趋势

(1) 当政府开始补贴企业因物流路径关闭而增加的额外库存成本时，企业开始愿意投入资金提高"订货到"库存水平来应对物流路径关闭的风险。

(2) 随着政府补贴 β 增加，S^* 不断升高，同时，库存成本 $C(S^*)$ 不断下降，出现了企业在应对风险和降低成本上双重获利的局面。

(3) 库存成本相对于"订货到"库存水平对政府补贴系数 β 更加敏感，政府补贴系数能有效地大幅降低厂商的库存成本。

5.3.4.3 报童分位数的影响

在有政府补贴和物流路径关闭的模型中，报童分位数 $NF = \frac{P+\beta}{p+h}$。报童分位数可以看作在库存模型下优化的客户订单需求交付服务水平。保持其他参数不变，令 $\beta=0.1$、$p=20$，调整 h 使报童分位数在[0.8, 1.0]的区间上变动，观察"订货到"库存水平 S^* 和相应的库存成本的变化，收集数据如表 5-3 所示。

表 5-3　随报童分位数变化的 S^* 和 $C(S^*)$

h	NF	S^*	$C(S^*)$	n	h	NF	S^*	$C(S^*)$	n
5.1	0.8	208	314	2	1.8	0.92	304	267	3
4.8	0.81	211	271	2	1.6	0.93	305	213	3
4.5	0.82	214	228	2	1.4	0.94	316	157	3
4.2	0.83	218	183	2	1.2	0.95	329	100	3
3.9	0.84	223	143	2	0.95	0.96	355	26	3
3.6	0.85	227	96	2	0.73	0.97	424	162	4
3.4	0.86	233	56	2	0.5	0.98	422	68	4
3.1	0.87	240	30	2	0.3	0.99	523	64	5
2.8	0.88	254	10	2	0.2	0.995	556	12	5
2.6	0.89	250	5	2	0.16	0.997	610	21	6
2.1	0.91	320	330	3					

通过仿真分析，得到最优“订货到”库存水平 S^* 和分位数 NF 之间的关系曲线如图 5-2 所示。

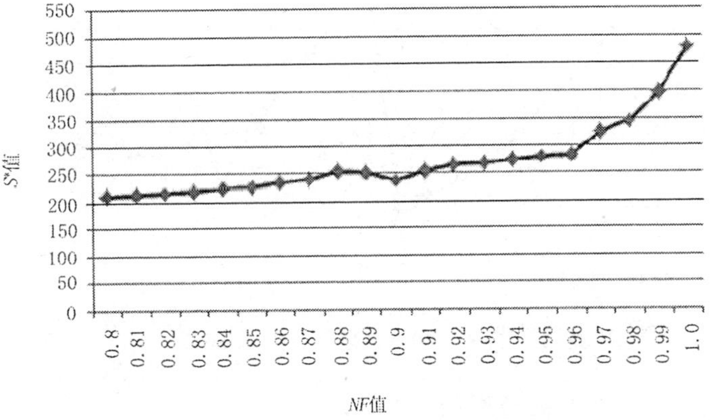

图 5-2　S^* 和 *NF* 之间的关系曲线

可以看出，随着 *NF* 值的增加，S^* 值也在不断增加，并在 $NF \in [0.96, 0.997]$ 的区间上出现了快速增长。这说明当存在物流路径关闭风险时，如果不断提高服务水平，在达到某个较高的阈值时，“订货到”库存水平会出现跳跃式的增长。另外，当 $n = 2$ 时，出现了 $M(n-1) = 0.89$ 的特殊情况，因此得到了 $S^* = \mu(n + \frac{1}{2})$ 的近似解，于是在 $NF = 0.89$ 时，出现了一个略低的拐点。库存成本 $C(S^*)$ 和 *NF* 之间的关系见图 5-3。

每当 n 向上跳跃 1 个单元时，库存成本也会在 n 跳跃的附近出现跳跃。也就是说，当 $n = j$ 保持不变时，随着 *NF* 的增大，库存成本呈下降趋势；当 n 从 j 跳跃到 $j+1$ 时，库存成本会跳跃到在 $n = j+1$ 范围内的最大值，即 $\mathrm{Max}[c(S^*_{n=j+1})]$。当服务水平不断提高，致使“订货到”库存水平需要覆盖额外一个周期的需求时，厂商需要付出更多的最大库存成本。

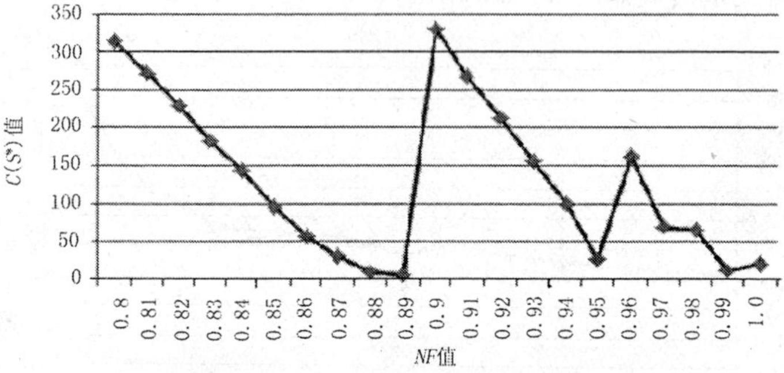

图 5－3　$C(S^*)$和 NF 之间的关系曲线

5.3.4.4 中断参数的影响

对于中断在模型中定义了 2 个参数：ε_{01}是指物流路径从正常通行状态到关闭状态的中断概率；ε_{10}为物流路径从关闭状态到正常通行状态的恢复概率。π_{i-1}表示对于第 i 个周期，前 $i-1$ 个周期关闭的概率，则 $\pi_{i-1}=\varepsilon_{01}{}^{i-1}\varepsilon_{10}$，其他参数不变。以下分别考察当 $\varepsilon_{10}=0.5$，$\varepsilon_{01}\in[0,0.8]$时，以及 $\varepsilon_{01}=0.2$，$\varepsilon_{10}\in[0.1,0.8]$时，优化的"订货到"库存水平 S^* 和响应的库存成本 $C(S^*)$。

首先，考察中断概率 ε_{01}变动的影响，相关数据设定如表 5－4 所示。

表 5－4　　随 ε_{01}变化得到的 S^* 和 $C(S^*)$

ε_{01}	S^*	$C(S^*)$	n
0	126	96	2
0.05	165	399	2
0.1	201	206	2
0.15	229	18	2

续表

ε_{01}	S^*	$C(S^*)$	n
0.2	258	452	3
0.25	279	274	3
0.3	295	103	3
0.35	340	549	4
0.4	362	364	4
0.45	376	195	4
0.5	421	660	5
0.55	447	460	5
0.6	461	289	5
0.65	500	786	6
0.7	531	560	6
0.75	547	383	6
0.8	586	956	6

通过模型仿真后，得到$C(S^*)$、n和ε_{01}的关系曲线，见图5－4；S^*和ε_{01}的关系曲线见图5－5。

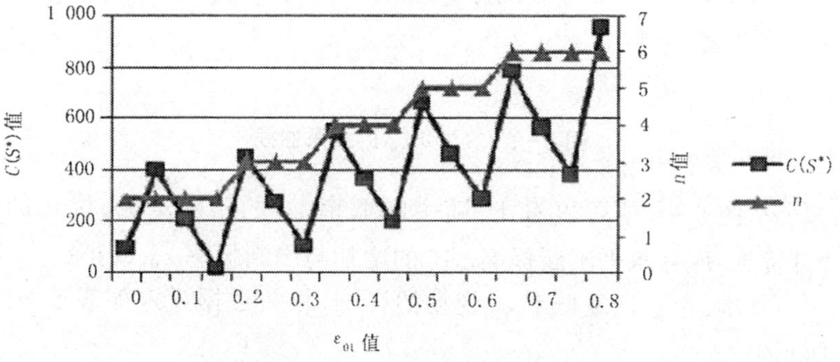

图5－4　$C(S^*)$、n和ε_{01}的关系曲线

从图 5－4 中可以发现，从库存成本来看，在中断概率不断增大的过程中，库存成本呈螺旋式增长，每当 n 向上有 1 个单位的跳跃时，库存成本也会在 n 跳跃的附近出现跳跃。也就是说，当 $n=j$ 保持不变时，随着关闭概率的增大，库存成本呈上升趋势；当 n 从 j 跳跃到 $j+1$ 时，库存成本会跳跃上升到在 $n=j+1$ 范围内的最大值，即 $\mathrm{Max}[C(S^*_{n=j+1})]$。当关闭概率不断增加时，如果"订货到"库存水平需要覆盖额外一个周期的需求，厂商需要付出更多的最大库存成本。

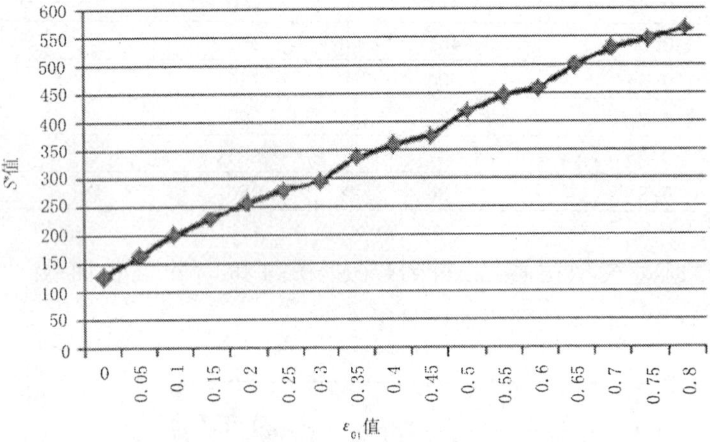

图 5－5　S^* 和 ε_{01} 的关系曲线

从图 5－5 中可以看出，随中断概率 ε_{01} 的不断增大，优化的"订货到"库存水平不断提高，S^* 的增加与中断概率 ε_{01} 成正比。

其次，考察恢复概率 ε_{10} 变动的影响，相关数据设定如表 5－5 所示。

表 5-5　　　　随 ε_{10}变化得到的 S^* 和 $C(S^*)$

ε_{10}	S^*	$C(S^*)$	n
0.1	569	962	7
0.15	440	521	5
0.2	362	364	4
0.25	300	744	4
0.3	285	217	3
0.35	271	348	3
0.4	258	452	3
0.45	238	555	3
0.5	237	30	2
0.55	225	60	2
0.6	218	83	2
0.65	213	121	2
0.7	208	154	2
0.75	204	181	2
0.8	201	206	2

通过模型仿真后，得到 S^* 和 ε_{10}的关系曲线如图5-6所示，$C(S^*)$、n 和 ε_{10}的关系曲线如图 5-7 所示。

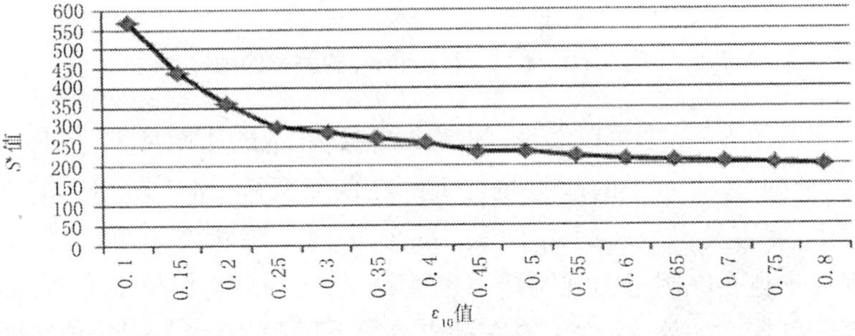

图 5-6　S^* 和 ε_{10}的关系曲线

从图 5－6 中可以发现，物流路径的恢复概率 ε_{10}的值在比较小的情况下，“订货到”库存水平应设置在较高位，与实际情况相符。当恢复概率较小的时候，物流路径关闭的预期时间会比较长，这样在一个循环周期内，需要订更多的货来满足更长中断时间情形的需求。随着恢复概率不断增大，“订货到”库存水平迅速下降，恢复概率和“订货到”库存水平成反比。当恢复概率比较大的时候，如 $\varepsilon_{10} > 0.5$，“订货到”库存水平趋于平稳，厂商对于后续物流路径的通行期望较高，所以不再订更多的货来应对物流路径关闭的风险。

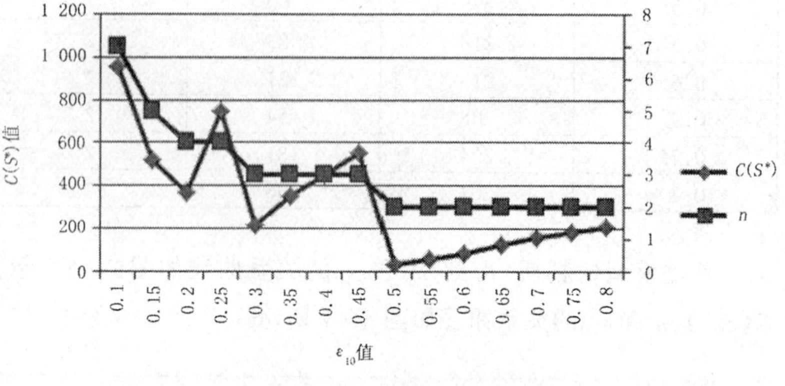

图 5－7　$C(S^*)$、n 和 ε_{10}的关系曲线

从图 5－7 中可以发现，随着恢复概率 ε_{10}的不断增大，优化的“订货到”库存水平的趋势是往下。在恢复概率 ε_{10}不断增大的过程中，库存成本呈螺旋式下降。每当 n 向上跳跃 1 个单位时，库存成本也会在附近出现跳跃。也就是说，当 $n=j$ 保持不变时，随着恢复概率的增大，优化的库存成本呈下降趋势；当 n 从 j 值跳跃到 $j+1$ 时，库存成本会跳跃上升到在 $n=j+1$ 范围内的最大值，

即 $\mathrm{Max}[C(S^*_{n=j+1})]$。当恢复概率不断增大时，会致使“订货到”库存水平需要的需求周期减少，厂商付出最大库存成本的意愿越来越低。

5.4 物流路径关闭和拥塞风险下的库存控制模型

5.4.1 模型假设

假设模型中含有一个厂商和一个供应商，从供应商到厂商的物流路径中的某个边界可能发生关闭和拥塞的情况，政府会为公共事件给企业造成的库存成本增加给予一定的补贴。假定厂商（采购商）在一个定期检查的基本库存控制策略下运营，S 代表基本库存水平。在每期开始，厂商观察到其现有的库存状态 I 和供应系统的状态，如果有必要就下一个订单，订货数量为 $S-I$，并发生订货成本。假设当大型活动发生时，在活动区域的边界地带因客流量集中而进行了关闭，我们称之为物流路径的关闭。另外，通过边界后货物的提前期为 0，即一次性到达厂商处。供应系统物流路径在边界处的运输状态因此需要被更新，要么收到供应货物，把库存水平提高到 S，需求被满足；要么货物因物流路径关闭而无法到达厂商处，需求不能满足，产生缺货的惩罚成本。以下模型中，将物流路径关闭模拟成无限周期的离散型马尔科夫链（DTMC）。需求是随机的，尽可能以现有库存来满足，否则订单就被完全积压下来。最后，评估现有库存持有成本或订单积压惩罚成本。

假定需求是随机的，且未满足的需求订单被积压了下来。厂商面对的问题是考虑一个在无限周期上最小化每期的平均成本来决定订货数量，即基本库存水平 s 是我们的决策变量。我们用 π_i 表示供应链系统在第 i 个连续期限上被中断的稳态概率，$i\in[0,$

∞)，并假定中断持续一个整数期限。π_i 是中断过程的概率密度函数，依据的是有关闭和恢复状态的简单离散型马尔科夫过程，或一个更一般的供应过程。由于第 i 期的中断在第 $i-1$ 期的中断发生后才能发生，因此，对所有 i，有 $\pi_i \leqslant \pi_{i-1}$。

物流运输会因拥塞出现有些数量不能及时送到，造成不能满足需求。事实上，在大型活动中，车辆运行速度会受到限制，引起物流运输车辆所在路径的拥塞。我们假设被阻滞的货物数量为 Q，到货数量只能达到 $S-Q$，我们用 $f_Q(\cdot)$作为 Q 的概率密度函数，$F_Q(\cdot)$为 Q 的累积分布函数，Q 服从正态分布。我们假定供应商的负交付是可以忽略的[$F(-s)\approx 0$]，以便在每期下订单。

对于出现物流路径关闭风险时的随机需求情况，用 $f_x(\cdot)$作为 x 的概率密度函数，$F_x(\cdot)$作为 x 的累积分布函数，x 服从正态分布，且均值为 μ_x，方差为 σ_x^2。对于第 i 个周期的需求 x_i，其服从密度函数 $f_x(x_i)$，均值为 $i\mu_x$，方差为 $i\sigma_x^2$。

订单以离散数量(如一只集装箱)方式下单，每期的单位库存持有成本为 h。对任何积压的需求订单，每期的单位惩罚成本为 p。一般有 $h<p$，我们把 $p/(p+h)$称为报童分位数。考虑到大型活动的影响会给厂商为应对物流路径关闭和拥塞风险带来额外的成本，而政府会给予一定的补贴，假定政府补贴为基本库存水平的线性函数 $\varphi(S)=\beta S$，后续会观察到政府补贴对于报童分位数的影响。

首先建立精确的成本函数，并讨论其解，然后讨论用近似方法来获得无限周期水平上的库存成本。我们假定没有其他战略可用来减轻供应不确定性(没有可用的备用供应商)，因此，接受风险和进行库存控制是唯一的资源选项。

5.4.2 决策模型

在一个周期内，如果没有出现物流路径的关闭和拥塞，期望库存成本就和(5.1)式相同。当考虑一个循环周期为2次的货物成功接收之间的周期长度时，如物流路径关闭了 $i-1$ 个周期，一个循环周期到第 i 个周期终止时，物流路径拥塞和关闭情形下的一个循环周期内的期望库存成本为：

$$C(S)=\sum_{i=1}^{\infty}\pi_{i-1}\left\{h\int_{0}^{S}\int_{-\infty}^{S-Q}(S-Q-x_i)f_x(x_i)f_Q(Q)\mathrm{d}x_i\mathrm{d}Q\right.$$
$$\left.+p\int_{0}^{S}\int_{S-Q}^{-\infty}[x_i-(S-Q)]f_x(x_i)f_Q(Q)\mathrm{d}x_i\mathrm{d}Q\right\}$$
$$-\varphi(S) \tag{5.19}$$

假设 Q 和 x_i 两个随机变量都服从正态分布，$Q\sim N(\mu_Q,\sigma_Q)$，$X_i\sim N(i\mu_x,i\sigma_x^2)$，且互相独立。为了求解方便，设 $z_i=Q+x_i$，根据概率论一般定理，$z_i\sim N(i\mu_x+\mu_\sigma,\sigma_Q^2+i\sigma_x^2)$，上式可以转化为：

$$C(S)=\sum_{i=1}^{\infty}\pi_{i-1}[h\int_{-\infty}^{S}(S-z_i)g(z_i)\mathrm{d}z_i$$
$$+p\int_{S}^{\infty}(z_i-S)g_i(z_i)\mathrm{d}z_i]-\varphi(S) \tag{5.20}$$

假设 $M(\cdot)$为 π_i 物流路径关闭状态的稳态概率的概率累积分布函数，$\varphi(S)=\beta S$。在本模型中，活动区域边界的状态只有关闭和非关闭两种，状态总是在关闭和非关闭之间切换，是遍历马尔科夫链。

因此，在上述假设条件下，我们可以从(5.20)式推出下列命题：

命题5.4　一个采购商(或零售商)面临进场物流路径关闭和拥塞情形时的期望库存成本为：

$$C(S)=\beta S+\sum_{i=1}^{\infty}\pi_{i-1}\Big[h(S-\mu_Q-i\mu_x)$$
$$+(p+h)\sqrt{\sigma_Q^2+i\sigma_x^2}B\Big(\frac{S-\mu_Q-i\mu_x}{\sqrt{\sigma_Q^2+i\sigma_x^2}}\Big)\Big] \tag{5.21}$$

令 $B(u)=\int_{r}^{\infty}(u-r)f(u)\mathrm{d}u$，代表标准正态分布 u 的损失函

数。设 $f(\cdot)$为标准正态概率密度函数，$F(\cdot)$为标准正态累积分布函数。(5.21)式的证明见附录 A.4。

进一步，我们可以求出成本函数的最优解，因而有下列命题：

命题 5.5 一个采购商(或厂商)在进场物流路径拥塞或关闭风险下的期望库存成本为 S 的凸函数，有最优解 S^*。证明见附录 A.5。

然而，$M(\cdot)$涉及无限项，不可能获得精确解。但是，在假设随机需求为正态分布的情况下，可以求得近似解。

假设 S 大约可以覆盖在一个循环周期内的需求($S \approx n\mu_x + \mu_Q$)，同时假设 $i \neq n$，且在一个循环周期内"订货到"库存水平保持一致。通过对(5.21)式的分解，我们得到下列命题：

命题 5.6 成本函数 $C(S)$的近似最优解 S^* 满足下面近似的成本函数：

$$
\begin{aligned}
C(S) = & -\beta S + \sum_{i=1}^{n-1} \pi_{i-1} h(S - \mu_Q - i\mu_x) + \pi_{n-1} \Big[h(S - \mu_Q - n\mu_x) \\
& + (p+h) \sqrt{\sigma_Q^2 + n\sigma_x^2} B\Big(\frac{S - \sigma_Q - n\mu_x}{\sqrt{\sigma_Q^2 + n\sigma_x^2}} \Big) \Big] \\
& + \sum_{i=n+1}^{\infty} \pi_{i-1} \big[h(S - \mu_Q - i\mu_x) - (p+h)(S - \mu_Q - i\mu_x) \big]
\end{aligned}
\tag{5.22}
$$

且近似最优解为：

$$
S^* = \begin{cases}
\mu_Q + n\mu_x\left(n + \dfrac{1}{2}\right) & \text{当 } W = 0 \text{ 时} \\
\mu_Q + n\mu_x + \sqrt{\sigma_Q^2 + n\sigma_x^2} F^{-1}\left[\dfrac{\dfrac{p+\beta}{P+h} - M(n-2)}{\pi_{n-1}} \right] & \text{当 } W > 0 \text{ 时}
\end{cases}
\tag{5.23}
$$

其中，$W = M(n-1) - \dfrac{p+\beta}{P+h}$。证明见附录 A.6。

物流路径关闭的稳态概率 π_i 要使用 2 个物流路径状态转移概率参数：ε_{01}为从非关闭状态到关闭状态的概率，ε_{10}为从关闭状态到非关闭状态的概率，其中，0 为物流路径正常通行状态，1 为物流路径关闭状态。在数值分析阶段，将会观察 ε_{01}和 ε_{10}两个概率参数对“订货到”库存水平的影响。

5.4.3 仿真分析

我们从两个方面来进行数值仿真分析。首先，我们选取输入参数，比较关闭以及拥塞和关闭状态下模型库存策略和库存成本的差异状况；然后，我们研究特定的参数(如政府补贴、拥塞数量、报童分位数等)调整会怎样影响模型的库存成本状况。在模型中，我们假设了马尔科夫链中断状态的 2 个参数：ε_{01}和 ε_{10}，且在 ε_{10}之前总有一个 ε_{01}先发生，即在从关闭到正常通行之前，必有一个从正常通行到关闭的周期。其中，ε_{01}设置为 0.2，即中断概率设置较大，这是因为在大型活动举办前，厂商预期因为参观人数和车辆数量大幅增加，物流路径关闭的风险概率较之平常情况更大。另外，关于拥塞数量的假设，在上一节的模型中，正常供应状态下的优化“订货到”库存水平在参数初始设置相同的情况下有 $S^*_{norm}=96$，根据实际经验，可以将拥塞数量 Q 的期望值设置为 S^*_{norm} 的 40%。根据以上的初步分析，参数设置如表 5－6 所示。

表 5－6　　库存成本相关参数

参　数	赋　值
P	20
h	2
μ_x	100
σ_x	20
μ_Q	40
σ_Q	10
ε_{01}	0.2
ε_{10}	0.4
β	0.1

5.4.3.1 整体库存成本比较分析

通过 Matlab 的计算,我们得到以下结果:

(1) 在有物流关闭和拥塞风险的库存控制模型中, 我们可以认为 $NF=\frac{P+\beta}{p+h}$为报童分位数,也可以将其认为是厂商满足客户订单需求时的服务水平。

$S_{opt1}^{*}=296;C(S_{opt}^{*})=459;NF=0.913\ 6$

(2) 在有物流关闭风险的库存控制模型中, $NF=\frac{P+\beta}{p+h}$。

$S_{opt2}^{*}=258;C(S_{opt}^{*})=452;NF=0.913\ 6$

(3) 在没有物流关闭风险的库存控制模型中, $NF=\frac{P+\beta}{p+h}$。

$S_{norm}^{*}=96.8;C(S_{norm}^{*})=126.7;NF=0.909\ 1$

因此, $S_{opt1}^{*}>S_{opt2}^{*}>S_{norm}^{*}$,说明在物流路径关闭且拥塞数量增加的情况下,厂商为了保持原有的服务水平,必须提高优化的“订货到”库存水平来应对供应中断风险;拥塞数量对于优化的“订货到”库存水平影响较大;有物流路径关闭和拥塞风险时的库存成本较有物流路径关闭时的成本有所增加,所以一旦物流路径关闭后造成拥塞,意味着厂商需要花费更多的库存成本,而政府的补贴必须考虑到拥塞造成的成本增加。

以下几节关于参数影响的讨论都是基于有物流路径关闭和拥塞风险时的库存控制模型,且将优化的“订货到”库存水平简化为 S^{*}。

5.4.3.2 政府补贴的影响

固定其他参数,只考虑政府补贴的影响。我们将政府的补贴 β 在[0,1]的区间上变动,即单位持有成本 h 在 0~50% 变动,数据如表 5-7 所示。

表 5-7　　　　　随政府补贴 β 变化的 S^* 和 $C(S^*)$

β	S^*	$C(S^*)$	β	S^*	$C(S^*)$
0	292	496	0.55	310	299
0.05	294	477	0.6	312	282
0.1	296	459	0.65	313	264
0.15	298	440	0.7	314	247
0.2	300	422	0.75	315	230
0.25	302	404	0.8	316	213
0.3	303	387	0.85	318	196
0.35	305	369	0.9	319	178
0.4	306	351	0.95	320	161
0.45	308	334	1	321	144
0.5	309	316			

从表 5-7 中可以看出，政府补贴 β 增加时，企业的库存成本 $C(S^*)$在不断下降，政府补贴 β 和企业的库存成反比。

将数据输入模型后进行仿真分析，得到相关库存成本 $C(S^*)$ 和最优“订货到”库存水平 S^* 随政府补贴 β 变化的趋势，如图 5-8、图 5-9 所示。

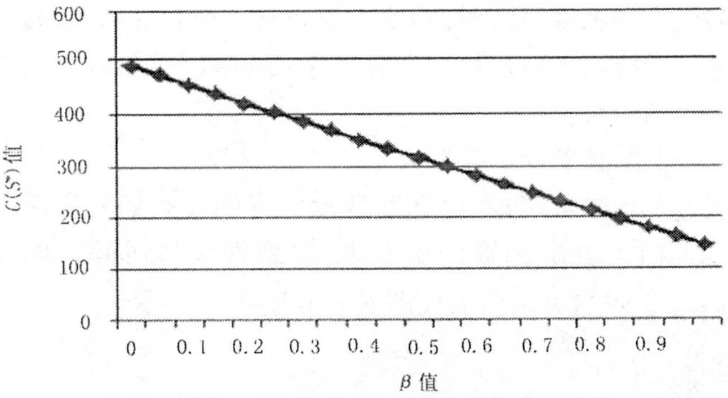

图 5-8　$C(S^*)$和政府补贴 β 之间的关系曲线

从图 5-8 中可以看出，随着政府补贴 β 的增加，$C(S^*)$不断下降，$C(S^*)$与政府补贴 β 成反比。

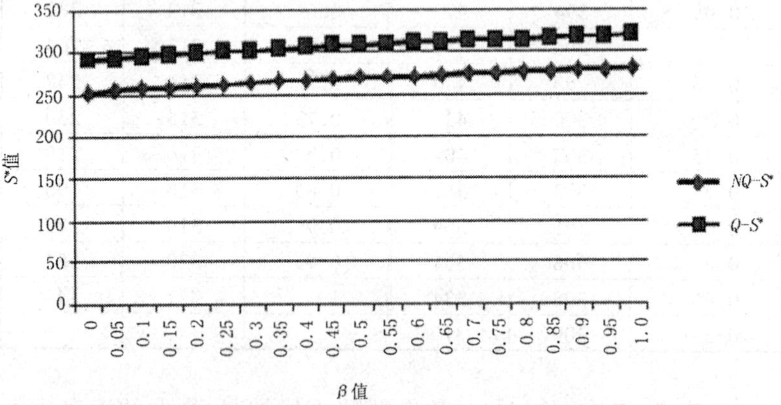

图 5-9　S^* 和政府补贴 β 之间的关系曲线

从图 5-9 中可以看出，$NQ-S^*$ 表示只有物流路径关闭风险情况下的优化的“订货到”库存水平，$Q-S^*$ 表示有物流路径关闭风险和拥塞风险情况下的优化“订货到”库存水平。当有物流路径关闭风险和拥塞风险时，相比于仅有物流路径关闭风险的情况，企业进一步提高了“订货到”库存水平 S^* 来应对物流路径关闭和拥塞并存的风险。

5.4.3.3 拥塞参数的影响

固定其他参数，只考虑拥塞数量的影响。我们将期望的拥塞数量 μ_Q 在[0,200]的区间上变动，得到最优“订货到”库存水平 S^*和 μ_Q 之间的关系曲线如图 5-10 所示。

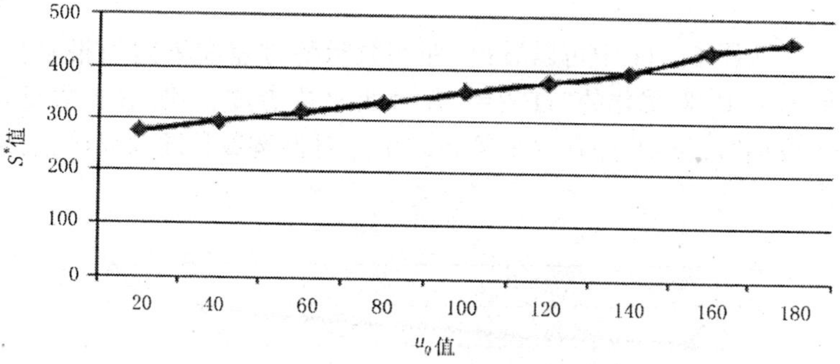

图 5-10　S^* 和 μ_Q 之间的关系曲线

从图 5-10 中可以看出，随着期望拥塞数量的增加，优化的"订货到"库存水平 S^* 也在增加。S^* 与期望拥塞数量成正比，拥塞的数量越大，企业越应该考虑提高订货量来减轻拥塞风险。

固定其他参数，只考虑拥塞数量方差的影响。我们将 σ_Q 在 [0,100] 区间上变动，同时取 2 个不同的报童分位数值，$\frac{p+\beta}{P+h} \in$ [0.913,0.935]，得到最优"订货到"库存水平 S^* 和 σ_Q 之间的关系曲线如图 5-11 所示，以及 $C(S^*)$ 和 σ_Q 之间的关系曲线如图 5-12 所示。

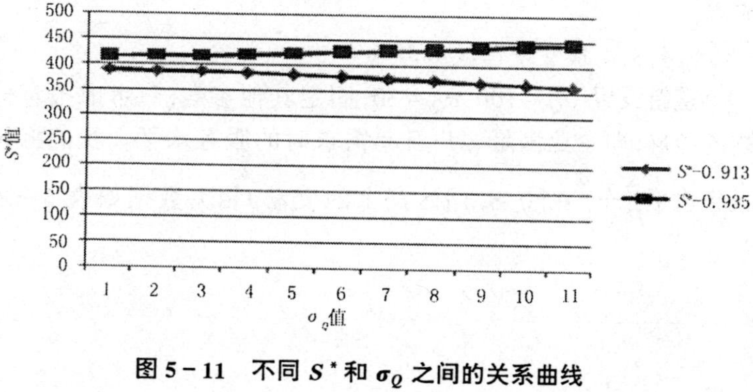

图 5-11　不同 S^* 和 σ_Q 之间的关系曲线

从图 5-11 中可以看出,拥塞数量的方差在不同的报童分位数水平上,对优化的“订货到”库存水平或者成正比,或者成反比。这说明“订货到”库存水平策略对于应对拥塞数量波动风险效果有限。

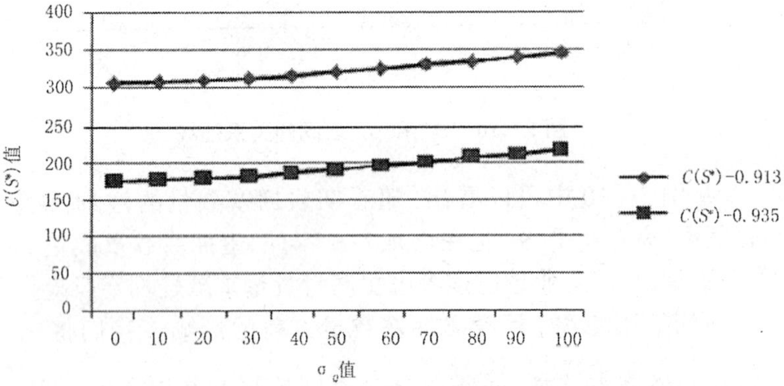

图 5-12　不同 $C(S^*)$ 和 σ_Q 之间的关系曲线

从图 5-12 中可以看出,库存成本与拥塞数量的方差成正比。同时,由于“订货到”库存水平策略失效,企业需要付出更多的库存成本。

5.4.3.4 报童分位数的影响

重新设置 $\mu_Q=100$、$\sigma_Q=30$,固定其他参数,只考虑报童分位数的影响,即企业满足客户订单需求时的服务水平。我们将研究服务水平$\frac{p+\beta}{P+h}$在[0.8, 1]区间上的变动,相关数据如表 5-8 所示。

表 5-8　　随报童分位数变化的 $NQ-S^*$ 和 $C(S^*)$

NF	$NQ-S^*$	$C(S^*)$	NF	$NQ-S^*$	$C(S^*)$
0.8	311	333	0.92	393	263
0.81	315	289	0.93	407	210
0.82	320	243	0.94	421	154
0.83	326	197	0.95	439	94
0.84	332	149	0.96	476	15
0.85	339	99	0.97	469	147
0.86	345	64	0.98	527	59
0.87	356	40	0.99	572	52
0.88	375	20	0.995	668	2
0.89	350	8	0.997	687	11
0.91	376	240			

将数据输入模型后进行仿真分析，得到最优“订货到”库存水平 S^* 和相关库存成本 $C(S^*)$ 与报童分位数 NF 之间的变化关系，如图 5-13、图 5-14 所示。

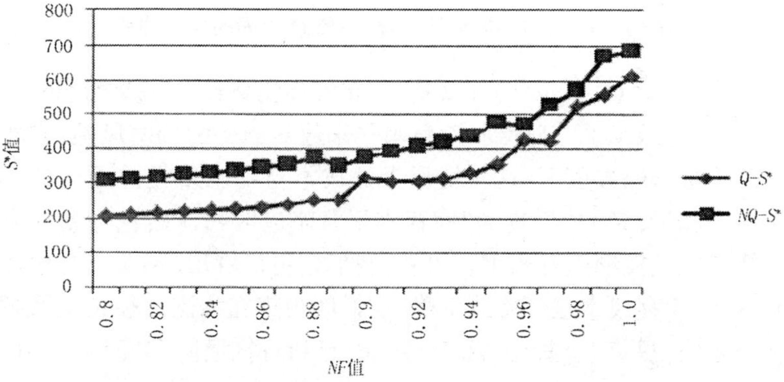

图 5-13　不同 NF 值下 S^* 和 Q 之间的关系曲线

从图 5-13 中可以看出，$NQ-S^*$ 为没有拥塞而只有物流路径关闭情况时优化的“订货到”库存水平，$Q-S^*$ 为有拥塞和物流路径关闭情况时优化的“订货到”库存水平。在发生拥塞后，$Q-S^* > NQ-S^*$，说明企业需要进一步提高“订货到”库存水平来应对物流路径拥塞带来的风险。另外还可以发现，随着报童分位数的提高，“订货到”库存水平相应增加。

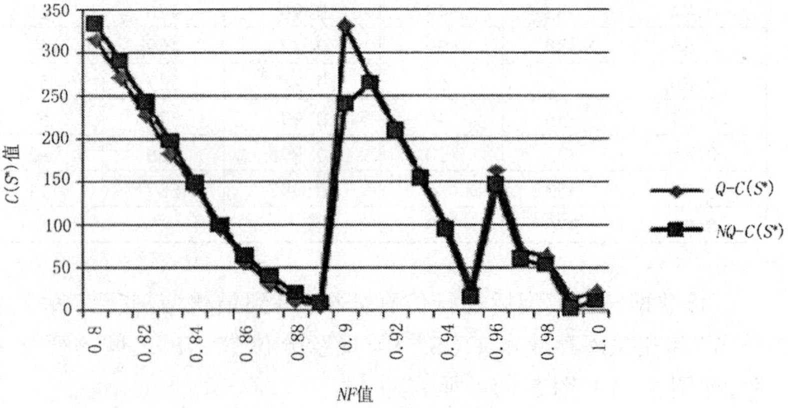

图 5-14　不同 *NF* 值下 $C(S^*)$ 和 Q 之间的关系曲线

从图 5-14 中，我们可以发现，在有物流路径关闭及拥塞的情况下，因为提高了“订货到”库存水平来应对额外的拥塞风险，在相同的报童分位数值下，这一情形下的成本与物流路径关闭时的库存成本相近，说明“订货到”库存水平策略应对物流路径拥塞风险时能有效地控制库存成本。另外，我们还可以看出，随着 *NF* 值不断提高，库存成本呈螺旋式下降，这说明当存在物流路径关闭及拥塞风险时，提高“订货到”库存水平能起到对抗风险和降低库存成本的双重效果。

5.5 本章小结

诸如2008年举办的北京奥运会和2010年举办的上海世博会之类的大型活动通常会导致物流运输量急剧上升，发生物流路径上某些环节的严重拥堵甚至出现临时性的关闭。针对这种供应中断情形，我们提出一种库存控制模型来应对这种物流路径拥塞或关闭所引起的供应中断风险。

我们的供应链模型由一个采购商和一个供应商组成。采购商采用定期检查的"订货到"库存水平的控制策略从供应商处订货，面对需求不确定性和由物流路径拥塞或关闭引发的进场运输数量不确定，我们分两种情况来讨论最优"订货到"库存水平策略：一种是只考虑物流路径关闭风险的库存控制模型；另一种是同时考虑物流路径关闭风险和拥塞风险的库存控制模型。针对这两种模型，我们通过对一个多期的期望库存成本的优化，得到最优的"订货到"库存水平的控制策略。为了便于求解，根据标准正态分布损失函数的特性，对期望成本函数在 n 个周期内进行了分解，得到了最优"订货到"库存水平的近似解。

对于只考虑物流路径关闭风险的库存控制模型，我们通过仿真分析，比较关闭和非关闭状态下模型库存策略和库存成本的差异状况，并研究了特定的参数(如政府补贴、报童分位数和中断参数等)调整会怎样影响模型的库存成本状况。分析发现：

(1) 当政府补贴企业因物流路径关闭而增加的额外库存成本时，企业更愿意提高"订货到"库存水平来应对物流路径关闭的风险。

(2) 随着政府补贴β的增加，S^*不断提高，同时库存成本$C(S^*)$不断下降，出现了企业在应对风险和降低成本中的双重获利的局面。

(3) 库存成本相对于“订货到”库存水平对政府补贴系数 β 更加敏感。政府的补贴系数能有效地降低厂商的库存成本。

(4) 当优化的需求满足服务水平不断提高,致使“订货到”库存水平需要覆盖额外一个周期的需求时,厂商需要付出更多的最大库存成本来实现。

(5) 当中断概率不断增加,致使“订货到”库存水平需要覆盖额外一个周期的需求时,厂商需要付出更多的最大库存成本来实现。

(6) 当恢复概率不断增加,致使“订货到”库存水平需要的需求周期减少时,厂商付出最大库存成本的意愿越来越低。

在考虑物流路径关闭和拥塞风险的库存控制模型中,我们通过仿真分析,比较关闭以及拥塞和关闭状态下模型库存策略和库存成本的差异状况,并研究了特定的参数调整会怎样影响模型的库存成本状况。分析发现:

(1) 在物流路径关闭和拥塞风险下,厂商为了保持原有的服务水平,必须提高优化的“订货到”库存水平来应对供应中断的风险;拥塞数量对于优化的“订货到”库存水平影响较大;有物流路径关闭和拥塞风险的库存成本较仅有物流路径关闭的情况有所增加。

(2) 当在物流路径关闭和拥塞风险出现时,相比于仅有物流路径关闭情况,企业进一步提高了“订货到”库存水平 S^* 来应对物流路径关闭和拥塞并存的风险。

(3) 拥塞数量的方差在不同的报童分位数水平上,对优化的“订货到”库存水平或者成正比,或者成反比。这说明“订货到”库存水平策略对于应对拥塞数量波动风险的效果有限。

(4) 库存成本与拥塞数量的方差成正比,这也说明,当“订货到”库存水平策略失效时,企业需要付出更大的库存成本。

(5) 发生拥塞后,$Q - S^* > NQ - S^*$,说明厂商需要进一步提高“订货到”库存水平来应对物流路径拥塞带来的风险。

(6) 在相同的报童分位数值下，有物流路径关闭与拥塞情况的库存成本与物流路径关闭时的库存成本相近，说明“订货到”库存水平策略应对物流路径拥塞风险时能有效地控制库存成本；随着 NF 值不断提高，库存成本呈螺旋式下降，说明当存在物流路径关闭及拥塞风险时，提高“订货到”库存水平能起到对抗风险和降低库存成本的双重效果。

第六章　车辆管制下物流路径重构风险的库存控制和应急策略

6.1　引　言

随着经济全球化和城镇化下人口的集中，城市的交通运输面临的拥堵现象越来越严重，特别是主办奥运会、世博会等大型活动时，制造商的正常物流运输将受到车辆管制的影响，面临物流中断风险。例如，2008 年北京奥运会期间，实施了车辆管制措施，如外地车辆禁止通行、本地车辆分单双号行驶、发放本地通行车辆牌照等。另外，青岛举办帆船赛，香港地区举办马术比赛，秦皇岛、上海、沈阳和天津举办足球比赛时，也相应施行了部分道路的车辆管制。在政治局势紧张的地区，政府也会实施车辆管制措施，比如，针对 2014 年乌克兰克里米亚地区的政治紧张局势，俄罗斯政府实施了过境运输车辆管制，导致边境大量货物的积压。

面对这些物流中断风险，制造商的通常做法是更改物流路径。比如，在政府施行车辆管制的地区，通过更改物流路径，在货物进入的城市或边境附近设置应急转换点，改换本地可以通行的车辆运输，使所需的货物能按时交付，这种物流应急措施称为物流路径重构。Tomlin 对物流路径的重构途径进行了详尽的描述，这些途径分为：在发生中断后运输方式的改变，如发生海运中断时而改为空运；供应源的改变，如某个供应商发生供应中断时，选择另外一家供应商持续供应；运输路径的改变，如因为拥堵更改行驶路线。在这里，我们主要关注在因交通管制产生的中断点上设置应急转换点，并将行驶车辆进行转换的问题。一般外地牌照车辆载重吨位较高，在应急转换点进行转换时，本地牌照车辆的载重吨位并不一定能保证与原外地牌照车辆载重吨位相同，所以在应急点处需要将外地牌照车辆的货物卸下，分批次发给制造商。在发生车辆管制之前，制造商直接将订单发给供应商，然后供应商直接发货至制造商处；在车辆管制期间，制造商需要根据需求和本地牌照车辆的载重能力重构物流路径，将订单发给应急转换点，然后再根据现有的库存情况下订单给供应商。因此，在物流路径重构风险下，制造商需要考虑应急转换点的库存控制策略问题，以减少供应链的利润损失。

针对这些问题，本章研究物流路径更改后引起的供应中断风险和相应的库存控制应急策略，主要关注的问题有：

(1) 车辆管制引起物流中断后，制造商实施物流路径重构的应急策略，原来由供应商和制造商(采购商)组成的一阶段供应链，经过物流路径更改与重构后变成两阶段供应链，由供应商、应急转运点和制造商组成。考察供应链上各成员之间的库存控制采取独立决策、集中决策以及协调下的集中决策时，能否获得制造商和供应商的多个决策变量的最优解。

(2) 供应链上的各成员之间的库存控制采取独立决策、集中决策以及协调下的集中决策时，考察整个供应链的利润会产生怎样的变化。

(3) 在物流路径重构时，考察供应链上各方及整体利润会受到哪些参数因素的影响。

本章的结构按以下安排来构建：在 6.2 节，对相关研究进行文献综述；在 6.3 节，建立分散化决策下物流路径重构的库存控制模型，在目标是最大化双方各自的利润时，获得制造商和供应商相关决策变量的最优解，分析库存成本参数、需求参数和速度阻尼系数对决策变量和目标利润函数的影响；在6.4节，主要研究集中化决策下物流应急重构的库存控制模型，在目标是最大化整体供应链利润时，获得制造商和供应商相关决策变量的最优解，分析需求参数、速度阻尼放缓系数等对决策变量和目标利润函数的影响；在6.5节，考虑在供应链协调下如何实现集中化决策，通过价格协调机制实现在实施物流路径重构应急策略时的最大化整体供应链利润；在6.6节，给出本章的结论。

6.2 文献综述

物流中断后，物流路径的重构途径可以有如下3种：

(1) 物流方式的改变，如港口罢工、海运中断时改为空运；

(2) 物流供应商的改变，如因某个物流供应商无法供货而导致物流中断时，选择另外一家供应商持续供应；

(3) 物流路径的改变，包括更改原有的行驶路线、建立应急转运点、采用“搭桥式”重构物流路径、从A地运输改为从B地调货运输等，车辆管制引起的物流路径重构就属于这种情况。

在政府施行车辆管制政策时，车辆运输的提前期是影响应急转运的“订货到”库存水平优化的关键因素。然而，车辆运输的提前期会因受到速度阻尼系数的影响而延长，并且波动会加剧，进而影响满足客户订单需求的服务水平、安全库存水平和制造商的利润。提前期是指从发出订单到接到货物的时间长度(如运输提前期)，提前期的长短直接影响了满足客户订单需求的服务水平、安全库存水平和企业的利润。现有的文献中，提前期被设置为常数或者是变量。Zipkin(2000)[144]的(Q, r)库存模型中，在需求服从正态分布的情形下，将提前期设置为常数，获得最优订货量Q。

Kaplan(1970)建立了随机提前期库存模型，并使用有限周期动态规划模型来计算最优库存成本。De Kok(1993)[145]将需求定义为复合报酬更新过程，而提前期是相关的同分布的随机变量。这些有关提前期的文献都认为提前期是不可控的。

另一部分文章认为提前期是可控的，可以用一些策略来改变提前期的长短。Liao 和 Shyu(1991)[146]等认为提前期需求服从正态分布，并且构建了以提前期为决策变量的、提前期可控的(r, Q)库存模型。在 Liao 建立的模型基础上，Ben-Daya 和 Raouf(1994)[147]考虑将订货量和提前期同时作为决策变量，改建了(r, Q)库存模型。Ouyang 等(1996)[148]在 Ben-Daya 等人的基础上考虑了允许部分缺货和部分销售损失的可控提前期(r, Q)库存模型。Moon 和 Choi(1998)[149]则在 Ouyang 等人的基础上构建了将再订货点、订货量和提前期同时作为决策变量，且提前期内的需求服从正态分布的(r, Q)库存模型。

不论提前期是随机的还是可控的，相关研究都没有直接涉及车辆的速度阻尼放缓系数或者车辆管制政策对提前期变量的影响。我们认为，政府进行车辆管制时，如果提供一个车辆速度阻尼放缓系数，可以使运输提前期有可控的部分。

另外，在政府施行车辆管制政策下设置应急转换点，能使供应链增加一级(或一个阶段)。在物流路径重构风险下，原来单阶段(或单级)的(r, Q)库存模型需要进行修正。近年来，很多的模型都从单一库存点模型向多库存点模型延伸，并主要集中在两级供应链领域。在以往的多级供应链中普遍会讨论和比较两种多级供应链策略：点库存策略与级库存策略。在 Clark 和 Scarf (1960)[150]提到的级库存的概念中，当级库存位置是当级的点库存与该级下游的所有点库存之和，根据当级库存位置和需求情况来实施库存订货策略。点库存策略是一种嵌套库存订货策略，即当级库存的优化只根据当级上下游的库存情况作出，当级的订单由下一级的订单触发。在多级供应链文献研究中，Cachon 和 Zipkin(1999)[151]考虑了在指定的服务水平下，二级供应链中的各个成员都以"订货到"库存水平来控制库存。这个模型后来在 Cachon(2001)[152]的研究中，泛化成了一个由一个供应商和 N 个零售商连续察看的"订货到"库存水平控制模型。在我们的模型中会采用点库存的嵌套库存订货策略，在供应商实施点库存的嵌套库存订货策略时，将首次考虑应急点的转换车辆载重比这一决策变量。

供应链协调策略是指供应链的各成员在决策时互相影响，从而使供应链的整体利润获得提高。Graves 和 Willems(2003)[153]建立了加入安全库存设置这一参数、应用协调集中策略来最大化整个供应链利润的模型，以优化零售商再订货点。Bichescu 和 Fry (2009)[154]在两级供应链中，考虑了只有一个供应商和一个零售商时，比较分散决策和集中决策两种策略，在零售商库存持有成本不断增加的情况下，较分散决策而言，集中决策相对超出部分的利润也在显著增加。Sarmah 等(2006)[155]讨论了集中决策是怎样提高供应链整体利润，以及如何通过协调策略来获得实际可行的集中决策利润。生产型供应商和零售商之间的联合决策在大量的文献中也被讨论，发运的经济批量问题是一个研究的重点。Goya (1995)[156]优化了生产型供应商面对同一生产批次的连续多次供应的每批发运数量。Hill(1999)[157]泛化了一个由生产型供应商和零售商组成的二级供应链模型，将有限的生产速率和每次发运批量考虑在内。Ben-Daya 等(2004)[158]和 Sajadieh 等(2009)[159]将二级供应链模型扩展到了每次发运批量与随机提前期和随机需求相关的情形，每次发运批量可以相同，也可以不同。在 Ertogral 等(2007)[160]建立的库存模型中，根据不同的运输成本和每次相同的发运批量，得出运输成本是每次发运批量的函数。Ben-Daya 等(2008)[161]考虑了二级供应链联合决策下的每次经济发运批量。

在二级供应链库存模型中，可以用不同的协调机制来促使供应链上各成员之间进行集中决策，如在单周期中的回购策略。Chen 等(2006)[162]、Lee 和 Rhee(2007)[163]以及 Ding 和 Chen(2008)[164]描述了通过可以分担零售商超额库存风险的协调策略来促使零售商提高订货数量。价格折扣策略是另外一种被广泛讨论的供应链协调策略。Weng(1995)[165]描述了根据数量的价格折扣策略促使零售商提高优化的订购量水平，并提升供应链的整体利润。Wang(2002)[166]描述了根据不同的需求和成本结构来制定数量折扣策略，认为需求的变化依赖于零售商的价格。Wang(2005)[167]根据零售商的订购批量和年度订购总量来制定数量折扣策略。Qi 等(2004)[168]研究了在需求突发中断情况下的数量折扣策略。Shin 和 Benton(2007)[169]研究了存在运输车辆载重限制和需求不确定情况下，如何建立动态的数量折扣模型。Li 和 Liu(2006)研究了根据二级供应链成员的议价能力，在需求不确定条件下使用数量折扣模型的各成员利润提高部分的分享比例。Schotanus(2009)[170]描述了当供应商和零售商之间的价格、订购量及发运批量可以协商的情况下的优化的数量折扣协调模型。收入分享合同是另外一种被大量研究的供应链协调策略，上游以更低的价格使下游增加订购数量，而下游将未来的收入进行分享。

另外，在政府施行车辆管制政策下，设置应急转换点使供应链增加了一级(或一个阶段)。有关多阶段(多级)库存模型的研究主要集中在两级供应链情形。经典的级库存理论认为，当前的库存位置是当级库存与该级下游所有库存之和，应通过当级库存位置和需求情况来实施(r, Q)策略。在 20 世纪 50 年代早期，Arrow 等(1951)[171]引入(s, S)库存策略来作为一种库存成本和下单成本之间的平衡方法，利用了下单时的规模经济。在(s, S)库存策略中，应设置库存水平下限 s 和库存水平上限 S，只有当库存位置

降到 s 水平或以下时，才下订单采购把库存位置恢复到 S 水平。这意味着订单以批量来订货，批量总是大于或等于 $S-s$ 值。Beyer 等(1999)[172]的研究表明，(s, S)库存策略在有些场合下是最优的。然而，Li 和 Sridharan(2008)[173]认为，当物料以固定批量流动时(如满车装载或集装箱)，可以采纳(r, nQ)策略。在(r, nQ)策略下，如果库存达到 r，就下订单 Q 的最小倍数，把库存提高到 r 以上。Chen 和 Zheng(1994)[174]研究了服从泊松分布的随机需求的序列生产/库存系统的(R, nQ)级库存策略，评估了长期平均持有成本和短缺成本，并比较了级库存(R, nQ)策略和点库存(R, nQ)策略的最小成本。Noblesse 等(2014)[175]提供了一种新颖的方法来描述会连续检查的(R, nQ)策略的订货过程的特性，并研究了订货批量对订货过程中订单变动的影响。Bichescu 和 Fry 对于两级供应链，针对一个供应商和一个零售商，比较了分散决策和集中决策两种策略，在零售商库存持有成本不断增加的情况下，集中决策的利润比分散决策的利润有显著增加。Chaharsooghi 等(2011)[176]对一个两阶段供应链中订货数量和再订货点的同时协调进行了研究，零售商的产品服务水平和客户服务水平(CSL)会影响再订货点，通过定价方案可以激励上游成员和下游成员参与协调，并能提高供应链利润，改进对客户的服务水平。然而，他们的模型没有考虑中断风险。Ding 和 Chen 研究了供应商和零售商之间确定的价格和订购数量，以及发运批量可以协商的情况，认为数量折扣的优化也可以用来协调多级供应链。国内学者金海和与郭仁拥(2007)[177]也提出了一个供应链多级库存随机模型，以说明低级节点的随机缺货量对高级节点的影响。

因此，在物流路径重构风险下的库存问题涉及因设置应急转换点而导致提前期延长的问题，也涉及多级库存的控制和协调问题。现有的文献没有直接涉及车辆的速度阻尼系数或者车辆管制政策对提前期变量、库存控制的影响。在物流路径重构风险下，原来的(r, nQ)库存模型需要进行修正。因此，我们将研究物流路径重构的库存控制模型，在供应商实施点库存的嵌套库存订货策略时，分集中化决策和分散化决策两种情形来分析需求参数、速度阻尼放缓系数等对决策变量和目标利润函数的影响，并考虑改变订购量和再订货点的协调策略。

6.3 分散化决策下的库存控制

6.3.1 假设与符号

假设在没有车辆管制的情形下，原材料或零部件直接从供应商运送到制造商。在政府施行车辆管制的情形下，原来的运输路径发生中断，供应链必须更改物流运输路径。通常的做法是在供应商和制造商之间设立一个应急转运点，以便将受到管制不能通行的车辆上的货物转换到管制允许通行的车辆上，继续运输，如图 6-1 所示。

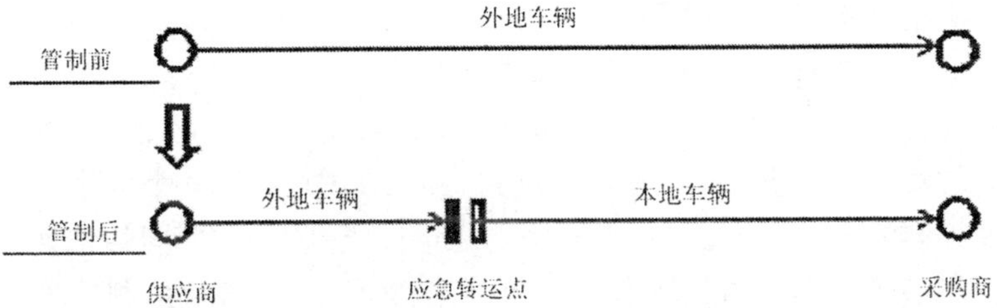

图 6-1　车辆管制下的物流路径重构

物流运输路径更改后，供应链增加了一个转运点的库存，导致库存成本上升。同时，车辆管制使在举办活动区域内突然增加的车辆运输量得到有效的控制，提供了一种有利的车辆速度阻尼放缓系数,使运输提前期可以得到有效可控。假设在供应链中制造商采用(Q, r)库存控制模型,即当库存下降到 r_1 时,会向供应商下一个数量为 Q_1 的订单。缺货成本 p 只发生在制造商处,应急转运点没有缺货成本发生。制造商承担应急转运点的运输成本,供应商需要承担应急转运点的库存持有成本。后者包括订购处理成本以及在应急转运点因同一批到货的分批发运量而引起的库存持有成本。由于需要在应急转运点转换车辆,假设转换前的车辆载重能力比转换后的车辆载重能力大,并且制造商采用点库存策略,每次给供应商下达一个批量为 Q_2 的采购订单。在物流路径中断时,在供应商的应急转运点供应商的分批发货量为 Q_1,则制造商的订单 Q_2 需要 n 次来完成,$Q_2 = nQ_1$,n 体现了转换前后车辆载重能力比。

假设从转运点到制造商的物流时间为$(1+\tau)l_0$,其中,τ 为在大型活动中受到拥堵影响而产生的速度阻尼系数;l_0 为无车辆管制时的正常提前期。假设供应提前期 l 为从应急转运点到制造商的物料流动时间,而从供应商到应急转运点为瞬时到达。在实行车辆管制期间,政府发放各种级别的特殊通行证,让其在快速通行车道上迅速通行,从转运点到制造商的物流运输可以选择使用快速通行车道。假设快速通行车道能提供一个速度阻尼放缓系数 α,与提前期 l 成反比。也就是说,速度阻尼放缓系数越大,提前期越短。因而有 $l = (1+\tau)l_0/(1+b\alpha)$,其中,$b$ 为一个常数。车辆管制的力度不同,或者车辆特别通行证级别不同,不同的快速通行车道具有不同的放缓系数。当使用快速通行车道时,制造商需要承担的运输成本增加为 $w = (1+\alpha)^2 w_0$,其中,w_0 为正常的运输成本。因此,w 与$(1+\alpha)^2$成正比,α 越大,w 运输成本越高;α 越大,车辆管制力度越大,在管制区域内的快速通道上可通行的车辆越少,对合格车辆的需求越大。其他参数符号定义见表 6-1。

表 6-1　　输入参数和决策变量的符号定义

变量		定　义
参数变量	S_b	采购商的单位销售价格
	S_c	供应商的单位销售价格
	D	观察周期内的需求量
	A_b	制造商每次的订购成本
	h_b	制造商的单位商品持有成本
	w_0	无快速通道的制造商的每个订货批量的运输成本
	w	有快速通道的制造商的每个订货批量的运输成本
	c_s	供应商的单位生产成本
	A_s	供应商在应急转运点处的订购成本
	h_s	供应商在应急转运点处的库存持有成本
决策变量	n	应急转运前后转换车辆的载重能力系数比
	l_0	无大型活动影响的运输提前期(转运点到制造商处)
	Q_1	制造商(采购商)每次订货批量
	Q_2	应急转运点到制造商的每次发运量
	r	制造商的再订货点
	SS	制造商的安全库存

假设提前期内的需求 X 服从正态分布,即 $X \sim N(\mu l, \sigma^2 l)$。$E(X-r)^+$ 表示每一个订货周期的期望缺货量,$r=\mu l+SS$,且 $SS=k\sigma\sqrt{l}$;l 为在考虑车辆管制时从应急转运点到制造商的运输提前期,k 为一个系数,与服务水平有关。假设应急转运点在举办活动的影响区域之外,则从供应商到应急转运点处的运输提前期没有变化。

6.3.2 决策模型

在供应链分散决策下，供应商和制造商各自进行订货、运输和库存决策，选择最优的速度阻尼放缓系数 α^*、订货批量 Q_1^* 和转换车辆的载重能力系数比来优化自己的利润，并减轻供应链中断的风险。

6.3.2.1 制造商的决策

在不考虑快速通道策略的情况下，制造商在车辆管制期内的利润函数为：

$$\pi_b=(s_b-s_c)D-A_b\frac{D}{Q_1}-h_b\left(\frac{Q_1}{2}+ss\right)-p\frac{D}{Q_1}E(X-r)^+-\frac{Dw_0}{Q_1} \tag{6.1}$$

在考虑快速通道策略的情况下，制造商在车辆管制期内的利润函数为：

$$\pi_b=(s_b-s_c)D-A_b\frac{D}{Q_1}-h_b\left(\frac{Q_1}{2}+ss\right)-p\frac{D}{Q_1}E(X-r)^+-\frac{Dw}{Q_1} \tag{6.2}$$

其中，$E(X-r)^+=\int_r^\infty(x-r)f(x)\mathrm{d}x=\sigma\sqrt{l}\Psi(k)$，$\Psi(k)=\phi(k)-k[1-\Phi(k)]$，$\Psi(k)>0$，$\phi(k)$为标准正态分布函数，$w=(1+\alpha)^2w_0$。

由于 $l=(1+\tau)l_0/(1+b\alpha)$，当 $\alpha=1$ 时，车辆管制起到了最好的缓解效果，快速通道畅行，提前期将恢复至$l=(1+\tau)l_0/(1+b)$；当 $\alpha=0$ 时，制造商选择在没有采取车辆管制的道路上进行运输。因此，我们可以得到下列命题：

命题 6.1　在分散化决策下，采购商面临进场物流路径重构下的最优订货数量 Q_1^*，再订货点和阻尼放缓系数为最大化下列利润函数的最优解。

$$\pi_b=(s_b-s_c)D-A_b\frac{D}{Q_1}-h_b\left(\frac{Q_1}{2}+k\sigma\sqrt{\frac{(1+\tau)l_0}{1+b\alpha}}\right)$$

$$-p\frac{D}{Q_1}\sigma\sqrt{\frac{(1+\tau)l_0}{1+b\alpha}}\Psi(k)-\frac{Dw}{Q_1} \tag{6.3}$$

最优订货数量 Q_1^* 和订货 r^* 点为:

$$Q_1^*=\sqrt{\frac{2D\left[(1+\alpha)^2w_0+A_b+p\sigma\sqrt{\frac{(1+\tau)l_0}{1+b\alpha}}\Psi(k)\right]}{h_b}} \tag{6.4}$$

$$r^*=\mu\frac{(1+\tau)l_0}{1+b\alpha}+k\sigma\sqrt{\frac{(1+\tau)l_0}{1+b\alpha^*}} \tag{6.5}$$

最优阻尼放缓系数 α^* 从下列方程中得到:

$$b\sigma\sqrt{1+\tau l_0}\left[Q_1h_bk+Dp\Psi(k)\right](1+b\alpha)^{\frac{3}{2}}-4D(1+\alpha)w_0=0 \tag{6.6}$$

其中,$0\leqslant\alpha\leqslant1$,$0<\Psi(k)<0.5$。命题的证明见附录 B.1。

命题的求解过程可以采用迭代法进行,具体迭代算法如下:

步骤 1:给定 $\alpha=0$。

步骤 2:按式(6.5)计算出 Q_1。

步骤 3:将步骤 2 得到的 Q_1 代入式(6.6),计算出 α,且 α 满足 $0\leqslant\alpha\leqslant1$ 的条件;如果不满足,则终止运算。若此时没有求出 α 的优化值,将步骤 1 中的 α 值增加一个步长 0.001,再开始循环。

步骤 4:将步骤 3 计算得出的 α 代入式(6.5),计算 Q_1。

步骤 5:如果连续获得的 2 个 Q_1 值相差不大,则到步骤 6;如果相差大,则回到步骤 2。

步骤 6:得出迭代后优化的 Q_1 和 α,由此推出优化的库存策略(Q_1^*,r^*),以及相对应的最大化的制造商总利润。

6.3.2.2 供应商的决策

在制造商优化其库存控制决策后，供应商也要进行相应的战略选择，以最大化自己的利润。在政府进行车辆管制后，供应商应在应急转运点将外地牌照车辆转换成本地牌照车辆，并设置转运点。由于运输车辆市场需求的原因，导致本地牌照车辆的载重能力和外地牌照车辆的载重能力不同。为此，我们假设在应急转运点，供应商的库存到货为 Q_2，然后进行分批发货为 Q_1。

以前的文献研究证明，在多级供应链中，如果上级的到货量是下级到货量的整数倍，即前后转换车辆载重能力比 n 为整数(Chen 和 Zheng, 1994)，上级的库存成本是可以最小化的。所以我们假设，从应急转运点运输到制造商的库存为 Q_2，且 $Q_2 = nQ_1$。不考虑供应商处的库存，因为这与车辆管制前的库存策略相比没有变化，供应商拥有转运点的库存。所以，供应商的总利润函数为：

$$\pi_s = (s_c - c_s)D - A_s \frac{D}{nQ_1} - h_s \frac{(n-1)Q_1}{2} \tag{6.7}$$

函数是关于 n 的凸函数，故 n 有最优解，以使得利润函数最大化。通过一阶求导，当 $\partial\pi_b/\partial Q_1 = 0$ 时，我们获得供应商在应急点转换车辆载重比 n^* 的最优解：

$$n^* = \sqrt{\frac{2DA}{h_s Q_1^2}} \tag{6.8}$$

因为应急点转换车辆载重比应该是整数倍，所以，n^* 可能大于或者小于 n_0。设$[n_0]$为取整，则 n^* 的值应该在$[n_0]$和$[n_0]+1$之间。这样，当存在车辆管制时，物流路径进行了应急重构。在非供应链协调的决策中，当制造商和供应商分别进行决策时，供应链的总最优利润函数为：

$$\pi_{b,s}(Q_1^*, \alpha^*, n^*) = \pi_b(Q_1^*, r^*) + \pi_s(n^*) \tag{6.9}$$

6.3.3 仿真分析

我们从提前期内的需求变异系数、库存成本参数、放缓系数、转换车辆载重能力比 4 个方面来进行数值的仿真分析，相关初始参数值设定如表 6－2 所示：

表 6－2　　模型初始数据

参数	赋值	参数	赋值
D	2 000	l_0	10
μ	4	w_0	2
σ	3	A_b	30
k	1	A_s	40
h_b	2	S_b	20
p	10	S_s	10
h_s	1.2	C_s	5
τ	2	b	0.7

通过把这些参数值输入我们的模型，可以进行仿真分析。

6.3.3.1 库存成本参数的影响

首先，我们固定其他参数，只考虑制造商库存持有成本参数 h_b 的影响。我们将库存持有成本维持在[1,8]的范围内，即在单位销售价格的 5%～40%内变动，得到相关数据如表 6－3 所示。

表 6-3　　　　　　　　　库存持有成本 h_b 的影响

参数 数值		Q_1	α	r	n	π_b	π_s
h_b	1	425	0.2	331	1	19 559	9 811
	1.5	347	0.22	326	1	19 456	9 769
	2	301	0.25	322	2	19 368	9 687
	2.5	269	0.27	319	2	19 289	9 690
	3	246	0.28	316	2	19 218	9 689
	3.5	228	0.3	312	2	19 151	9 687
	4	213	0.31	310	2	19 088	9 684
	5	191	0.34	306	2	18 973	9 675
	6	174	0.36	302	3	18 867	9 637
	7	161	0.38	299	3	18 769	9 641
	8	150	0.4	296	3	18 676	9 642

利用表 6-3 的数据，我们可以通过仿真分析得到图 6-2 和图 6-3。

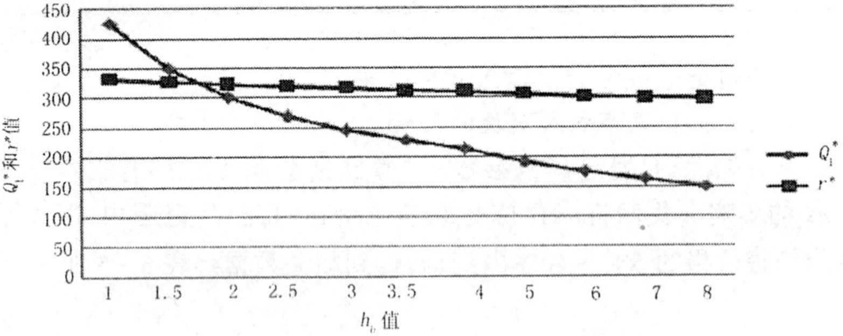

图 6-2　订货策略 (Q_1^*, r^*) 与参数 h_b 的关系

从图 6－2 中可以看出，当制造商的单位库存持有成本不断上升时，制造商的优化订货批量和再订货点不断下降，与单位持有成本成反比。这说明当单位库存持有成本增加时，即使在物流路径重构引起了供应链中断风险的情况下，企业也不愿意一次性订购更多数量和放置过多的安全库存。

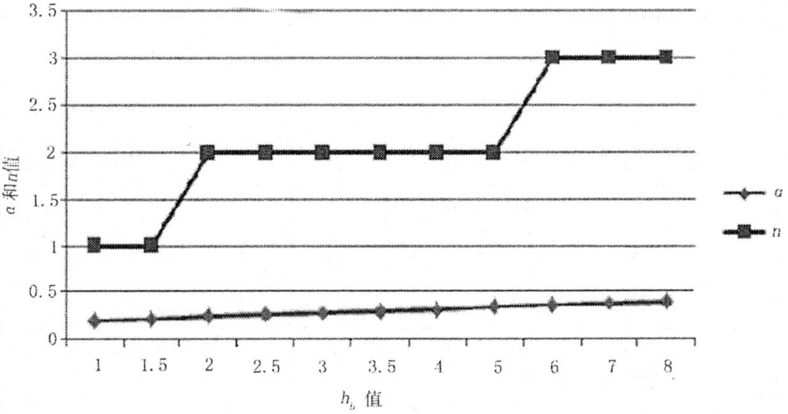

图 6－3　α、n 与参数 h_b 的关系

从图 6－3 中可以看出，当制造商的单位库存持有成本不断上升时，制造商选择的优化放缓系数和供应商选择的优化转换车辆载重能力比都随之增加，与其成正比。这说明当单位持有成本上升时，制造商不愿意选择安全库存策略来减轻风险，而是更愿意选择快速通道来缩短到货的运输提前期。供应商由于制造商的优化订购批量不断下降，因此选择的优化车辆类型的载重能力也会下降，以支持应急转运点的一次到货、多次发运的模式。

其次，固定其他参数，我们分析供应商的每次订货库存成本 A_s 的影响。将 A_s 在[5，50]的范围内取值，得到相关 Q_1、α、r、n、

π_s 和 π_b 的值,如表 6-4 所示。可以看出,供应商的应急转运点每次订货处理成本 A_s 对转换车辆车型的选择有直接影响。转换车辆载重能力 n 与 A_s 相关,A_s 数值增大到一定程度后,供应商选择的转换后的车辆载重能力会变强;A_s 与供应商的利润成反比。供应商的 A_s 对制造商的库存策略没有影响。

表 6-4　A_s 对 Q_1、α、r、n、π_s 和 π_b 的影响

参数 数值		Q_1	α	r	n	π_b	π_s
A_s	5	347	0.22	326	1	19 456	9 971
	10	347	0.22	326	1	19 456	9 942
	15	347	0.22	326	1	19 456	9 913
	20	347	0.22	326	1	19 456	9 884
	25	347	0.22	326	1	19 456	9 856
	30	347	0.22	326	1	19 456	9 827
	35	347	0.22	326	1	19 456	9 769
	40	347	0.22	326	2	19 456	9 647
	45	347	0.22	326	2	19 456	9 662
	50	347	0.22	326	2	19 456	9 647

再次,固定其他参数,分析制造商库存持有成本参数 A_b 的影响。我们将 A_b 在[5,50]的范围内取值,得到相关 Q_1、α、r、n、π_s 和 π_b 的值,如表 6-5 所示。

表 6-5 A_b 对 Q_1、α、r、n、π_s 和 π_b 的影响

参数 / 数值		Q_1	α	r	n	π_b	π_s
A_b	5	232	0.18	336	2	19 628	9 688
	10	259	0.29	334	2	19 588	9 690
	15	288	0.2	332	2	19 551	9 688
	20	306	0.21	330	2	19 517	9 685
	25	327	0.22	328	2	19 485	9 681
	30	347	0.22	326	1	19 428	9 769
	35	365	0.23	325	1	19 456	9 769
	40	384	0.24	324	1	19 401	9 791
	45	401	0.25	322	1	19 376	9 800
	50	417	0.25	321	1	19 351	9 808

从表 6-5 中的数据可以进一步分析得到图 6-4 和图 6-5，从图 6-4 中可以发现，制造商的优化订货批量 Q_1 与制造商的每次订货成本 A_b 成正比，制造商的再订货点 r 与制造商的每次订货成本 A_b 成反比。当一次性订货成本较高时，企业愿意订更多的货来摊薄每次订货成本；但同时因为库存成本的升高，企业的安全库存水平降低，这与实际情况相符。

从图 6-5 中可以发现，制造商选择的优化放缓系数 α 与 A_b 成正比，供应商优化的转换车辆载重能力比 n 与 A_b 成反比。这说明当制造商每次订货成本较高时，企业愿意选择更加通畅的快速通道来运输货物，以减少利润损失。当制造商的每次订货成本增加时，会引起制造商订货批量的增加，对于供应商而言，倾向于选择有更大载重量的车辆进行转运和配送。

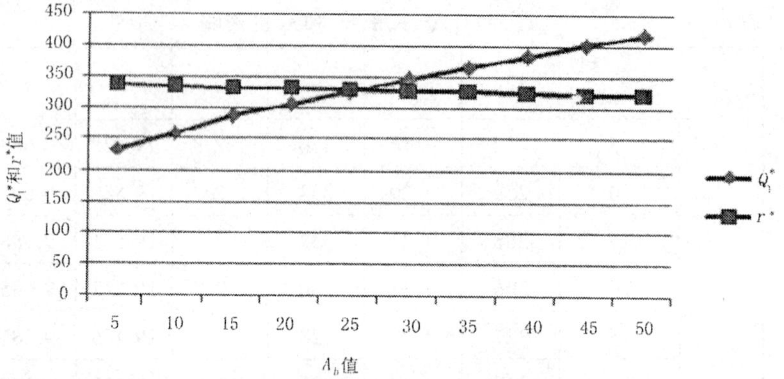

图 6-4　订货策略(Q_1^*，r^*)与参数 A_b 的关系

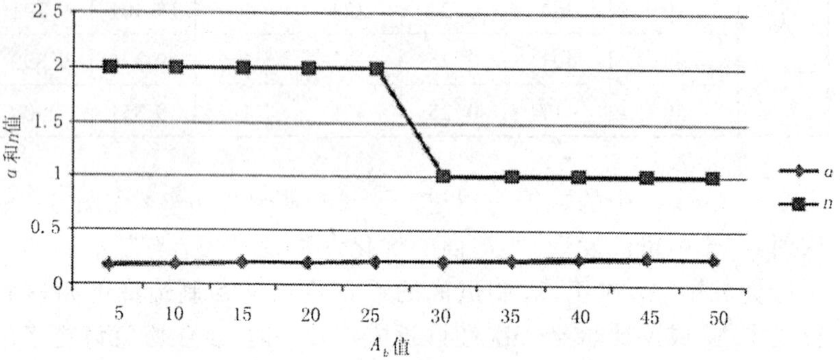

图 6-5　α、n 与参数 A_b 的关系

6.3.3.2 需求参数的影响

固定其他参数，只考虑制造商需求参数 σ 的影响。我们将需求参数设定在[0,9]的范围内，即在年销售价格的 5% ～40% 内变动，得到相关 Q_1、α、n、π_s 和 π_b 的值，如表 6-6 所示。

表 6-6　　σ 对 Q_1、α、r、n、π_s 和 π_b 的影响

数值 \ 参数		Q_1	α	r	n	π_s	π_b
σ	0	155	0	360	3	19 690	9 641
	1	181	0	365	2	19 627	9 635
	2	203	0	370	2	19 570	9 681
	3	224	0.2	330	2	19 520	9 687
	4	242	0.39	302	2	19 476	9 689
	5	259	0.55	283	2	19 436	9 690
	6	273	0.7	325	2	19 456	9 769
	7	286	0.83	258	2	19 365	9 688
	8	300	0.96	250	2	19 333	9 686
	9	310	1	250	2	19 303	9 684

把表 6-6 中的相关数据描绘成(Q_1, r)对参数 σ 的曲线(得到图 6-6),以及 α、n 对参数 σ 的曲线(得到图 6-7)。

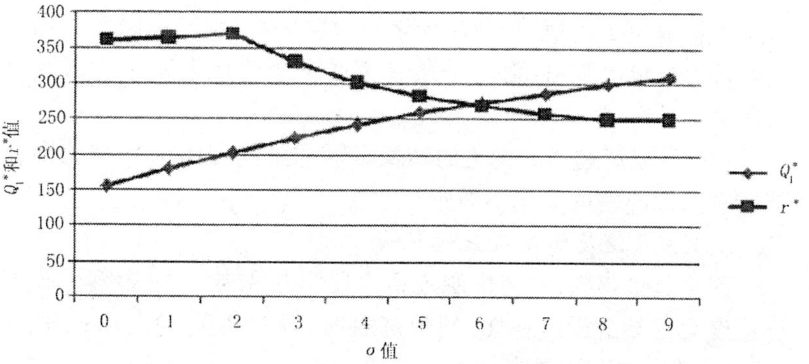

图 6-6　订货策略(Q_1^*, r^*)与参数 σ 的关系

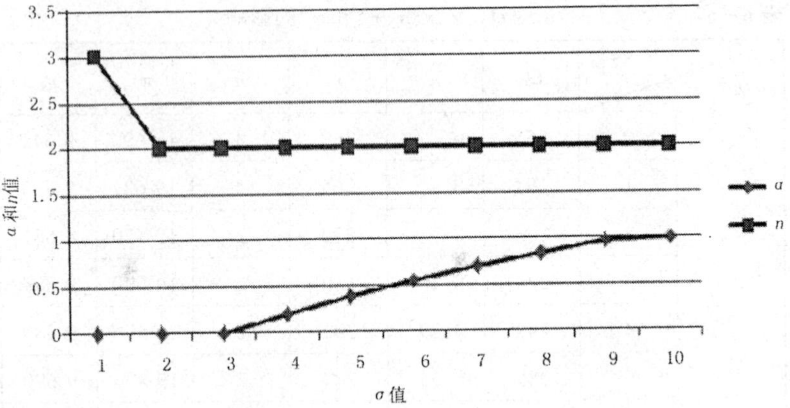

图 6－7　α、n 与参数 σ 的关系

从图 6－6 和图 6－7 中可以看出：

(1) 提前期内需求标准差 σ 的增加，使制造商的优化订货批量 Q_1 随之增加。制造商会提高优化订货批量来减轻需求波动的影响。

(2) 再订货点 r 随着标准差 σ 的增加而下降，这与一般的理解不同。结合图来看，由于制造商选择的优化放缓系数 α 增大，即运输提前期 l 缩短，从利润优化的角度来看，制造商倾向于选择使用快速通道的策略，而不是通过增加安全库存来减轻需求波动的影响。

(3) 供应商选择的优化的转换车辆载重能力比 n 对制造商提前期需求标准差的变化不敏感。

6.3.3.3 速度阻尼系数的影响

固定其他参数，只考虑制造商速度阻尼系数 τ 的影响。我们将速度阻尼系数设定在[0,2]的范围内，得到相关 Q_1、α、r、n、π_s 和 π_b 的值，如表 6－7 所示。

表 6-7　　τ 对 Q_1、α、r、n、π_s 和 π_b 的影响

数值 \ 参数		Q_1	α	r	n	π_b	π_s
τ	0	197	0	129	2	19 585	9 679
	0.2	202	0	154	2	19 576	9 680
	0.4	205	0	179	2	19 567	9 682
	0.6	208	0.03	200	2	19 560	9 683
	0.8	211	0.06	220	2	19 553	9 684
	1	213	0.09	239	2	19 547	9 685
	1.2	216	0.11	258	2	19 541	9 685
	1.4	218	0.14	275	2	19 535	9 685
	1.6	220	0.16	295	2	19 530	9 686
	1.8	223	0.18	313	2	19 525	9 687
	2	226	0.2	333	2	19 520	9 688

把表 6-7 中的相关数据描绘成(Q_1, r)对参数 τ 的曲线(得到图 6-8),以及 α、n 对参数 τ 的曲线(得到图 6-9)。

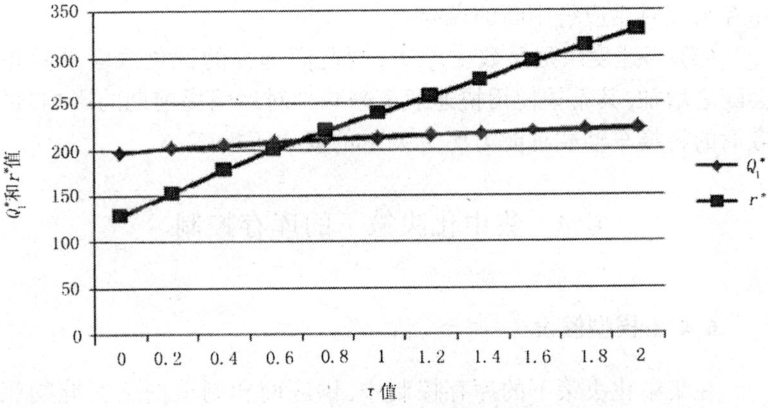

图 6-8　订货策略(Q_1^*, r^*)与参数 τ 的关系

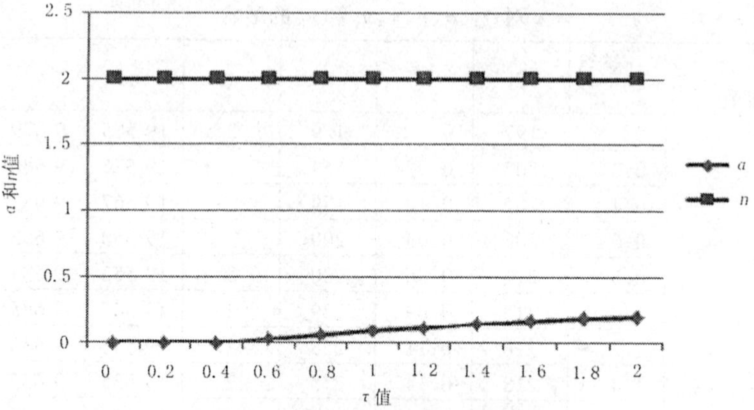

图 6-9　α、n 与参数 τ 的关系

从图 6-8 和图 6-9 中可以看出：

(1) 随着速度阻尼系数 τ 增大，制造商的优化订货批量 Q_1 和再订货点 r 会相应增加，两者成正比。为了减少因为物流拥堵造成的速度阻尼系数增大的影响，制造商会提高订货批量和安全库存来应对供应链中断的风险。

(2) 当速度阻尼系数 τ 增大，制造商选择的优化放缓系数也会随之增加，其希望使用快速通道来减少对运输提前期的影响，供应商的转换车辆载重能力比 n 对 τ 的变化不敏感。

6.4　集中化决策下的库存控制

6.4.1 模型假设

在集中化决策下的库存控制中，供应商和制造商会实施物流路径重构的应急策略，其物流路径重构模型与分散化决策的情形相同。

假设在集中化决策控制下，供应链面对大型活动期间的车辆管制和物流路径拥塞情况时会采取物流路径应急重构，供应商的分批发货量为 $Q_1(Q_2=nQ_1)$，并选择具有速度阻尼放缓系数 α_I（以下简称放缓系数）的快速通行车道来减轻供应链中断的风险，制造商承担的运输成本为 $w_1=(1+\alpha_I)^2w_0$。

同样地，假设提前期内的需求 D 服从正态分布，$X\sim N(\mu l,\sigma^2 l)$。$E(X-r_1)^+$ 表示每一个订货周期的期望缺货量，$r_1=\mu l+SS$，且 $SS=k\sigma\sqrt{l}$，l 为车辆管制后的提前期。其他符号定义同分散化决策中的情形。

6.4.2 决策模型

在分散化决策下，当物流路径应急重构发生时，供应链成员（制造商或供应商）只考虑自身利润的最大化，而不管其他成员的利益。例如，制造商只考虑自己的运输成本和库存策略的变化，以使利润最大化；而供应商则只考虑用本地牌照车型，以使利润最大化。然而，这种双重边际化效应的结果是局部优化而不是从整个供应链角度的全局优化。如果供应链采取一种集中化决策，在发生物流路径应急重构时就可以保证整个供应链的决策最优。

在集中化决策控制下，整个供应链的利润函数为：

$$\pi_I=(s_b-c_s)D-A_b\frac{D}{Q_I}-h_b\frac{Q_I}{2}+ss-p\frac{D}{Q_I}E(X-r_I)^+$$
$$-\frac{Dw}{Q_I}+(c_b-c_s)D-A_s\frac{D}{nQ_I}-h_s\frac{(n_I-1)Q_I}{2}\quad(6.10)$$

其中，Q_I 是供应链的订货数量，r_I 是一体化供应链的订货点。

令 $l_I=(1+\tau)l_0/(1+b\alpha_I)$，$w_I=(1+b\alpha_I)^2$、$w_0$ 分别表示集中化决策下供应链的需求提前期、制造商需要承担的运输成本。其中，α_I 为进行车辆管制后的阻尼放缓系数，当 $\alpha_I=1$ 时，车辆管制起到了最好的缓解效果，快速通道畅行，提前期将恢复至$(1+\tau)l_0/(1+b)$；当$\alpha_I=0$时，制造商选择在没有采取车辆管制的道路上进行运输。因此，我们可以得到下列命题：

命题6.2　在集中化决策下，供应链在进场物流路径重构下的最优订货数量和阻尼放缓系数α_I^*为最大化下列利润函数的最优解。

$$\pi_I=(s_b-c_x)D-\frac{D}{Q_I}\left[A_b+\frac{A_s}{n_I}+p\sigma\sqrt{\frac{(1+\tau)l_0}{1+b\alpha_I}}\Psi(k)+(1+\alpha_I)^2w_0\right]-\frac{Q_I}{2}[h_b+(n_I-1)h_s]-h_bk\sigma\sqrt{\frac{(1+\tau)l_0}{1+b\alpha_I}} \tag{6.11}$$

最优订货数量Q_I^*为：

$$Q_I^*=\sqrt{\frac{2D\left[n_IA_b+A_s+n_Ip\sigma\sqrt{\frac{(1+\tau)l_0}{1+b\alpha_I}}\Psi(k)+n_I(1+\alpha_I)^2w_0\right]}{n_I[h_b+(n_I-1)h_s]}} \tag{6.12}$$

最优转换车辆的载重能力系数n_I^*为：

$$n_I^*=\sqrt{\frac{2DA}{h_sQ_I^2}} \tag{6.13}$$

最优阻尼放缓系数α_I^*为下列方程的解：

$$b\sigma\sqrt{1+\tau l_0}[Q_Ih_bk+D_1p\Psi(k)](b\alpha_I^*)^{-\frac{3}{2}}-D(\alpha_I^*)w_0=0 \tag{6.14}$$

其中，$0\leqslant\alpha_I\leqslant1$，$0<\Psi(k)<0.5$，求解方程得到最优值$\alpha_I^*$。命题的证明见附录B.2。

为了计算优化值Q_I^*、α_I^*、n_I^*，我们采用下面的迭代算法求解：

步骤1：将n初始化为最小可行的$n=1$。

步骤 2:用相似的迭代方法,计算出 Q_I 和 α_I,并按式(6.12)计算出供应链的总利润。

步骤 3:根据步骤 2 得出的 Q_I 计算 n_0。如果 $n_I < n_0 + 1$,则将 $n_I = n_I + 1$ 代到步骤 2,否则进行步骤 4。

步骤 4:在根据不同的 n_I 计算得出的供应链总利润中找到最大的供应链总利润和对应的(Q_I^*, α_I^*, n_I^*),同时得出制造商优化的(Q_I^*, r_I^*)库存策略。

在集中化决策应急库存策略下,如果在制造商处采取(Q_I^*, r_I^*)库存策略,供应商应在应急转运点采用载重系数为 $1/n_I^*$ 的本地车辆参与运输,实施物流路径重构策略。在集中化决策的情况下,供应链总利润为:

$$\pi_I(Q_I^*, \alpha_I^*, n_I^*) = \pi_b(Q_I^*, r_I^*) + \pi_s(n_I^*) \tag{6.15}$$

在集中化决策下,供应链能获得的总利润比分散化决策时的要高,因为各个变量的最优值是由供应链总利润最大化值来决定的。但是,在实际应用中,由于供应链中存在双重边际化现象,制造商和供应商各自朝着有利于自身利润最大化的方向去进行决策,因而,供应链需要从整体上进行协调,使制造商和供应商在单独决策时兼顾供应链整体利益,以便达到供应链利润的进一步优化。

6.4.3 仿真分析

我们从以下方面来做数值的仿真分析:提前期内的需求变异系数、库存成本参数、放缓系数、转换车辆载重能力比。初始参数值设置同 6.3 节。

6.4.3.1 需求参数的影响

固定其他参数,只考虑制造商提前期内需求标准差 σ 的影响 。我们将需求参数设定在[0,5]的范围内,即在年销售价格的5% ~40% 内变动,得到相关 Q_I、α_I、r_I、n_I、π_b 和 π_s 的值,如表

6－8 所示。

表 6－8　　σ 对 Q_I、α_I、r_I、n_I、π_b 和 π_s 的影响

		Q_I	α_I	r_I	n_I	π_b	π_s
σ	0	245	0	360	2	19 657	9 689
	1	286	0	365	1	19 588	9 733
	2	323	0.04	362	1	19 526	9 752
	3	356	0.28	317	1	19 472	9 775
	4	373	0.47	290	1	19 430	9 785
	5	384	0.63	272	1	19 395	9 791

把表 6－8 中的相关数据描绘成($Q_I, r_I, \pi_I, \pi_b, \alpha_I, n_I$)对参数 σ 的曲线，得到图 6－10～图 6－13。

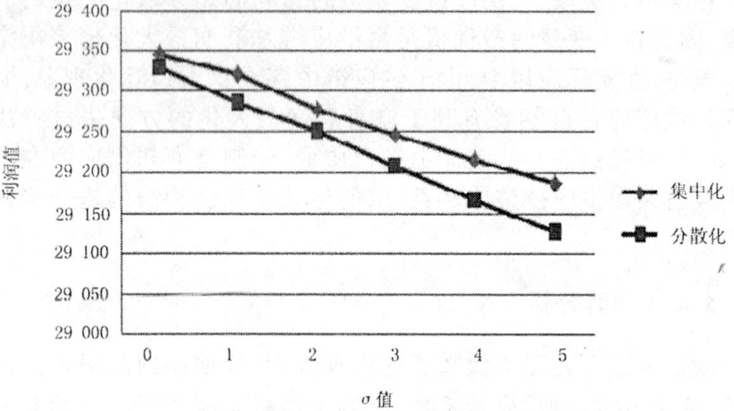

图 6－10　不同决策下的利润随参数 σ 的变化

从图6－10中可以看出，集中化决策下的供应链整体利润 $\pi_I(Q_I^*, \alpha_I^*, n_I^*)$和分散化决策下的供应链整体利润 $\pi_{b,s}(Q_1^*, \alpha^*, n^*)$间的差值，随着需求标准差 σ 的增大而不断增大。这说明在供应

链路径应急重构方案下，集中化决策能更好地减轻提前期内需求波动 σ 的影响。

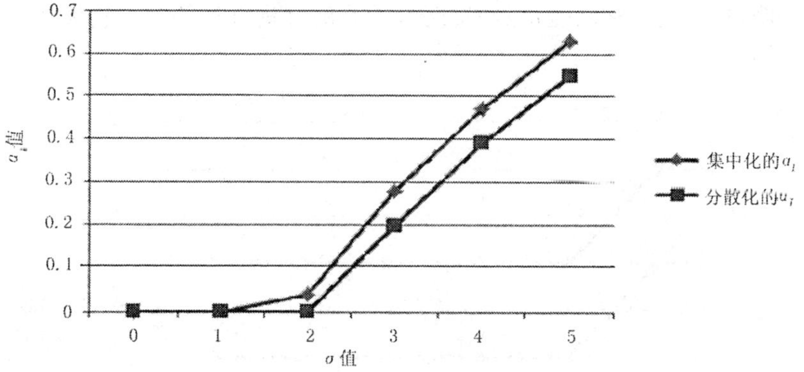

图 6－11　订货策略 α_I 随参数 σ 的变化

从图 6－11 中可以看出，与分散化决策相比，集中化决策使制造商更倾向于更大的阻尼放缓系数，以使货物能更快到达，从而减轻提前期内需求波动 σ 的影响。

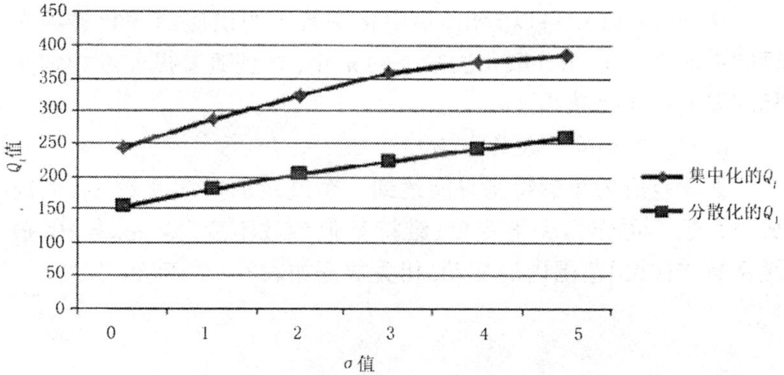

图 6－12　订货批量 Q_I 随参数 σ 的变化

从图 6－12 中可以看出，集中化决策下的制造商优化订货批量 Q_I 比分散化决策下的制造商优化订货批量 Q_1 大，并且在提前期内，当需求标准差增加时，两种策略的订货批量差值呈增大的趋势。

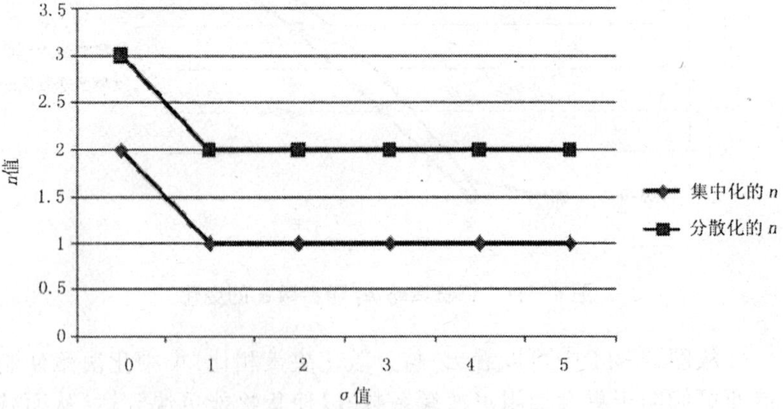

图 6－13　不同决策情形下的 n 随参数 σ 的变化

从图 6－13 中可以看出，集中化决策下的供应商优化转换车辆载重能力比 n 比分散化决策下的 n 小，并且随着提前期内需求标准差的增大而减小。

6.4.3.2 放缓系数的影响

假设政府的车辆管制只能达到一个既定的放缓系数 α_I，此时放缓系数不再作为决策变量；维持其他参数不变，令 $w_0 = 10$，放缓系数在[0,1]范围内的变动，相关数据如表 6－9 所示：

表 6-9　　α_I 对 Q_I/Q_1、r_I/r_1、n_I/n、π_I、π_s 和 π_b 的影响

数值＼参数		集中决策						分散决策					
		Q_I	r_I	n_I	π_b	π_s	π_I	Q_1	r_1	n	π_b	π_s	$\pi_{b,s}$
α_I	0	393	382	1	19 371	9 796	29 167	273	381	2	19 408	9 701	29 109
	0.1	397	358	1	19 363	9 798	29 161	279	358	2	19 398	9 706	29 104
	0.2	402	336	1	19 353	9 801	29 154	285	336	1	19 387	9 719	29 106
	0.3	407	317	1	19 342	9 803	29 145	293	317	1	19 374	9 726	29 100
	0.4	412	301	1	19 330	9 806	29 136	300	300	1	19 360	9 733	29 093
	0.5	418	286	1	19 316	9 808	29 124	308	286	1	19 345	9 740	29 085
	0.6	424	272	1	19 301	9 811	29 112	317	272	1	19 328	9 746	29 074
	0.7	439	248	1	19 268	9 817	29 085	326	260	1	19 311	9 754	29 065
	0.8	439	248	1	19 268	9 817	29 085	336	248	1	19 293	9 761	29 054
	0.9	447	238	1	19 251	9 820	29 071	346	238	1	19 273	9 768	29 041
	1	454	229	1	19 232	9 824	29 056	356	229	1	19 253	9 775	29 028

把表 6-9 中的相关数据描绘成 Q_I/Q_1、π_I、π_s 和 π_b 对参数 α_I 的曲线，得到图 6-14 和图 6-15。

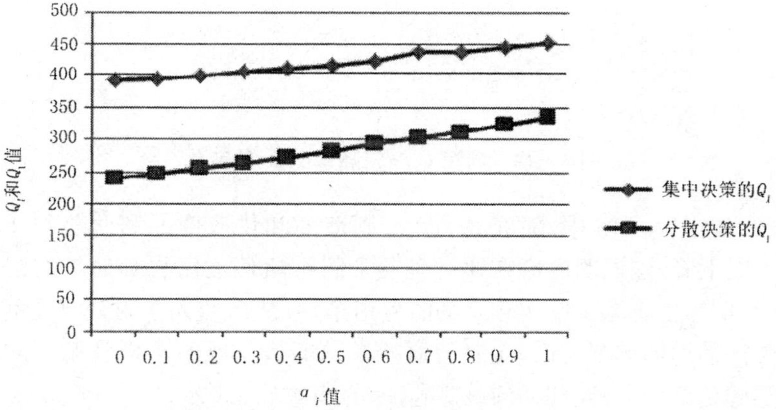

图 6-14　订货批量 Q_I/Q_1 随参数 α_I 的变化

从图 6－14 中可以看出，政府如果能加大车辆管制力度，使速度阻尼放缓系数 α_I 增大，制造商的订货批量 Q_I 也会随之增大；集中化决策下的制造商优化订货批量 Q_1 与分散化决策下的 Q_I 的差值随着 α_I 的增大有缩小的趋势。

同时还可以得出，随着 α_I 增大，再订货点 r_I^* 在下降。集中化决策下的制造商优化订货批量 r_I 与分散化决策下的 r_I 几乎无差异。说明集中化决策和分散化决策在考虑安全库存设置方面区别不大。

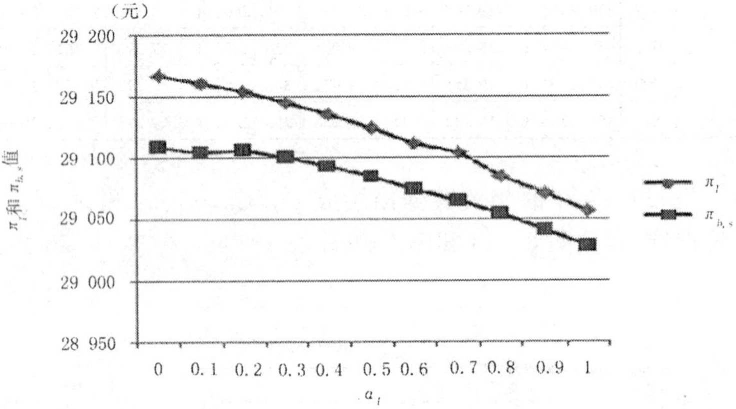

图 6－15　利润 $\pi_I/\pi_{b,s}$ 随参数 α_I 的变化

在图 6－15 中，随着 α_I 增大，制造商和供应商的利润总和在不断下降，这说明政府在通过车辆管制策略使道路更加通畅的同时，实际上也减少了运输市场的可用车辆，从而增大了制造商的单位产品运输成本。因此，制造商如果只能接受政府车辆管制下的运输道路状况，其利润的减少和 α_I 的增大成正比。

另外，随着 α_I 增大，集中化决策下的供应链总利润 π_I 和分散化决策下的 $\pi_{b,s}$ 的差值在慢慢缩小。这说明制造商和供应商在政府不采取车辆管制的情况下,更应该采取集中化决策来应对供应链中断的风险。

另外,对于表6-9,在 α_I 较小时,供应商更倾向于在应急转运点的一次到货、多次发运。

6.5 供应链协调

6.5.1 模型假设

如前所述,在分散化决策情形下,制造商和供应商分别进行订货和库存控制等决策,以优化自己的厂商利润。由于这种双重边际化现象的存在,往往会导致供应链的整体利润降低,使各自的利润达不到最优状态。在集中化决策下,强调从供应链整体进行决策参数优化,其利润较分散化决策得到了改善。但是供应链中存在双重边际化现象,制造商和供应商各自朝着有利于自身利润最大化的方向去进行决策,因此,供应链需要从整体上进行协调,使制造商和供应商在单独决策时兼顾供应链整体利益,以便达到供应链利润的进一步优化。下面研究一种价格折扣机制的协调策略,以便使集中化决策能够实现,并增加供应链的整体利润。设 s_c 为供应商的销售价格,供应商的价格折扣机制与制造商的订货量、体现车辆管制效用的放缓系数相关。

假设供应商在出现车辆管制和物流路径拥塞情况时采用应急转运点来重构物流路径,应急转运点处的订货批量为 Q_2,每次分批发货量为 Q_1,都与转换前后的车辆载重能力比 n 相关,即 $Q_2=nQ_1$。制造商采用 (Q,r) 库存控制模型,即当库存下降到 r 时,订购一次 Q_1 数量的货物。欠单成本 p 只在制造商处发生,应急转运点处没有欠单成本的发生。制造商承担从应急转运点运来货物的运输成本,供应商需要承担应急转运点处发生的库存成本。

其他参数与符号的定义同前。

6.5.2 决策模型

在有车辆管制的情况下,物流路径会发生应急重构,总利润在额外成本发生的情况下是下降的。但目标是使供应链通过协调机制能够让应急库存策略下的总利润最大化,从而减小因为物流路径应急重构带来的利润损失。供应链协调模型考虑了一个价格折扣系数机制,以使供应链的上游和下游都有足够的动机参与集中决策。供应商将提供价格折扣系数 δ_c,使原销售价格 s_c 调整到 $\delta_c s_c$,以便把分散化决策下的决策参数(Q_1^*, α^*)调整到集中化决策下的决策参数(Q_I^*, α_I^*)。价格折扣机制表达如下:

$$s_c=\begin{cases} s & Q_1^*<Q_I^*, \alpha^*\neq\alpha_I^* \\ (1-\delta_c)s_c & Q_1^*\geqslant Q_I^*, \alpha^*=\alpha_I^* \end{cases} \tag{6.16}$$

其中,$0\leqslant\delta_c<1$。

假设数量 Q_1 的调整系数为 δ_Q,假设放缓系数 α 的调整系数为 δ_α,当整个供应链能达到集中化决策下的利润水平时,Q_1 和 α 这两个决策变量满足 $\delta_Q=Q_I^*/Q_1^*$, $\delta_\alpha=\alpha_I^*/\alpha^*$。

对于制造商而言,接受此价格折扣机制的必要条件为:

$$\pi_b=(\delta_c s_c, \delta_Q Q_1^*, \delta_\alpha\alpha^*)\geqslant\pi_b(s_c, Q_1^*, \alpha^*) \tag{6.17}$$

根据式(6.2)和式(6.17),制造商的总利润因价格折扣机制而增加的利润为:

$$\begin{aligned}\Delta\pi_b=&\delta_{c1}s_c D+A_b\frac{D}{Q_1^*}\left(1-\frac{1}{\delta_Q}\right)+h_b\frac{(1-\delta_Q)Q_1^*}{2}\\&+\frac{w_0 D[\delta_Q(1+b\alpha)^2-(1+b\alpha\delta_\alpha)^2]}{Q_1^*\delta_Q}\\&+\frac{p\sigma\Psi(k)D\left[\delta_Q\sqrt{\frac{(1+\tau)l_0}{1+b\alpha}}-\sqrt{\frac{(1+\tau)l_0}{1+\delta_\alpha b\alpha}}\right]}{Q_1^*\delta_Q}\end{aligned} \tag{6.18}$$

通过选择适当的 δ_{c1}，使 $\Delta\pi_b$ 满足 $\Delta\pi_b \geqslant 0$。

对于供应商而言，如果要让其接受价格机制，必须满足下述条件：

$$\pi_s(\delta_c s_c, \delta_n n^*) \geqslant \pi_s(s_c, n^*) \tag{6.19}$$

根据式(6.7)和式(6.19)，供应商的总利润因价格折扣机制而增加的金额为：

$$\Delta\pi_s = (\delta_{c2} - 1)\delta_c D + A_s \frac{D}{n^* Q_1^*}\left(1 - \frac{1}{\delta_Q \delta_n}\right) + \frac{h_s Q_1^* [n^*(1 - \delta_Q \delta_n) - (1 - \delta_Q)]}{2} \tag{6.20}$$

通过选择适当的 δ_{c2}，使 $\Delta\pi_s$ 满足 $\Delta\pi_c \geqslant 0$。

经过上述分析，折扣机制只有满足 $\delta_{c2} \leqslant \delta_c \leqslant \delta_{c1}$ 时，双方才愿意共同实施供应链协调机制，以实现供应链总利润的最大化。此时，制造商的订货批量从 Q_1^* 变成 Q_I^*，速度阻尼放缓系数从 α^* 变成 α_I^*；供应商的销售价格从 s_c 下降到 $\delta_c s_c$，随着 δ_c 不断减小，供应商获得的利润不断减小，制造商获得的利润不断增大，而价格折扣 δ_c 的大小根据双方各自的谈判能力而定，整条供应链的利益达到最优。

我们使用 What's Best 软件进行应急库存控制仿真来分析在物流路径应急重构的情况下，根据不同的参数影响，制造商和供应商会如何改变决策变量，使利润最大化。

6.5.3 仿真分析

根据设置的初始参数，$D = 500$，我们获得表6－10。当选择 $k = 1$ 时，满足客户订单需求的服务水平为 91.6%。

表 6-10 各种应急决策下的变量比较

优化值	分散决策	集中决策	协调的集中决策
Q_1	162	233	233
r	128	107	107
α	0.17	0.52	0.52
SS	10	10	9.87
n	2	1	1
π_b	4 636	4 580	4 646
π_s	2 341	2 414	2 349
$\pi_b+\pi_s$	6 977	6 994	6 985

从表 6-10 中可以看出：

(1) 集中决策的供应链整体利润最高；制造商提高了订货批量，并选择了放缓系数更高的快速通道，以获得较短的提前期，因此优化的再订货点水平下降。

(2) 供应商使用了价格折扣协调机制，使制造商和供应商共同选择了集中决策下优化的订货批量和放缓系数，实现了集中决策下供应链整体利润的提高。

6.6 本章小结

在大型活动举办期间，因政府进行交通管制会导致供应链上的物流路径需要更改。制造商通常采取“订货到”库存水平来应对这种风险，而政府也同时积极地采取相应补贴来减少企业库存成本的损失；针对这种情况，制造商(采购商)需要设定合理的库存控制水平。为此，本章分两种情况讨论物流路径重构风险下的库存控制策略:一种是分散化决策,另一种是集中化决策。在这两种控制决策下,通过最大化制造商或供应链的期望利润,可以得到各自的最优订货策略和最大利润函数。比较两种情形下的供应链总利润后可以发现,集中化决策下的供应链总利润比分散化决策下的供应链总利润高,但需要协调供应商和采购商的行为。通过最优价格折扣可以实现这种协调,以保证供应商应急转运点的利润不低于分散策略的利润,并且,采购商应急转运点的利润不低于分散策略的利润。由此,我们得到最优价格机制能使采购商的利润最大化。

针对这两种情形下的库存控制模型,我们仿真分析了库存成本参数、需求参数、速度阻尼系数(或放缓系数)对最优决策变量与利润的影响,并得到以下一些结论:

(1) 当制造商的单位库存持有成本不断上升时,制造商选择的优化放缓系数和供应商选择的优化转换车辆载重能力比都随之增加,与其成正比。

(2) 当一次性订货的成本较高时,企业愿意订更多的货来摊薄每次订货的成本,但同时因为库存成本的升高,企业的安全库存水平降低。

(3) 制造商选择的优化放缓系数 α 与 A_b 成正比,供应商优化的转换车辆载重能力比 n 与 A_b 成反比。

(4) 再订货点随着标准差的增大而下降,从利润优化的角度来考虑,选择使用快速通道的策略比增加安全库存更能减轻需求波动的影响。

(5) 速度阻尼放缓系数越大,制造商选择的优化放缓系数也越大,其希望使用对车辆管制效果更好的快速通道来减少对运输提前期的影响。

(6) 集中化决策的供应链整体利润和分散化决策的供应链整体利润间的差值,随着需求标准差的增大而不断增大。在供应链路径应急重构方案中，集中化决策能更好地减轻提前期内需求波动的影响。

(7) 与分散化决策相比，集中化决策使制造商倾向于更大的阻尼放缓系数，以使货物能更快到达，从而减轻提前期内需求波动的影响。

(8) 集中化决策和分散化决策在安全库存设置方面的区别不大，但集中化决策下的供应链整体利润较高，采购商可以提高订货批量并选择放缓系数更大的快速通道，以获得较短的提前期，降低再订货点水平。

(9) 采购商、制造商和供应商在政府不采取车辆管制的情况下，更应该采取集中化决策来应对供应链中断的风险；价格折扣的协调机制可以使采购商和供应商在集中化决策下优化的订货批量和放缓系数不变时，提高集中化决策的供应链整体利润。

第七章　结论与展望

7.1　研究结论

在供应链中，由自然灾害、恐怖袭击和大型活动引发的供应链中断对有关厂商会产生重大负面影响，厂商寻找合适的应急策略来应对这些潜在风险显得日益重要。大型活动会引发供应链中供应商中断和物流运输中断的系统性风险，给供应链风险管理带来挑战。

经过充分的文献综述，我们发现尽管存在一些针对供应链中断风险管理的研究，但多数集中在供应商备份冗余度模型、安全库存控制模型的建立和对资源的实证分析。多数库存控制文献是研究决策者只能控制订货数量和订货时机的系统这一问题，而且，采用备份供应商和建立库存缓冲机制的研究较多是基于定性分析和战略层面的意义，对供应链中断中的需求中断有一些定量研究，但对供应中断的定量研究较少，缺乏具体的可操作性策略。值得注意的是，对于供应链中断风险的控制，采用稳健性优化与库存控制相结合，或者采用稳健的采购策略等，无疑是一种潜在的发展方向。我们的研究从供应商物料可获得性的中断以及从供应商到厂商的物流、物料运输中断两方面进行研究，探索利用库存控制来应对这些风险的应急策略。其中，针对前一种中断，我们主要研究利用虚拟双源采购库存控制应急策略来应对供应商中断风险；针对后一种中断，我们分两种情况来研究相应的应急策略，即无车辆管制时的针对物流路径关闭和拥塞风险的库存控制策略问题，以及有车辆管制时的针对物流路径重构风险的库存控制策略问题，以便为理论界和实业界提供供应链中断风险管理决策参考和管理见识。本文的研究工作具体在于解决了下述 4 个方面的问题并得到相关结论：

1．供应链中断风险控制的应急管理框架问题

主要基于供应链宏观过程系统把中断风险分为运营风险、供应风险和需求风险三大类来识别，并对供应链中断风险的易脆性、恢复力、安全性等进行评估，并给出应急管理的优先权。在总结相关研究的基础上，我们提出了一种应对供应商中断和物流路径中断的虚拟双源采购和稳健库存控制策略，为后续研究提供了一个理论研究框架。最后，我们通过德尔福公司应对 2008 年北京奥运会引发的供应中断实例来验证我们的理论框架。

2．供应商中断风险下的库存控制和应急策略

供应商中断风险是供应链中断风险中要研究的主要问题之一。当发生供应商中断时，采用虚拟双源采购应急策略能同时减轻原制造商生产运营中断，供应商集中度高、可见性差，设计信息可替代性低的风险，是一种有效应对供应商中断风险的应急策略。在一个由原材料供应商、制造商（采购商）和签订虚拟生产线合同的应急生产供应商（备份供应商）组成的供应链系统中，制造商和后备厂商签订一种虚拟生产线使用合同，并支付防范风险发生的成本，以建立一个由稳健的安全库存控制和虚拟双源采购组成的混合应急策略的系统动力学模型。通过优化制造商的长期利润函数，用数据仿真模拟得到了最优的“订货到”库存水平和相应的安全库存水平。通过系统动力学模型，演示了在不同的中断情景下，各种参数和供应链上各企业成员的决策对企业长期利润损失的影响。针对供应商发生中断的次数，我们分单次中断和多次中断（动

态中断）两种情形来研究稳健的安全库存控制和虚拟双源采购的混合应急策略的系统动力学模型。

在单次中断情形下，我们通过对动力学模型进行仿真，分析了中断参数、市场需求流失率、核心技术延迟时间等因素对制造商和应急生产供应商库存控制策略的影响。我们发现，当中断的时间长度比较短时，启动应急生产供应商采购策略将降低制造商的长期利润；当中断的时间长度比较长时，采用虚拟双源采购应急策略的制造商的利润较无虚拟双源采购策略的制造商的利润要高；在可能发生中断的始点前，先将安全库存水平提高的稳健的库存控制策略比每个周期都提高安全库存水平的库存策略要优；当原材料供应商发生中断时，制造商核心技术信息转移至应急生产供应商处的延迟时间越短，虚拟双源采购策略获得的生产商长期利润越大。

在动态中断的情形下，可以实现制造商的应急库存优化，并最大化制造商的利润。利用 Vensim PLE 系统动力学仿真软件，通过安全库存水平的优化可以获得稳健的库存控制策略，本书分析了长期利润损失风险对动态中断参数变化的敏感度，以及核心技术信息转移延迟等变量对制造商长期利润的影响。进一步发现，稳健的库存控制策略和虚拟双源采购的混合应急策略是动态中断风险下的最优应急策略。对于发生频率低而持续时间较长的动态中断，制造商在中断可能发生的始点前先将安全库存水平提高的稳健库存控制策略比每个周期都提高安全库存水平的库存控制策略要优；反之，对于发生频率高且持续时间短的动态中断，制造商提高每个中断周期的安全库存水平的稳健库存控制策略比提前设置安全库存水平的库存控制策略要优。核心技术转移的延迟对中断后恢复周期内的制造商利润影响较大；中断周期长度比中断次数对制造商长期利润风险的影响更加显著。

3. 无车辆管制下物流路径关闭和拥塞风险的库存控制和应

急策略

大型活动举办期间，如果政府不进行车辆管制，物流运输量的急剧上升会引起交通拥塞，甚至发生物流路径关闭。针对这种情形，我们提出一种库存控制模型来应对物流路径拥塞或关闭引起的供应中断风险。供应链模型由一个采购商和一个供应商组成，采购商采用定期检查的"订货到"库存水平的库存控制策略从供应商处订货，同时面对需求不确定性和因物流路径拥塞或关闭引发的进场运输数量不确定。我们分两种情况讨论了最优"订货到"库存水平的库存策略：一种是只考虑物流路径关闭风险的库存控制模型；另一种是同时考虑物流路径关闭和拥塞风险的库存控制模型。针对这两种模型，我们通过对一个含多个中断周期的报童模型的期望库存成本的优化，得到最优的"订货到"库存水平的控制策略。为了便于求解，文章根据标准分布损失函数的特性，对期望库存成本函数在多个周期上进行了分解，得到了最优"订货到"库存水平的近似解。

在只考虑物流路径关闭风险的库存控制模型下，我们通过仿真分析，比较了关闭状态和非关闭状态下模型库存策略和库存成本的差异状况，并研究了特定的参数（如政府补贴、报童分位数和中断参数）调整会怎样影响模型的库存成本状况。我们发现当政府开始补贴企业因物流路径关闭而增加的额外库存成本时，企业开始愿意投入资金以提高"订货到"库存水平来应对物流路径关闭的风险；当关闭概率不断增大，致使"订货到"库存水平的库存需要覆盖额外一个周期的需求时，生产商需要付出更多的库存成本来实现；当恢复概率不断增大，致使"订货到"库存水平的库存需要的需求周期缩短时，生产商付出最大库存成本的意愿越来越低。

在考虑了物流路径关闭和拥塞风险的库存控制模中，我们通过仿真分析，比较了关闭状态以及拥塞和关闭状态下模型库存策略和库存成本的差异状况，并研究了特定的参数调整会怎样影响模型的库存成本状况。我们发现:物流路径关闭并增加了拥塞数量的情况下,厂商为了保持原有的服务水平,必须提高优化的“订货到”库存水平来应对供应中断的风险;拥塞数量对于优化的“订货到”库存水平影响较大;发生拥塞后,厂商需要进一步提高“订货到”库存水平来应对物流路径拥塞带来的风险。另外,在物流路径关闭及拥塞的风险下,提高“订货到”库存水平能达到对抗风险和降低库存成本的双重效果。

4. 有临时车辆管制下物流路径重构风险的库存控制和应急策略

在大型活动举办期间,会因政府进行交通管制导致供应链上的物流路径需要更改。对此,厂商通常采取“订货到”库存水平来应对这种风险,而政府也同时积极地采取相应补贴来减少企业库存成本的损失。针对这种情况,厂商(采购商)需要设定合理的库存控制水平。为此,我们分两种情况讨论了物流路径重构风险下的库存控制策略:一种是分散化决策,另一种是集中化决策。在这两种控制决策下,通过最大化厂商或供应链的期望利润,可以得到各自的最优订货策略和最大利润函数。通过比较两种情形下的供应链总利润,可以发现集中化决策下的供应链总利润比分散化决策下的供应链总利润要高,但需要协调供应商和采购商的行为,通过最优价格折扣可以实现这种协调,以保证供应商应急转运点的利润不低于分散策略的利润,以及采购商应急转运点的利润不低于分散策略的利润。由此,我们得到的最优价格机制能使采购商的利润最大化。针对这两种情形下的库存控制模型,通过仿真分析库存成本参数、需求参数、速度阻尼系数(或放缓系数)对最优订货决策与利润的影响,我们发现,当厂商的单位库存持有成本不断上升时,厂商选择的优化放缓系数和供应商选择的优化转换车辆载重能力比都随之增加,与其成正比;当一次性订货的成本较高时,企业愿意订更多的货来摊薄每次订货成本,但同时因为库存成本的升高,企业的安全库存水平会降低。再者,集中化决策下的供应链整体利润和分散化决策下的供应链整体利润间的差值,会随着需求标准差的增大而增大,因而在供应链路径应急重构方案下,集中化决策能更好地减轻提前期内需求波动的影响;与分散化决策相比,集中化决策使厂商倾向于更高的阻尼放缓系数,以使货物能更快到达,从而减轻提前期内需求波动的影响。另外,采购商和供应商在政府不采取车辆管制的情况下,更应该采取集中化决策来应对供应链中断的风险;价格折扣协调机制可以使采购商和供应商在集中化决策下优化的订货批量和放缓系数不变时,提高集中化决策的供应链整体利润。

本书对供应链中断风险和库存控制应急策略进行的研究,积极借鉴了国内外相关研究的最新成果,并以此为基础做了一些更深入细致的、具有创造性的研究工作。本书的主要创新:

(1) 针对大型活动引发的供应链中断风险控制问题,通过文献综述以及定性分析与归纳,提出了一种应对供应链中断风险的应急管理框架,为相关理论研究提供了一种思路,并用德尔福公司的应急管理实践证明了框架的实际有效性。

(2) 针对大型活动引发的供应商中断风险控制问题,提出了一种由稳健库存控制与虚拟双源采购组成的混合应急管理模型。在单次中断和动态中断的情形下,应用系统动力学仿真方法对这个复杂模型进行分析,发现了 5 个有关应急库存控制的基本结论,表明各个供应链成员之间不同库存和订货策略会影响厂商的长期利润,更新了控制中断风险的现有库存理论。

(3) 针对大型活动会引发供应链的物流路径拥塞和关闭风险的控制问题,建立了一个含有需求不确定性、进场物流运输数量不确定和政府补贴 3 个决策变量的库存控制模型。通过系统仿真分析来最小化系统的期望库存成本,得到了最优"订货到"库存水平的近似解和相关结论,填补了在物流路径关闭风险下有政府补贴的库存控制理论的空白。

(4) 针对有临时车辆管制下的物流路径重构的风险控制问题,提出了一种包含由车辆管制引起的速度阻尼系数、转运车辆载重比等因素的库存控制模型,并分集中化决策和分散化决策两种情形进行讨论。研究发现,利用最优价格折扣机制来协调集中化决策下的采购商和供应商的双重边际化行为,可以使供应链利润达到最大化。研究填补了包含由车辆管制引起的速度阻尼系数和转运车辆载重比等因素的库存控制理论的空白。

7.2 研究展望

本书对供应链中断风险下的库存控制策略进行了研究,从战略和运营上为供应链中断风险管理理论和实践提供了决策依据,但是囿于篇幅和作者水平,本书所作的研究仍有待扩展。问题主要有:

(1) 应对供应链中断风险时,需要有一个完整的中断风险管理框架和评估体系,以便为供应链中断风险的理论研究和实践管理提供一个决策框架,有待今后进一步研究。

(2) 在对物流路径关闭和拥塞风险控制的研究中,虽然我们考虑了多期角度的库存控制问题,但我们假定需求提前期是零。现实中,提前期经常会发生变化,是一个随机变量。基于随机订单提前期的物流中断模型有待进一步研究。

(3) 在对供应商中断风险的库存控制和应急策略的研究中,系统动力学模型分析虽然创新地对制造商的长期利润以及安全库存、中断参数、市场流失率等因素对利润的影响进行了分析,但这些分析都是局限在数值仿真角度。有关理论模型的求解问题和启发式算法有待今后进一步研究。

参考文献

[1] Lee H. L. The triple－A supply chain[J]. *Harvard Business Review*, 2004, 82(10): 102－113.

[2] O'Marah K. A reality check on the collaboration dreams [J]. *Supply Chain Management Review*, 2001, 5(3): 23－26.

[3] Harland C., Brenchley R., Walker H. Risk in supply networks[J]. *Journal of Purchasing and Supply Management*, 2003, 9(2): 51－62.

[4] Tapiero C. S., Grando A. Risks and supply chains[J]. *International Journal of Risk Assessment and Management*, 2008, 9(3): 199－212.

[5] Zsidisin G. A. A grounded definition of supply risk[J]. *Journal of Purchasing and Supply Management*, 2003, 9(5): 217－224.

[6] Kleindorfer P. R., Saad G. H. Managing disruption risks in supply chains[J]. *Production and Operations Management*, 2005, 14(1): 53－68.

[7] Chopra S., Sodhi P. *Supply Chain Management: Strategy, Planning & Operation*[M]. Springer, 2004.

[8] Tang C. S. Perspectives in supply chain risk management [J]. *International Journal of Production Economics*,

2006, 103(2): 451 - 488.

[9] Sheffi Y. Supply chain management under the threat of international terrorism[J]. *International Journal of Logistics Management*, 2001, 12(2): 1 - 11.

[10] 张以彬,陈俊芳. 供应链的风险识别框架及其柔性控制策略[J]. 工业工程与管理, 2008, 13(1): 47 - 52.

[11] Snyder L. V., Schmitt A. J., Shen Z-JM. Inventory systems with stochastic demand and supply: Properties and approximations[J]. *European Journal of Operational Research*, 2010, 206(2): 313 - 328.

[12] Stauffer D. Supply Chain Risk, Deal with It[J]. *Harvard Business Week*, 2003.

[13] Tomlin B. On the value of mitigation and contingency strategies for managing supply chain disruption risks[J]. *Management Science*, 2006, 52(5): 639 - 657.

[14] Craighead C. W., Blackhurst J., Rungtusanatham M. J., et al. The severity of supply chain disruptions: Design characteristics and mitigation capabilities[J]. *Decision Sciences*, 2007, 38(1): 131 - 156.

[15] Tang C. S. Robust strategies for mitigating supply chain disruptions[J]. *International Journal of Logistics: Research and Applications*, 2006, 9(1): 33 - 45.

[16] Chopra S., Reinhardt G., Mohan U. The importance of decoupling recurrent and disruption risks in a supply chain [J]. *Naval Research Logistics* (NRL), 2007, 54(5): 544 - 555.

[17] Xiao T, . Yu G. Supply chain disruption management and evolutionarily stable strategies of retailers in the quantity - setting

duopoly situation with homogeneous goods[J]. *European Journal of Operational Research*, 2006, 173(2): 648-668.

[18] Xanthopoulos A., Vlachos D., Iakovou E. Optimal newsvendor policies for dual-sourcing supply chains: A disruption risk management framework[J]. *Computers & Operations Research*, 2012, 39(2): 350-357.

[19] Christopher M., Lee H. Mitigating supply chain risk through improved confidence[J]. *International Journal of Physical Distribution & Logistics Management*, 2004, 34(5): 388-396.

[20] Zhang Q., Vonderembse M. A., Lim J-S. Value chain flexibility: A dichotomy of competence and capability[J]. *International Journal of Production Research*, 2002, 40(3): 561-583.

[21] Xiao T., Qi X. Price competition, cost and demand disruptions and coordination of a supply chain with one manufacturer and two competing retailers[J]. *Omega*, 2008, 36(5): 741-753.

[22] Xiao T., Qi X., Yu G. Coordination of supply chain after demand disruptions when retailers compete[J]. *International Journal of Production Economics*, 2007, 109(1): 162-179.

[23] Xiao T., Yu G., Sheng Z., et al. Coordination of a supply chain with one-manufacturer and two-retailers under demand promotion and disruption management decisions[J]. *Annals of Operations Research*, 2005, 135(1): 87-109.

[24] Atasoy B., Güllü R., Tan T. Optimal inventory policies with non-stationary supply disruptions and advance supply information[J]. *Decision Support Systems*, 2012, 53(2): 269-281.

[25] Parlar M., Wang Y., Gerchak Y. A periodic review inventory model with Markovian supply availability[J]. *International Journal of Production Economics*, 1995, 42(2): 131-136.

[26] Weiss H. J., Rosenthal E. C. Optimal ordering policies when anticipating a disruption in supply or demand[J]. *European Journal of Operational Research*, 1992, 59(3): 370-382.

[27] Parlar M., Perry D. Analysis of a (Q, r, T) inventory policy with deterministic and random yields when future supply is uncertain[J]. *European Journal of Operational Research*, 1995, 84(2): 431-443.

[28] Snyder L., Tomlin B. Inventory management with advanced warning of disruptions. Working paper, PC Rossin College of Engineering and Applied Sciences, Lehigh University, Bethlehem, PA, 2008.

[29] Arreola-Risa A., DeCroix G. A. Inventory management under random supply disruptions and partial backorders[J]. *Naval Research Logistics*, 1998, 45(7): 687-703.

[30] Özekici S., Parlar M. Inventory models with unreliable suppliersin a random environment[J]. *Annals of Operations Research*, 1999, 91: 123-136.

[31] Sawik T. Joint supplier selection and scheduling of cus-

tomer orders under disruption risks: Single vs. dual sourcing[J]. *Omega*, 2014, 43: 83-95.

[32] Fujimoto T., Park Y.W. Balancing supply chain competitiveness and robustness through "virtual dual sourcing": Lessons from the great east Japan earthquake[J]. *International Journal of Production Economics*, 2014, 147: 429-436.

[33] Snyder L.V., Shen Z-JM. Supply and demand uncertainty in multi-echelon supply chains [J]. *Submitted for Publication, Lehigh University*, 2006.

[34] Moinzadeh K., Lee H.L. Two-parameter approximations for multi-echelon repairable inventory models with batch ordering policy [J]. *IIE Transactions*, 1987, 19(2): 140-149.

[35] Berk E., Arreola-Risa A. Note on "Future supply uncertainty in EOQ models" [J]. *Naval Research Logistics* (NRL), 1994, 41(1): 129-132.

[36] Gupta D. The (*Q*, *r*) inventory system with an unreliable supplier[J]. *Infor*, 1996, 34(2): 59-76.

[37] Ross A.M., Rong Y., Snyder L.V. Supply disruptions with time-dependent parameters[J]. *Computers & Operations Research*, 2008, 35(11): 3504-3529.

[38] Gürler Ü, Parlar M. An inventory problem with two randomly available suppliers [J]. *Operations Research*, 1997, 45(6): 904-918.

[39] Tomlin B. Impact of supply learning when suppliers are unreliable [J]. *Manufacturing & Service Operations Management*, 2009, 11(2): 192-209.

[40] Schmitt A. J., Snyder L. V. Infinite-horizon models for inventory control under yield uncertainty and disruptions [J]. *Computers & Operations Research*, 2012, 39(4): 850 - 862.

[41] Dada M., Petruzzi N. C., Schwarz L. B. A newsvendor's procurement problem when suppliers are unreliable [J]. *Manufacturing & Service Operations Management*, 2007, 9(1): 9 - 32.

[42] Babich V., Burnetas A. N., Ritchken P. H. Competition and diversification effects in supply chains with supplier default risk [J]. *Manufacturing & Service Operations Management*, 2007, 9(2): 123 - 146.

[43] Tang C., Tomlin B. The power of flexibility for mitigating supply chain risks[J]. *International Journal of Production Economics*, 2008, 116(1): 12 - 27.

[44] Lewis B. M., Erera A. L., Nowak M. A., et al. Managing inventory in global supply chains facing port-of-entry disruption Risks [J]. *Transportation Science*, 2013, 47(2): 162 - 180.

[45] Rice J. B., Caniato F. Supply chain response to terrorism: Creating resilient and secure supply chains[J]. Report by MIT Center for Transportation and Logistics, 2003.

[46] 胡云超，申金升，黄爱玲．城市货运交通管制情景下城市配送多目标优化效益研究[J]．交通运输系统工程与信息，2013，12(6)：119 - 125.

[47] Kaplan R. S. A dynamic inventory model with stochastic lead times[J]. *Management Science*, 1970, 16(7): 491 - 507.

[48] Ehrhardt R. (*s*, *S*) policies for a dynamic inventory model with stochastic lead times [J]. *Operations Research*, 1984, 32(1): 121 - 132.

[49] Song J-S, Zipkin P. H. Inventory control with information about supply conditions[J]. *Management Science*, 1996, 42(10): 1409 - 1419.

[50] Chen F., Yu B. Quantifying the value of leadtime information in a single-location inventory system[J]. *Manufacturing & Service Operations Management*, 2005, 7 (2): 144 - 151.

[51] Chen Z-L, Vairaktarakis G. L. Integrated scheduling of production and distribution operations[J]. *Management Science*, 2005, 51(4): 614 - 628.

[52] Bylka S. Turnpike policies for periodic review inventory model with emergency orders[J]. *International Journal of Production Economics*, 2005, 93: 357 - 373.

[53] Duran A., Gutierrez G., Zequeira R. I. A continuous review inventory model with order expediting[J]. *International Journal of Production Economics*, 2004, 87(2): 157 - 169.

[54] Gaukler G. M., Özer Ö., Hausman W. H. Order progress information: Improved dynamic emergency ordering policies[J]. *Production and Operations Management*, 2008, 17(6): 599 - 613.

[55] 孙磊，朱琼，张洁. 随机提前期下考虑动态紧急订货的库存模型[J]. 上海交通大学学报，2010(3): 317 - 321.

[56] Bookbinder J. H., Cakanyildirim M. Random lead times

and expedited orders in (*Q*, *r*) inventory systems[J]. *European Journal of Operational Research*, 1999, 115 (2): 300 - 313.

[57] 桑小娟,蒋淑华. 浅析交通管制下的仓储管理问题[J]. 交通企业管理, 2012, 27(10): 61 - 63.

[58] Axsäter S., Howard C., Marklund J. A distribution inventory model with transshipments from a support warehouse[J]. *IIE Transactions*, 2013, 45(3): 309 - 322.

[59] Paterson C., Kiesmüller G., Teunter R., et al. Inventory models with lateral transshipments: A review[J]. *European Journal of Operational Research*, 2011, 210 (2): 125 - 136.

[60] Caggiano K.E., Jackson P.L., Muckstadt J.A., et al. Efficient computation of time-based customer service levels in a multi-item, multi-echelon supply chain: A practical approach for inventory optimization[J]. *European Journal of Operational Research*, 2009, 199(3): 744 - 749.

[61] Kutanoglu E., Lohiya D. Integrated inventory and transportation mode selection: A service parts logistics system [J]. *Transportation Research Part E: Logistics and Transportation Review*, 2008, 44(5): 665 - 683.

[62] Kutanoglu E., Mahajan M. An inventory sharing and allocation method for a multi-location service parts logistics network with time-based service levels[J]. *European Journal of Operational Research*, 2009, 194(3): 728 - 742.

[63] Reijnen I., Tan T., Van Houtum G. Inventory planning

for spare parts networks with delivery time requirements [J]. *Eindhoven University of Technology*, The Netherlands, 2009.

[64] Liu J., Lee C-G. Evaluation of inventory policies with unidirectional substitutions [J]. *European Journal of Operational Research*, 2007, 182(1): 145 - 163.

[65] Olsson F. An inventory model with unidirectional lateral transshipments [J]. *European Journal of Operational Research*, 2010, 200(3): 725 - 732.

[66] Xu K., Evers P. T., Fu M. C. Estimating customer service in a two-location continuous review inventory model with emergency transshipments[J]. *European Journal of Operational Research*, 2003, 145(3): 569 - 584.

[67] Van Wijk A., Adan I., Van Houtum G. Optimal lateral transshipment policy for a two location inventory problem [J]. *Eurandom Report*, *Eindhoven University of Technology*, 2009.

[68] Axsäster S. Approximate evaluation of batch-ordering policies for a one warehouse: A non- identical retailer system under compound poisson demand[J]. *Naval Research Logistics* (NRL), 1995, 42(5): 807 - 819.

[69] Chen F., Zheng Y-S. Evaluating echelon stock (R, nQ) policies in serial production/inventory systems with stochastic demand[J]. *Management Science*, 1994, 40 (10): 1262 - 1275.

[70] Axsäster S., Rosling K. Notes: Installation vs. echelon stock policies for multilevel inventory control[J]. *Management Science*, 1993, 39(10): 1274 - 1280.

[71] Chen Z-L, Pundoor G. Order assignment and scheduling in a supply chain[J]. *Operations Research*, 2006, 54(3): 555-572.

[72] Ramasesh R.V., Ord J.K., Hayya J.C., et al. Sole vs. dual sourcing in stochastic lead-time (*s*, *Q*) inventory models[J]. *Management Science*, 1991, 37(4): 428-443.

[73] Norrman A., Jansson U. Ericsson's proactive supply chain risk management approach after a serious sub-supplier accident [J]. *International Journal of Physical Distribution & Logistics Management*, 2004, 34(5): 434-456.

[74] Doug B. Supply chains at risk[J]. *Industry Week*, Sep. 21, 2006.

[75] Norrman A., Lindroth R. Categorization of supply chain risk and risk management [J]. *Supply Chain Risk*, 2004, 152: 14-27.

[76] Sinha P.R., Whitman L.E., Malzahn D. Methodology to mitigate supplier risk in an aerospace supply chain[J]. *Supply Chain Management: An International Journal*, 2004, 9(2): 154-168.

[77] Heimann D., Waage F. A closed-form approximation solution for an inventory model with supply disruptions and non-ZIO reorder policy[J]. *Journal of Systemics, Cybernetics and Informatics*, 2007, 5: 1-12.

[78] Nagurney A., Dong J., Zhang D. A supply chain network equilibrium model [J]. *Transportation Research Part E: Logistics and Transportation Review*, 2002, 38

(5): 281 - 303.

[79] Kopczak L., Lee H. L. Hewlett-packard deskjet printer supply chain [M]. *Stanford Graduate School of Business*, 2004.

[80] Gaonkar R., Viswanadham N. A conceptual and analytical framework for the management of risk in supply chains. In Robotics and Automation, ICRA'04. IEEE International Conference, 2004.

[81] Parlar M., Berkin D. Future supply uncertainty in EOQ models[J]. *Naval Research Logistics* (NRL), 1991, 38 (1): 107 - 121.

[82] Moinzadeh K., Aggarwal P. K. An information based multiechelon inventory system with emergency orders [J]. *Operations Research*, 1997, 45(5): 694 - 701.

[83] Ciarallo F. W., Akella R., Morton T. E. A periodic review, production planning model with uncertain capacity and uncertain demand-optimality of extended myopic policies[J]. *Management Science*, 1994, 40(3): 320 - 332.

[84] Khang D. B., Fujiwara O. Optimality of myopic ordering policies for inventory model with stochastic supply [J]. *Operations Research*, 2000, 48(1): 181 - 184.

[85] Bollapragada R., Rao U. S., Zhang J. Managing inventory and supply performance in assembly systems with random supply capacity and demand[J]. *Management Science*, 2004, 50(12): 1729 - 1743.

[86] Yano C. A., Lee H. L. Lot sizing with random yields: A review[J]. *Operations Research*, 1995, 43(2): 311 - 334.

[87] Gerchak Y., Parlar M. Yield randomness, cost tradeoffs, and diversification in the EOQ model[J]. *Naval Research Logistics* (NRL), 1990, 37(3): 341 – 354.

[88] Agrawal N., Nahmias S. Rationalization of the supplier base in the presence of yield uncertainty[J]. *Production and Operations Management*, 1997, 6(3): 291 – 308.

[89] Gurnani H., Akella R., Lehoczky J. Supply management in assembly systems with random yield and random demand[J]. *IIE Transactions*, 2000, 32(8): 701 – 714.

[90] Chen H., Parlar M. Dynamic analysis of the Newsboy model with early purchase commitments[J]. *International Journal of Services and Operations Management*, 2005, 1(1): 56 – 74.

[91] Anupindi R., Akella R. Diversification under supply uncertainty[J]. *Management Science*, 1993, 39(8): 944 – 963.

[92] Parlar M., Wang D. Diversification under yield randomness in inventory models[J]. *European Journal of Operational Research*, 1993, 66(1): 52 – 64.

[93] Swaminathan J. M., Shanthikumar J. G. Supplier diversification: Effect of discrete demand[J]. *Operations Research Letters*, 1999, 24(5): 213 – 221.

[94] Chao X., Zipkin P. H. Optimal policy for a periodic-review inventory system under a supply capacity contract [J]. *Operations Research*, 2008, 56(1): 59 – 68.

[95] Parlar M., Perry D. Inventory models of future supply uncertainty with single and multiple suppliers[J]. *Naval Research Logistics* (NRL), 1996, 43(2): 191 – 210.

[96] Korvelis P., Milner J. M. Supply chain capacity and out-

sourcing decisions: The dynamic interplay of demand and supply uncertainty[J]. *IIE Transactions*, 2002, 34(8): 717-728.

[97] Fukuda Y. Optimal policies for the inventory problem with negotiable leadtime [J]. *Management Science*, 1964, 10(4): 690-708.

[98] Moinzadeh K., Nahmias S. A continuous review model for an inventory system with two supply modes [J]. *Management Science*, 1988, 34(6): 761-773.

[99] Scheller-Wolf A., Tayur S. A Markovian dual-source production-inventory model with order bands. Citeseer, 1998.

[100] He X., Prasad A., Sethi S. P. Cooperative advertising and pricing in a dynamic stochastic supply chain: Feedback Stackelberg strategies[J]. *Production and Operations Management*, 2009, 18(1): 78-94.

[101] Chiang W., Feng Y. The value of information sharing in the presence of supply uncertainty and demand volatility [J]. *International Journal of Production Research*, 2007, 45(6): 1429-1447.

[102] Rao S., Goldsby T.J. Supply chain risks: A review and typology[J]. *International Journal of Logistics Management*, 2009, 20(1): 97-123.

[103] Ezell B. C., Farr J. V., Wiese I. Infrastructure risk analysis model[J]. *Journal of Infrastructure Systems*, 2000, 6(3): 114-117.

[104] Chopra S., Sodhi M. Managing risk to avoid supply-chain breakdown [J]. *MIT Sloan Management Review*, 2004, 46: 53-61.

[105] Christopher M. Creating resilient supply chains[J]. *Logistics Europe*, Feb. 2004: 14－21.

[106] Ramsey M., Moffett S. Japan parts shortage hits auto makers[J]. *Wall Street Journal* (March 24) B, Jan. 2011.

[107] Norrman A, R. Supply chain risk management: Purchasers' vs. planners' views on sharing capacity investment risks in the telecom industry[J]. *Proceedings of the 11th International Annual IPSERA Conference, Twente University*, 25－27, March, 2002: 577－595.

[108] Hendricks K.B., Singhal V.R. An empirical analysis of the effect of supply chain disruptions on long run stock price performance and equity risk of the firm[J]. *Production and Operations Management*, 2005, 14(1): 35－52.

[109] 包兴,季建华. 考虑管理者风险态度的大型服务运作系统能力应急管理[J]. 系统管理学报, 2009, 18(5).

[110] 朱丹. 供应链应急物流系统构建研究[J]. 北京交通大学学报: 社会科学版, 2011, 10(2): 59－64.

[111] Tsay A.A., Nahmias S., Agrawal N. Modeling supply chain contracts: A review. In Tayur S., Ganeshan R., & Magazine M. (Eds.), quantitative models for supply chain management[J]. *Kluwer Academic Publishers*, Norwell, MA, 1999: 299－336.

[112] G. P. C. The allocation of inventory risk in a supply chain: Push, pull, and advance-purchase discount contracts [J]. *Management Science*, 2004, 50(2): 222－238.

[113] Johnson M.E. Learning from toys: Lessons in managing supply chain risk from the toy industry[J]. *California Management Review*, 2001, 43(3).

[114] Lambert D. M., Cooper M. C. Issues in supply chain management[J]. *Industrial Marketing Management*, 2000, 29(1): 65-83.

[115] Gaonkar R. S., Viswanadham N. Analytical framework for the management of riskin supply chains[J]. *Automation Science and Engineering, IEEE Transactions*, 2007, 4(2): 265-273.

[116] Yu G., Qi X. *Disruption Management: Framework, Models and Applications*[M]. World Scientific, 2004.

[117] Svensson G. A conceptual framework for the analysis of vulnerability in supply chains[J]. *International Journal of Physical Distribution & Logistics Management*, 2000, 30(9): 731-750.

[118] Chapman P., Christopher M., Jüttner U., et al. Identifying and managing supply chain vulnerability[J]. *Logistics and Transport Focus*, 2002, 4(4): 59-70.

[119] Sheffi Y. The resilient enterprise: Overcoming vulnerability for competitive advantage[J]. *MIT Press Books*, 2005, 1.

[120] Sarathy R. Security and the global supply chain[J]. *Transportation Journal*, 2006: 28-51.

[121] Datta D. P., Christopher M. & Allen P. Agent-based modelling of complex production/distribution systems to improve resilience[J]. *International Journal of Logistics Research and Applications*, 2007, 10(3): 187-203.

[122] Rice J. B., Caniato F. Building a secure and resilient

supply network [J]. *Supply Chain Management Review*, Vol. 7, No. 5(Sep. /Oct. 2003):22 – 30.

[123] Peck H. Drivers of supply chain vulnerability: An integrated framework[J]. *International Journal of Physical Distribution & Logistics Management*, 2005, 35 (4): 210 – 232.

[124] Svensson G. A conceptual framework of vulnerability in firms' inbound and outbound logistics flows[J]. *International Journal of Physical Distribution & Logistics Management*, 2002, 32(2): 110 – 134.

[125] Zinn W., Knemeyer A. M., Eroglu C. Managing the risk of catastrophic events in supply chains[J]. *Working Paper*, 2006.

[126] Sheffi Y., Rice Jr. J. B. A supply chain view of the resilient enterprise[J]. *MIT Sloan Management Review*, 47(1), 2005.

[127] Murphy J. Managing supply chain risk: Building in resilience and preparing for disruption[J]. *White Paper, WisdomNet Inc*, 2006.

[128] Zsidisin G. A., Smith M. E. Managing supply risk with early supplier involvement: A case study and research propositions[J]. *Journal of Supply Chain Management*, 2005, 41(4): 44 – 57.

[129] Linton J. D., Klassen R., Jayaraman V. Sustainable supply chains: An introduction[J]. *Journal of Operations Management*, 2007, 25(6): 1075 – 1082.

[130] Merriam-Webster. http://www. merriam-webster. com/dictionary/ sustainable.

[131] Russell D. M., Saldanha J. P. Five tenets of security-aware logistics and supply chain operation[J]. *Transportation Journal*, 2003: 44-54.

[132] Billington C., Johnson B., Triantis A. A real options perspective on supply chain management in high technology[J]. *Journal of Applied Corporate Finance*, 2002, 15(2): 32-43.

[133] Li J., Liu L. Supply chain coordination with quantity discount policy[J]. *International Journal of Production Economics*, 2006, 101(1): 89-98.

[134] Tomlin J. A major breakthrough for decision makers [J]. *Harvard Business Review*, 1958, 36(4).

[135] 李锋,魏莹. 短生命周期产品运营的系统动力学仿真优化[J]. 系统管理学报, 2012, 21(5): 642-648.

[136] 胡海菊,李勇建. 考虑再制造和产品需求可替代的短生命周期产品动态批量生产计划问题[J]. 系统工程理论与实践, 2007, 27(12): 76-84.

[137] Mohebbi E., Hao D. An inventory model with non-resuming randomly interruptible lead time[J]. *International Journal of Production Economics*, 2008, 114(2): 755-768.

[138] Tomlin B., Wang Y. On the value of mix flexibility and dual sourcing in unreliable newsvendor networks[J]. *Manufacturing & Service Operations Management*, 2005, 7(1): 37-57.

[139] Meyer R. R., Rothkopf M. H., Smith S. A. Reliability and inventory in a production-storage system[J]. *Management Science*, 1979, 25(8): 799-807.

[140] Li Z., Xu S. H., Hayya J. A periodic-review inventory system with supply interruptions[J]. *Probability in the Engineering and Informational Sciences*, 2004, 18(1): 33 - 53.

[141] DeCroix G. A. Inventory management for an assembly system subject to supply disruptions[J]. *Management Science*, 2013, 59(9): 2079 - 2092.

[142] Yang J., Qi X., Xia Y. A production-inventory system with Markovian capacity and outsourcing option[J]. *Operations Research*, 2005, 53(2): 328 - 349.

[143] Qi L., Shen Z-J, Snyder L. V. A continuous review inventory model with disruptions at both supplier and retailer[J]. *Production and Operations Management*, 2009, 18(5): 516 - 532.

[144] Zipkin P. H. *Foundations of Inventory Management* [M]. McGraw-Hill, 2000.

[145] De Kok A. *Backorder lead time behaviour in (s, Q) Inventory Models With Compound Renewal Demand* [M]. Eindhoven University of Technology, Department of Mathematics and Computing Science, 1993.

[146] Liao C-J, Shyu C-H. An analytical determination of lead time with normal demand[J]. *International Journal of Operations & Production Management*, 1991, 11(9): 72 - 78.

[147] Ben-Daya M., Raouf A. Inventory models involving lead time as a decision variable[J]. *Journal of the Operational Research Society*, 1994: 579 - 582.

[148] Ouyang L-Y, Yeh N-C, Wu K-S. Mixture inventory

model with backorders and lost sales for variable lead time[J]. *Journal of the Operational Research Society*, 1996: 829 – 832.

[149] Moon I., Choi S. Technical note: A note on lead time and distributional assumptions in continuous review inventory models [J]. *Computers & Operations Research*, 1998, 25(11): 1007 – 1012.

[150] Clark A.J., Scarf H. Optimal policies for a multi-echelon inventory problem[J]. *Management Science*, 1960, 6(4): 475 – 490.

[151] Cachon G.P., Zipkin P.H. Competitive and cooperative inventory policies in a two-stage supply chain[J]. *Management Science*, 1999, 45(7): 936 – 953.

[152] Cachon G. P. Stock wars: Inventory competition in a two-echelon supply chain with multiple retailers [J]. *Operations Research*, 2001, 49(5): 658 – 674.

[153] Graves S.C., Willems S.P. Supply chain design: Safety stock placement and supply chain configuration [J]. *Handbooks in Operations Research and Management Science*, 2003, 11: 95 – 132.

[154] Bichescu B.C., Fry M.J. A numerical analysis of supply chain performance under split decision rights [J]. *Omega*, 2009, 37(2): 358 – 379.

[155] Sarmah S., Acharya D., Goyal S. Buyer vendor coordination models in supply chain management [J]. *European Journal of Operational Research*, 2006, 175(1): 1 – 15.

[156] Goyal S. A one-vendor multi-buyer integrated inventory model: A comment[J]. *European Journal of Opera-*

tional Research, 1995, 82(1): 209 - 210.

[157] Hill R. M. The optimal production and shipment policy for the single-vendor singlebuyer integrated production-inventory problem[J]. *International Journal of Production Research*, 1999, 37(11): 2463 - 2475.

[158] Ben-Daya M., Hariga M. Integrated single-vendor single-buyer model with stochastic demand and variable lead time[J]. *International Journal of Production Eco nomics*, 2004, 92(1): 75 - 80.

[159] Sajadieh M. S., Jokar M. R. A., Modarres M. Developing a coordinated vendor-buyer model in two-stage supply chains with stochastic lead-times[J]. *Computers & Operations Research*, 2009, 36(8): 2484 - 2489.

[160] Ertogral K., Darwish M., Ben-Daya M. Production and shipment lot sizing in a vendor-buyer supply chain with transportation cost[J]. *European Journal of Operational Research*, 2007, 176(3): 1592 - 1606.

[161] Ben-Daya M., Darwish M., Ertogral K. The joint economic lot sizing problem: Review and extensions[J]. *European Journal of Operational Research*, 2008, 185(2): 726 - 742.

[162] Chen H., Chen J., Chen Y. F. A coordination mechanism for a supply chain with demand information updating[J]. *International Journal of Production Economics*, 2006, 103(1): 347 - 361.

[163] Lee C. H., Rhee B-D. Channel coordination using product returns for a supply chain with stochastic salvage capacity[J]. *European Journal of Operational Research*,

2007, 177(1): 214-238.

[164] Ding D., Chen J. Coordinating a three level supply chain with flexible return policies[J]. *Omega*, 2008, 36(5): 865-876.

[165] Weng Z.K. Channel coordination and quantity discounts [J]. *Management Science*, 1995, 41(9): 1509-1522.

[166] Wang Q. Determination of suppliers' optimal quantity discount schedules with heterogeneous buyers [J]. *Naval Research Logistics* (NRL), 2002, 49(1): 46-59.

[167] Wang Q. Discount pricing policies and the coordination of decentralized distribution systems[J]. *Decision Sciences*, 2005, 36(4): 627-646.

[168] Qi X., Bard J.F., Yu G. Supply chain coordination with demand disruptions[J]. *Omega*, 2004, 32(4): 301-312.

[169] Shin H., Benton W. A quantity discount approach to supply chain coordination [J]. *European Journal of Operational Research*, 2007, 180(2): 601-616.

[170] Schotanus F., Telgen J. & De Boer L. Unraveling quantity discounts[J]. *Omega*, 2009, 37(3): 510-521.

[171] Arrow K.J., Harris T., Marschak J. Optimal inventory policy[J]. *Econometrica: Journal of the Econometric Society*, 1951: 250-272.

[172] Beyer D., Sethi S. The classical average-cost inventory models of Iglehart and Veinott-Wagner revisited[J].

Journal of Optimization Theory and Applications, 1999, 101(3): 523 – 555.

[173] Li X., Sridharan V. Characterizing order processes of using (R, nQ) inventory policies in supply chains[J]. *Omega*, 2008, 36(6): 1096 – 1104.

[174] Chen F., Zheng Y-S. Lower bounds for multi-echelon stochastic inventory systems[J]. *Management Science*, 1994, 40(11): 1426 – 1443.

[175] Noblesse A. M., Boute R. N., Lambrecht M. R., et al. Characterizing order processes of continuous review (s, S) and (r, nQ) policies[J]. *European Journal of Operational Research*, 2014, 236(2): 534 – 547.

[176] Kamal Chaharsooghi S., Heydari J., Nakhai Kamalabadi I. Simultaneous coordination of order quantity and reorder point in a two-stage supply chain[J]. *Computers & Operations Research*, 2011, 38(12): 1667 – 1677.

[177] 金海和,郭仁拥. 供应链多级库存随机模型及其优化研究[J]. 计算机集成制造系统, 2007, 13(2): 257 – 261.

附　录

附录 A:第五章附录

A.1 命题 5.1 的证明

如果 $f(u)$和 $F(u)$分别是均值为 $\bar{u}$ 的一般正态分布的概率密度函数和分布函数,$B(u)=\int_{r}^{\infty}(u-r)f(u)\mathrm{d}u=\int_{r}^{\infty}[1-F(u)]\mathrm{d}u$ 为损失函数,则有一般转换公式:

$$\int_{r}^{\infty}(u-r)f(u)\mathrm{d}u=\sigma B(k) \tag{A-1}$$

$$\int_{-\infty}^{r}(r-u)f(u)\mathrm{d}u=\sigma k+\sigma B(k) \tag{A-2}$$

其中,$k=\frac{r-\mu}{\sigma}\sim N(0,1)$,$B(\cdot)$为标准正态损失函数。

因此,我们有:

$$\begin{aligned}C(S)&=\sum_{i=1}^{\infty}\pi_{i-1}[h\int_{-\infty}^{s}(S-x_i)g_i(x_i)\mathrm{d}x+p\int_{S}^{\infty}(x_i-S)g_i(x_i)\mathrm{d}x]-\varphi(S)\\&=\sum_{i=1}^{\infty}\pi_{i-1}[h\int_{-\infty}^{s}(S-x_i)g_i(x_i)\mathrm{d}x+p\int_{S}^{\infty}(x_i-S)g_i(x_i)\mathrm{d}x]-\varphi(S)\end{aligned} \tag{A-3}$$

A.2 命题 5.2 的证明

应用损失函数可以进一步将式(A－3)简化,得到:

$$C(S)=-\beta S+\sum_{i=1}^{\infty}\pi_{i-1}\left[h(S-i\mu)+(p+h)\sqrt{i}\sigma B\left(\frac{S-i\mu}{\sqrt{i}\sigma}\right)\right] \tag{A－4}$$

函数 $C(S)$的一阶导数为:

$$\frac{\partial C}{\partial S}=-\beta+\sum_{i=1}^{\infty}\pi_{i-1}\left[(p+h)G\left(\frac{S-i\mu}{\sqrt{i}\sigma}\right)-p\right] \tag{A－5}$$

成本函数的二阶导数为:

$$\frac{\partial^2 C}{\partial S^2}=\sum_{i=1}^{\infty}\pi_{i-1}\left[\frac{(p+h)}{\sqrt{i}\sigma}g\left(\frac{S-i\mu}{\sqrt{i}\sigma}\right)\right]\geqslant 0 \tag{A－6}$$

因此,$C(S)$关于 S 是凸函数,有最小值的优化解。

A.3 命题 5.3 的证明

当 $n>i$, $\frac{S-i\mu}{\sqrt{i}\sigma}$是个大数值的正数时, $B\left(\frac{S-i\mu}{\sqrt{i}\sigma}\right)\cong 0$;

当 $n<i$, $\frac{S-i\mu}{\sqrt{i}\sigma}$是个大数值的负数时, $B\left(\frac{S-i\mu}{\sqrt{i}\sigma}\right)\cong -\frac{S-i\mu}{\sqrt{i}\sigma}$。

因此,

$$\begin{aligned}C(S)=&-\beta S+\sum_{i=1}^{n-1}\pi_{i-1}\left[h(S-i\mu)+(p+h)\sqrt{i}\sigma B\left(\frac{S-i\mu}{\sqrt{i}\sigma}\right)\right]\\&+\pi_{n-1}\left[h-(S-n\mu)+(p+h)\sqrt{i}\sigma B\left(\frac{S-n\mu}{\sqrt{i}\sigma}\right)\right]\\&+\sum_{i=n+1}^{\infty}\pi_{i-1}\left[h(S-i\mu)+(p+h)\sqrt{i}\sigma B\left(\frac{S-i\mu}{\sqrt{i}\sigma}\right)\right]\end{aligned}$$

$$= -\beta S + \sum_{i=1}^{n-1} \pi_{i-1} h(S - i\mu) + \pi_{n-1}\Big[h(S - n\mu) + (p+h)\sqrt{i}\sigma B\Big(\frac{S - i\mu}{\sqrt{i}\sigma}\Big)\Big] + \sum_{i=n+1}^{\infty} \pi_{i-1}\Big[h(S - i\mu) - (p+h)\sqrt{i}\sigma \frac{S - i\mu}{\sqrt{i}\sigma}\Big]$$

$$= -\beta S + M(n-2)h(S - i\mu) + \pi_{i-1}\Big[h(S - n\mu) + (p+h)\sqrt{i}\sigma B\Big(\frac{S - n\mu}{\sqrt{i}\sigma}\Big) + [1 - M(n-1)]\Big[h(S - i\mu) - (p+h)\sqrt{i}\sigma\Big(\frac{S - i\mu}{\sqrt{i}\sigma}\Big)\Big] \tag{A-7}$$

其中,当 $n=1$ 时,式中的求和项为 0。

固定 n,对 s 求导得到:

$$\frac{\partial C}{\partial S} = -\beta + hM(n-2) + \pi_{n-1}\Big[h + (p+h)\Big(G\Big(\frac{S - n\mu}{\sqrt{i}\sigma}\Big) - 1\Big)\Big] + p[1 - M(n-1)] \tag{A-8}$$

简化得:

$$\frac{\partial C}{\partial S} = -\beta + hM(n-2) - p + \pi_{n-1}(p+h)G\Big(\frac{S - n\mu}{\sqrt{i}\sigma}\Big) \tag{A-9}$$

当 $\frac{\partial C}{\partial S} = 0$ 时,求得最优解 S^* 为:

$$S^* = n\mu + \sqrt{n}\sigma G^{-1}\Bigg[\frac{\frac{p+\beta}{P+h} - M(n-2)}{\pi_{n-1}}\Bigg] \tag{A-10}$$

且 $\dfrac{\frac{p+\beta}{P+h} - M(n-2)}{\pi_{n-1}}$ 应满足:

$$\frac{\frac{p+\beta}{P+h} - M(n-2)}{\pi_{n-1}} < 1 \Leftrightarrow \frac{p+\beta}{P+h} < \pi_{n-1} + M(n-2)$$

$$\Leftrightarrow \frac{p+\beta}{P+h} < M(n-1) \tag{A-11}$$

又因为 $G^{-1}(1) \to \infty$, $G^{-1}(0) \to -\infty$,有如下公式成立:

$$M(k) = \frac{p+\beta}{P+h} \tag{A-12}$$

那么,

$$S_0 = (k+1)\mu + \sqrt{(k+1)\sigma^2}\, G^{-1}\left[\frac{\frac{p+\beta}{P+h} - M(k-1)}{\pi_{k-1}}\right]$$

$$= (k+1)\mu + \infty \tag{A-13}$$

$$S_1 = (k+1)\mu + \sqrt{(k+1)\sigma^2}\, G^{-1}\left[\frac{\frac{p+\beta}{P+h} - M(k-1)}{\pi_{k-1}}\right]$$

$$= (k+2)\mu_x - \infty \Rightarrow \infty = \frac{\mu}{2} \tag{A-14}$$

我们取 $n = k+1$,因此有:

$$S^* = \begin{cases} \mu\left(n + \frac{1}{2}\right) & M(n-1) = \frac{p+\beta}{P+h} \\ n\mu + \sqrt{n}\sigma G^{-1}\left[\frac{\frac{p}{p+h} - M(n-2)}{\pi_{n-1}}\right] & \text{Min } (n)\text{满足 } M(n-1) > \frac{p+\beta}{P+h} \end{cases} \tag{A-15}$$

A.4 命题 5.4 的证明

由于成本函数的二重积分为:

$$C(S) = \sum_{i=1}^{\infty} \pi_{i-1}\left[h\int_0^S \int_{-\infty}^{S-Q} (S - Q - x_i) f_x(x_i) f_Q(Q)\mathrm{d}x_i \mathrm{d}Q + h\int_0^S \int_{S-Q}^{\infty} (x_i - (S - Q)) f_x(x_i) f_Q(Q)\mathrm{d}x_i \mathrm{d}Q\right] \tag{A-16}$$

概率论关于相互独立的随机变量的定义:设 $F(x, y)$ 及

$F_x(x)$、$F_x(y)$分别是二维随机变量(x, y)的分布函数及边缘分布函数，若 x、y 相互独立，则 $f(x, y) = f_x(x) f_y(y)$恒成立。

设 $z_i = Q + x_i$，$f_Q(Q) \sim (\mu_Q, \sigma_Q^2)$，$f_x(x_i) \sim (i\mu_x, i\sigma_x^2)$，根据定义，$g(z) = f_x(x_i) f_Q(Q)$，所以

$$g(z_i) = \int_{-\infty}^{\infty} f_x(x_i) f_Q(z_i - x_i) \mathrm{d}x_i \tag{A-17}$$

$$g(z_i) = \int_{-\infty}^{\infty} \frac{1}{\sqrt{2\pi}\sigma_x} e^{-\frac{(x_i - i\mu_x)^2}{2i\sigma_x^2}} \frac{1}{\sqrt{2\pi}\sigma_Q} e^{-\frac{(z_i - x_i - \mu_Q)^2}{2\sigma_Q^2}} \mathrm{d}x_i \tag{A-18}$$

$$g(z_i) = \int_{-\infty}^{\infty} \frac{\sqrt{i}\sigma_x\sigma_Q}{\sqrt{2\pi}\sqrt{i\sigma_x^2 + \sigma_Q^2}} \exp\left[\frac{\left(x_i - \frac{\sigma_x^2(z_i - \mu_Q) + \sigma_Q^2 i\mu_x}{i\sigma_x^2 + \sigma_Q^2}\right)}{2\left(\frac{\sqrt{i}\sigma_x\sigma_Q}{\sqrt{i\sigma_x^2 + \sigma_Q^2}}\right)^2}\right]^2$$

$$\frac{1}{\sqrt{2\pi}\sqrt{i\sigma_x^2 + \sigma_Q^2}} \exp\left[-\frac{(z_i - (i\mu_x + \mu_Q))^2}{2(i\sigma_x^2 + \sigma_Q^2)}\right] \mathrm{d}x_i \tag{A-19}$$

$$g(z_i) = \frac{1}{\sqrt{2\pi}\sqrt{i\sigma_x^2 + \sigma_Q^2}} e^{-\frac{(z_i - (i\mu_x + \mu_Q))^2}{2(i\sigma_x^2 + \sigma_Q^2)}} \tag{A-20}$$

因此，$z_i \sim N(i\mu_x + \mu_Q, \sigma_Q^2 + i\sigma_x^2)$。

A.5 命题 5.5 的证明

使用通用转换公式(A-1)和(A-2)，对下列函数求一阶导数和二阶导数：

$$C(S) = \beta S + \sum_{i=1}^{\infty} \pi_{i-1} \Big[h(S - \mu_Q - i\mu_x) + (p + h)\sqrt{\sigma_Q^2 + 2\sigma_x^2} B\left(\frac{S - \mu_Q - i\mu_x}{\sqrt{\sigma_Q^2 + i\sigma_x^2}}\right) \Big] \tag{A-21}$$

得到：

$$\frac{\partial C}{\partial S}=-\beta+\sum_{i=1}^{\infty}\pi_{i-1}\left[(p+h)F\left(\frac{S-\mu_Q-i\mu_x}{\sqrt{\sigma_Q^2+i\sigma_x^2}}\right)-p\right] \tag{A-22}$$

$$\frac{\partial^2 C}{\partial S^2}=\sum_{i=1}^{\infty}\pi_{i-1}\left[\frac{p+h}{\sqrt{\sigma_Q^2+i\sigma_x^2}}f\left(\frac{S-\mu_Q-i\mu_x}{\sqrt{\sigma_Q^2+i\sigma_x^2}}\right)\right]\geqslant 0 \tag{A-23}$$

因此，$C(S)$关于 S 是凸函数，有最优解 S^*。

A.6 命题 5.6 的证明

由于 $B\left(\frac{S-\mu_\sigma-i\mu_x}{\sqrt{\sigma_Q^2+i\sigma_x^2}}\right)$是正态分布函数，利用标准化的损失函数 $B(k)=f(k)-k(1-F(k))$，我们可以把下式拆解：

$$\begin{aligned}
C(S)=&-\beta S+\sum_{i=1}^{\infty}\pi_{i-1}\left[h(S-\mu_Q-i\mu_x)\right.\\
&\left.+(p+h)\sqrt{\sigma_Q^2+i\sigma_x^2}B\left(\frac{S-\mu_Q-i\mu_x}{\sqrt{\sigma_Q^2+i\sigma_x^2}}P\right)\right]\\
=&\beta S+\sum_{i=1}^{n-1}\pi_{i-1}\left[h(S-\mu_Q-i\mu_x)\right.\\
&\left.+(p+h)\sqrt{\sigma_Q^2+i\sigma_x^2}B\left(\frac{S-\mu_Q-i\mu_x}{\sqrt{\sigma_Q^2+i\sigma_x^2}}\right)\right]\\
&+\pi_{n-1}\left[h(S-\mu_Q-n\mu_x)\right.\\
&\left.+(p+h)\sqrt{\sigma_Q^2+n\sigma_x^2}B\left(\frac{S-\mu_Q-i\mu_x}{\sqrt{\sigma_Q^2+i\sigma_x^2}}\right)\right]\\
&+\sum_{i=n+1}^{\infty}\pi_{i-1}\left[h(S-\mu_Q-i\mu_x)\right.\\
&\left.+(p+h)\sqrt{\sigma_Q^2+i\sigma_x^2}B\left(\frac{S-\mu_Q-i\mu_x}{\sqrt{\sigma_Q^2+i\sigma_x^2}}\right)\right]
\end{aligned} \tag{A-24}$$

当 $n > i$，$\frac{S-\mu_Q-i\mu_x}{\sqrt{\sigma_Q^2+i\sigma_x^2}}$ 是个大数值的正数时，

$$B\left(\frac{S-\mu_Q-i\mu_x}{\sqrt{\sigma_Q^2+i\sigma_x^2}}\right)\cong 0 \tag{A-25}$$

当 $n < i$，$\frac{S-\mu_Q-i\mu_x}{\sqrt{\sigma_Q^2+i\sigma_x^2}}$ 是个大数值的负数时，

$$B\left(\frac{S-\mu_Q-i\mu_x}{\sqrt{\sigma_Q^2+i\sigma_x^2}}\right)\cong -\frac{S-\mu_Q-i\mu_x}{\sqrt{\sigma_Q^2+i\sigma_x^2}} \tag{A-26}$$

所以，(A－16) 式可以简化为：

$$\begin{aligned}C(S) = & -\beta S + \sum_{i=1}^{n-1}\pi_{i-1}[h(S-\mu_Q-i\mu_x) \\ & + \pi_{n-1}[h(S-\mu_q-n\mu_x) \\ & + (p+h)\sqrt{\sigma_Q^2+n\sigma_x^2}B\left(\frac{S-\mu_Q-n\mu_x}{\sqrt{\sigma_Q^2+n\sigma_x^2}}\right)] \\ & + \sum_{i=n+1}^{\infty}\pi_{i-1}[h(S-\mu_Q-i\mu_x) \\ & -(p+h)(S-\mu_Q-i\mu_x)]\end{aligned} \tag{A-27}$$

其中，$n=1$ 时，式中求和项为 0。

$$\begin{aligned}\frac{\partial C}{\partial S} &= -\beta + hM(n-2) + \pi_{n-1}\left[h+(p+h)\left(F\frac{S-\mu_Q-n\mu_x}{\sqrt{\sigma_Q^2+n\sigma_x^2}}-1\right)\right] \\ &\quad + p[1-M(n-1)] \\ &= -\beta + hM(n-2) - p + \pi_{n-1}(p+h)F\left(\frac{S-\mu_Q-n\mu_x}{\sqrt{\sigma_Q^2+n\sigma_x^2}}\right)\end{aligned} \tag{A-28}$$

当 $\frac{\partial C}{\partial S}=0$ 时，求得最优解 S_{opt}^*：

$$S_{opt}^* = \mu_Q + n\mu_x + \sqrt{\sigma_Q^2+n\sigma_x^2}F^{-1}\left[\frac{\frac{p+\beta}{P+h}-M(n-2)}{\pi_{n-1}}\right] \tag{A-29}$$

且$\dfrac{\dfrac{p+\beta}{P+h}-M(n-2)}{\pi_{n-1}}$应满足：

$$\frac{\dfrac{p+\beta}{P+h}-M(n-2)}{\pi_{n-1}}<1 \Leftrightarrow \frac{p+\beta}{P+h}<\pi_{n-1}+M(n-2)$$

$$\Leftrightarrow \frac{p+\beta}{P+h}<M(n-1) \tag{A-30}$$

又因为 $F^{-1}(1)\to\infty$, $F^{-1}(0)\to\infty$,有如下公式成立：

$$M(k)=\frac{p+\beta}{P+h} \tag{A-31}$$

那么,

$$S_0=\mu_Q+(k+1)+\mu_x + \sqrt{\sigma_Q^2+(k+1)\sigma_x^2}F^{-1}\left[\frac{\dfrac{p+\beta}{P+h}-M(k-1)}{\pi_{k-1}}\right] \tag{A-32}$$

$$=\mu_Q+(k+1)+\mu_x+\infty$$

$$S_1=\mu_Q+(k+2)+\mu_x + \sqrt{\sigma_Q^2+(k+1)\sigma_x^2}F^{-1}\left[\frac{\dfrac{p+\beta}{P+h}-M(k)}{\pi_{k-1}}\right] \tag{A-33}$$

$$=\mu_Q+(k+2)+\mu_x-\infty \Rightarrow \infty=\frac{\mu_x}{2}$$

我们取 $n=k+1$,因此有：

$$S_{opt}^*=\begin{cases}\mu_Q+\mu_x\left(n+\dfrac{1}{2}\right) & \text{当 } W=0 \text{ 时} \\ \mu_Q+n\mu_x+\sqrt{\sigma_Q^2+n\sigma_x^2}F^{-1}\left[\dfrac{\dfrac{p+\beta}{P+h}-M(k)}{\pi_{k-1}}\right] & \text{当 } W>0 \text{ 时}\end{cases} \tag{A-34}$$

其中，$W = M(n-1) - \frac{p+\beta}{P+h}$。

附录 B：第六章附录

B.1 命题 6.1 的证明

由于

$$\pi_b = (s_b - s_c)D - A_b \frac{D}{Q_1} - h_b \frac{Q_1}{2} + ss - p\frac{D}{Q_1}E(X-r)^+ - \frac{Dw}{Q_1} \tag{B-1}$$

$$E(X-r)^+ = \int_r^{\infty}(x-r)f(x)\mathrm{d}x = \sigma\sqrt{l}\Psi(k) \tag{B-2}$$

其中，$\Psi(k) = \phi(k) - k[1-\Phi(k)]$，$\Psi(k)>0$，$\phi(k)$为标准正态分布函数。

设 $l = \frac{(1+\tau)l_0}{(1+b\alpha)}$，将 $w=(1+\alpha)^2$ 代入式(A－1)，并利用式(A－2)，得到：

$$\pi_b = (s_b - s_c)D - A_b \frac{D}{Q_1} - h_b \frac{Q_1}{2} + k\sigma\sqrt{\frac{(1+\tau)l_0}{1+b\alpha}} - p\frac{D}{Q_1}\sigma\sqrt{\frac{(1+\tau)l_0}{1+b\alpha}}\Psi(k) - \frac{Dw}{Q_1} \tag{B-3}$$

其中，$0 \leqslant \alpha \leqslant 1$，$0 \leqslant \tau \leqslant 1$，$0 < \Psi(k) < 0.5$。

生产商长期利润关于 α 和 Q_1 两个变量的海塞(Hessian)矩阵计算如下：

$$H(\pi_b) = \begin{bmatrix} \frac{\partial^2 \pi_b}{\partial Q_1^2} & \frac{\partial^2 \pi_b}{\partial Q_1 \partial \alpha} \\ \frac{\partial^2 \pi_b}{\partial Q_1 \partial \alpha} & \frac{\partial^2 \pi_b}{\partial \alpha^2} \end{bmatrix} \tag{B-4}$$

其中，

$$\frac{\partial^2 \pi_b}{\partial Q_1^2}=\frac{-D[(1+\alpha)^2 w_0+A_b+p+\sigma\sqrt{\frac{(1+\tau)l_0}{1+b\alpha}}\Psi(k)]}{Q_1^3}$$

(B－5)

$$\frac{\partial^2 \pi_b}{\partial Q_1 \partial \alpha}=\frac{D[2(1+\alpha)w_0+A_b-0.5p\sigma\sqrt{(1+\tau)l_0}\Psi(k)b(1+b\alpha)^{-\frac{3}{2}}]}{Q_1^2}$$

(B－6)

$$\frac{\partial^2 \pi_b}{\partial \alpha^2}=\frac{-3b^2\sigma\sqrt{(1+\tau)l_0}(Q_1 h_b k+Dp\Psi(k))(1+b\alpha)^{-\frac{5}{2}}-2Dw_0}{Q_1}$$

(B－7)

其中，$D\leqslant Q_1$，$0\leqslant\alpha\leqslant1$，$0\leqslant b\leqslant1$，$0<\Psi(k)<0.5$。

一阶子式为负；二阶子式根据以上约束条件，在 Matlab 中通过大量符合实际的数据模拟得到也为负。所以，$|H(\pi_b)|<0$，为负定矩阵。

综上所述，上述生产商的长期利润函数 $H(\pi_b)$ 关于 (Q_1,α) 是凸的，当 $(Q_1,\alpha)=(Q_1^*,\alpha^*)$ 时，有最大值。

当 $\frac{\partial \pi_b}{\partial Q_1}=0$ 时，

$$Q_1^*=\sqrt{\frac{2D(1+\alpha)^2 w_0+A_b+p\sigma\sqrt{\frac{(1+\tau)l_0}{1+b\alpha}}\Psi(k)}{h_b}} \quad (B-8)$$

当 $\frac{\partial \pi_b}{\partial \alpha}=0$ 时，有关系式：

$$b\sigma\sqrt{1+\tau l_0}[Q_1 h_b k+Dp\Psi(k)](1+b\alpha)^{-\frac{3}{2}}-4D(1+\alpha)w_0=0$$

(B－9)

B.2 命题 6.2 的证明

$$\pi_1=(s_b-c_s)D-A_b\frac{D}{Q_I}-h_b\frac{Q_I}{2}+ss-p\frac{D}{Q_I}E(X-r_I)^+$$

$$-\frac{D_w}{Q_I}+(c_b-c_s)D-A_s\frac{D}{nQ_I}-h_s\frac{(n_I-1)Q_I}{2}$$

$$=(s_b-c_s)D-\frac{D}{Q_I}[Ab+\frac{A_s}{n_I}+pE(X-r_I)^++w]$$

$$-\frac{Q_I}{2}[h_b+(n_I-1)h_s]-h_bss \quad (B-10)$$

将 $l_I=\frac{(1+\tau)l_0}{(1+b\alpha_I)}$, $w_I=(1+\alpha_I)^2$、代入式(B－10)，整理后得到

$$\pi_I=(s_b-c_s)D-\frac{D}{Q_1}[A_b+\frac{A_s}{n_I}+p\sigma\sqrt{\frac{(1+\tau)l_0}{1+b\alpha_I}}\Psi(k)$$

$$+(1+\alpha_I)^2w_0]$$

$$-\frac{Q_I}{2}[h_b+(n_I-1)h_s]-h_bk\sigma\sqrt{\frac{(1+\tau)l_0}{1+b\alpha_I}} \quad (B-11)$$

目标函数的海塞矩阵为:

$$H_I=\begin{bmatrix}\frac{\partial^2\pi_I}{\partial Q_I^2} & \frac{\partial^2\pi_I}{\partial Q_I\partial\alpha_I} & \frac{\partial^2\pi_I}{\partial Q_I\partial n_I}\\ \frac{\partial^2\pi_I}{\partial Q_I\partial\alpha_I} & \frac{\partial^2\pi_I}{\partial\alpha_I^2} & \frac{\partial^2\pi_I}{\partial\alpha_I\partial n_I}\\ \frac{\partial^2\pi_I}{\partial Q_I\partial Q_I} & \frac{\partial^2\pi_I}{\partial n_I\partial\alpha_I} & \frac{\partial^2\pi_I}{\partial n_I^2}\end{bmatrix} \quad (B-12)$$

其中,

$$\frac{\partial^2\pi_I}{\partial Q_I^2}=\frac{-D[(1+\alpha_I)^2w_0+A_b+p+\sigma\sqrt{\frac{(1+\tau)l_0}{1+b\alpha_I}}\Psi(k)]}{Q_I^3}$$

(B－13)

$$\frac{\partial^2 \pi_I}{\partial \alpha_I^2}=\frac{-3b^2\sigma\sqrt{(1+\tau)l_0}(Q_Ih_bk+Dp\Psi(k))(1+b\alpha_I)^{-\frac{5}{2}}-2Dw_0}{4Q_I}$$

(B-14)

$$\frac{\partial^2 \pi_I}{\partial n_I^2}=\frac{2A_sD}{Q_In_I^3} \tag{B-15}$$

$$\frac{\partial^2 \pi_I}{\partial Q_I\partial \alpha_I}=\frac{D[2(1+\alpha_I)w_0+A_b-0.5p\sigma\sqrt{(1+\tau)l_0}\Psi(k)b(1+b\alpha_I)^{-\frac{3}{2}}]}{Q_I^2}$$

(B-16)

$$\frac{\partial^2 \pi_I}{\partial Q_I\partial n_I}=-\frac{A_sD}{n_I^2Q_I^2}-\frac{h_s}{2} \tag{B-17}$$

$$\frac{\partial^2 \pi_I}{\partial \alpha_I\partial n_I}=0 \tag{B-18}$$

$$\frac{\partial^2 \pi_I}{\partial Q_I^2}<0,\ \frac{\partial^2 \pi_I}{\partial n_I^2}<0,\ \frac{\partial^2 \pi_I}{\partial Q_I\partial n_I}<0,\ \frac{\partial^2 \pi_I}{\partial \alpha_I^2}<0 \tag{B-19}$$

其中，$0\leqslant\alpha_I\leqslant1$，$0\leqslant\tau\leqslant1$，$0<\Psi(k)<0.5$，在 Matlab 中通过大量实际数据运行得出$|H(\pi_I)|<0$，为负定矩阵。

因此，目标函数关于 Q_I、α_I、n_I 为凸函数，有最大值，且有最优解 Q_I^*、α_I^*、n_I^* 如下：

当$\frac{\partial\pi_I}{\partial\alpha_I}=0$时，

$$Q_I^*=\sqrt{\frac{2D\left[n_IA_b+A_s+n_Ip\sigma\sqrt{\frac{(1+\tau)l_0}{1+b\alpha_I}}\Psi(k)+n_I(1+\alpha_I)^2w_0\right]}{n_I[h_b+(n_I-1)h_s]}}$$

(B-20)

当$\frac{\partial\pi_I}{\partial\alpha_I}=0$时，得到：

$$n_I^*=\sqrt{\frac{2DA_s}{h_sQ_I^2}} \tag{B-21}$$

当$\frac{\partial \pi_I}{\partial \alpha_I}=0$时,得到 α_I^* 满足下列表达式:

$$b\sigma\sqrt{1+\tau l_0(Q_I h_t k+Dp\Psi(k))}(1+b\alpha_I)^{-\frac{3}{2}}-4D(1+\alpha_I)W_0=0 \quad \text{(B-22)}$$

其中,$0 \leqslant \alpha_I \leqslant 1$, $0 < \Psi(k) < 0.5$,求解方程可得到最优解 α^*。

致　谢

本项目得以完成，首先要感谢上海市教委科研创新基金项目给予的资助，从资金和政策上保障了我们的项目能顺利完成。

在项目研究过程中，上海立信会计学院张以彬副教授完成了研究的总体架构、问题分析、建模等工作；美国伟世通公司亚洲区物流经理龙静博士完成了项目的重要研究，并给予项目大量的实践问题导入，为案例实证提供了宝贵资料。中科院上海营养研究所唐晓阳博士在文献整理和论文撰写中做了大量工作。研究的主题部分由龙静组织成博士论文。

在项目的研究过程中，得到了加拿大劳里埃大学商学院施春明教授的指导和帮助，他为我们的项目提供了一些具有前瞻性和富有创造性的思想。上海立信会计学院工商管理一流学科领军人物邵瑞庆校长，团队成员刘睿洁、王凤副教授给予了大量帮助。

在项目的实际应用中，上海日泰医药设备工程有限公司王辉总经理为项目的实际应用提供了论文试验平台和应用分析反馈；上海斐讯数据通信技术有限公司供应商管理部副总监皮帮义工程师以及胡亮工程师、邓永红工程师提供了良好的应用平台和反馈意见。

对上述有关领导和专家给予的帮助表示感谢和敬意！同时，我们还要感谢上海交通大学安泰经济与管理学院的陈俊芳教授、季建华教授、黄培清教授、骆建文教授、邵晓峰教授等专家对论文提供的指导和宝贵意见，感谢上海立信会计学院工商管理学院黄汉江院长、张颖香书记、杨玉红副院长等对本书出版的大力支持！

最后,感谢我们家人的理解和支持。他们牺牲了很多时间为我们做好后勤服务,没有他们的支持,项目研究是无法完成的。

张以彬、龙静

2014 年 10 月于上海

相关研究成果

序号	篇名	期刊	期刊类别	发表情况	作者次序
1	高科技产业中有提前期柔性的供应链协调与风险分摊	上海交通大学学报(自科版)	EI	2015.4	1、2
2	供应链中质量管理与质量风险控制的战略框架	工业工程与管理	基金委期刊	在审	1
3	精益生产实践中的提前期绩效改进与实证——以 3M 中国工厂为例	系统工程	核心	2014(4)	1、2
4	高科技产业中柔性、技术创新和知识管理	科研管理	CSSCI	在审	1
5	An Empirical Investigation on the Impact of Quality Risk Control on Quality Performance in Supply Chain	International Journal of Production Research	SCI	Review	1
6	Price Ompetition for Retailers with Profit and Revenue Targets	International Journal of Production Economics	SSCI	2014 (154)	3
7	创新产品生产和配送战略规划的稳健优化模型	管理科学学报	CSSCI	终审	1、2
8	供应链质量管理与风险控制研究的现状与前景综述	研究与发展管理	CSSCI	在审	1、2
9	市场需求可变下供应链中断风险的应急策略仿真优化	系统管理学报	CSSCI	终审	2、2
10	供应商动态中断下虚拟双源生产库存控制与仿真	上海交通大学学报(自科版)	EI	在审	1
11	供应链中断风险的应急管理战略框架与应用	现代管理科学	CSSCI	2014.8	2、1

作者简介

作者一：张以彬博士，现为上海立信会计学院工商管理学院副教授。东南大学机电控制专业工学硕士、上海交通大学企业管理专业管理学博士。2011 年上海市教委选派的高级访问学者，2012 年 8 月至 2013 年 8 月在美国加州大学访学。曾任中兴通讯和美国 UT 斯达康公司的研发高级工程师和项目经理。现主要从事网络系统设计、供应链管理、技术创新理论研究以及电子信息技术领域内的工程技术方案、工业设计和管理咨询。主持省部级课题 2 项，参与国家自科基金项目 1 项、国家自科基金重大项目 1 项；主持企业横向课题 6 项；主编和参编专著 2 部；在国内外期刊发表学术论文 10 余篇、在中兴通讯内部保密刊物上发表 4 篇工作论文、发明国家专利 1 项。

作者二：龙静博士，上海交通大学船舶工程系本科、硕士，安泰经济与管理学院管理学博士。现任美国伟世通公司（http://www.visteon.com）亚太区域物流经理，曾任美国德尔福公司高级物流经理。主要从事物流管理实务工作以及供应链管理和现代管理领域的研究工作和管理咨询。参与国家自科基金项目 1 项，发表学术论文 5 篇。

上接本书封底

《创新产品供应链的供应柔性和库存风险管理》(2010.5)　(张以彬　著　上海交通大学博士)

《产品市场竞争与公司治理有效性理论与实证》(2010.8)　(谭云清　著　上海交通大学博士)

《信息差异化模型和形成机理研究》(2010.6)　(朱启红　著　上海交通大学博士)

《组织创新气氛对员工创新行为的影响过程研究》(2011.6)(刘　云　著　上海交通大学博士)

《供应链中断风险控制与应急管理》(2015.6)　(张以彬　著　上海交通大学博士)

《海外子公司的网络学习——经济社会学视角》(2009.9)　(王宇露　著　复旦大学博士、博士后)

《中国上市公司多元化经营实证研究》(2009.8)　(潘瑞姣　著　复旦大学博士)

《产权竞争与国企改制》(2009.9)　(朱亚兵　著　复旦大学博士)

《中国和平崛起背景下人民币国际化战略研究》(2014.5)　(张青龙　著　复旦大学博士)

《产业群组织生态演进研究》(2014.8)　(王静华　著　复旦大学博士)

《能源对中国经济增长的动态效应研究》(2010.3)　(胡　斌　著　上海财经大学博士)

《个人型和社会型象征意义对品牌忠诚的作用研究》(2010.3)(侯历华　著　上海财经大学博士)

《品牌经营研究》(2011.4)　(马永生　著　上海财经大学博士)

《分销渠道中窜货行为及其治理策略研究》(2012.6)　(洪　明　著　上海财经大学博士)

《渠道关系治理方式对农户行为影响机理研究》(2011.1)　(蔡文著　著　江西财经大学博士)

《非均衡理论下住宅市场供求机制研究》(2011.1)　(王万力　著　同济大学博士)

《基于多CODP的MC生产模型及其关键问题研究》(2012.2)(王　凤　著　同济大学博士)

《生态地产的技术发展和生物化模式管理研究》(2013.7)　(施　堃　著　同济大学博士)

《房地产市场有效性的理论与实证研究》(2013.6)　(段　芳　著　华东师范大学博士)

《收益共享契约下供应链渠道协调研究》　(齐　源　著　东华大学博士)

《香港回归与"一国两制"的"香港模式"研究》(2009.10)　(王　燕　著　中国人民大学博士)

《基于公司控制权考虑的资本结构理论研究》(2009.11)　(宋晓梅　著　天津大学博士)

《信息技术创新的组织实施问题研究》(2011.7)　(陈　冬　著　天津大学博士)

《基于认知演化视角的企业技术创新研究》(2014.1)　(湛　泳　著　南开大学博士)

《营销人员聘用管理模拟研究》(2010.5)　(刘凤霞　著　华中科技大学博士)

《房地产企业成长理论模型与实践研究》(2006.9)　(史立辉　著　American Liberty University 博士)

《基于"商业友情——朋友形象"转化的组织间交换关系维持研究》　(翟森竞　著　上海交通大学博士)

《团队自反演化视角下科技型企业高管团队行为整合对企业绩效的影响研究》　(荣鹏飞　著　上海理工大学博士)

《电动汽车能量供给机制的复杂性与充电设施空间布局策略研究》(2014.11)　(丁雪枫　著　上海理工大学博士 同济大学博士后)

《提供商的信任对于发包商合作的影响——基于在华国际服务外包企业的实证》(2013.9)　(谭云清　著　上海交通大学博士、复旦大学博士后)

《基于信息技术的企业组织柔性构建——以虚拟企业为例》(2011.4)(原海英　著　武汉理工大学博士、上海交通大学博士后)

《企业高层管理团队人力资本与工作绩效评价研究》(2011.11)(王　卿　著　上海理工大学博士、同济大学博士后)

《中国房地产居间服务的功能及其实现机制研究》(2014.9)(杨玉红　著　上海交通大学博士、同济大学博士后)

《可召回机制下的民航收益管理航位控制研究》(2012.6)(钟之阳　著　北京理工大学博士、同济大学博士后)

《大型工业企业供应链中创新项目的扩散管理研究》　(王祎淼　著　法国格勒诺布尔大学博士、同济大学博士后)

《"十二五"期间上海中小企业发展政策支持体系研究》(2010.12)(谈　毅　著　西安交通大学博士、清华大学博士后
杨　杰　著　上海财经大学博士)

《知识系统和电子商务中的网络理论与应用研究》(2011.3)(刘建国　著　大连理工大学博士、中国科技大学博士后
郭　强　著　大连理工大学博士)